Expansion and collapse of neoliberalism
Practical issues and analysis by “Kapital” of Marx
KAMAKURA Takao

新自由主義の展開と破綻

『資本論』による分析と実践課題

鎌倉孝夫——編著

社会評論社

まえがき

新自由主義政策を推進してきた各国において、人間社会崩壊―人間労働・人間生活崩壊というべき事態が進展している。その点で、日本は先頭を走っている。人口の絶対的減少は、この社会体制衰退の端的表現である。

新自由主義の思想は、一九七〇年代半ば資本主義世界を襲ったスタグフレーションの資本家的解決策として現実に政策化され、推進された。産業大企業中心の減量合理化（省エネ、省力化）はその走りであった。八〇年代、米・レーガン政権、英・サッチャー政権、日本・中曽根政権は、本格的に新自由主義を推進した。公的企業・国家財政によって生活を維持・保障しようとする労働組合を暴力的に弾圧し、私的企業＝資本による利潤獲得の場に転換させる―日本の国鉄分割・民営化は労働組合の暴力的解体という点でも典型的といってよい。各国で、経済を支配する金融大資本の行動に対して、中小企業・小農経営を一定保護する規制、環境保全上の規制等が、資本家的企業活動の自由な活動を阻害する、経済の活性化を妨げているとして、撤廃される。

新自由主義思想・政策は、ソビエト・東欧「社会主義」国、さらに中国・ベトナムにも浸入する。その下でソビエト・東欧「社会主義」は崩壊し、中国・ベトナムは市場経済化・資本主義化を進める。「社会主義」の崩壊―それは新自由主義を推進する金融大資本の弱肉強食の利己的利潤追求活動に対する抵抗力を弱体化させる。社会主義の展望を失った資本主義各国の労働者・民衆は、この体制の下で生活するしかないとの観念の下で、互いに弱肉強食の競争に巻き込まれ、新自由主義の潮流にのみ込まれる。

21世紀に入り、新自由主義は、人間「労働」と人間「生活」上の規制撤廃にまで進む。人間「労働」は「物化」され、買った「物」の利用同然、資本に自由に利用される。生活（教育・文化・福祉を含め）領域は、資本の利潤獲得の場にされる。その下で確実に人間「労働」・人間「生活」は解体される。

ここでも新自由主義の世界的展開は、暴力＝国家的暴力を伴っていた。アメリカの帝国主義支配に対抗し、自主権を堅持しようとしてきた中東諸国―アフガニスタン、イラク、リビア等―に対し、アメリカ政府は、軍事的抵抗力廃棄を条件に制裁解除・経済協力を約束し、軍事力廃棄によって抵抗力がないと確認したとたんに軍事侵攻して、帝国主義に抵抗してきた政権を解体化させた。その下で米金融資本は、その利潤を求めて資源支配・略奪を行うのである。

新自由主義の下で、経済・社会を支配する金融大資本は、国家（直接には財政・金融政策）を、その競争力強化、利潤拡大目的で利用する。その下で国家は、国民（民衆）から税金を奪い、これを金融大資本に注ぎ込むという、収奪国家になっている。しかもその下で国家は、相手の抵抗力がないとみると侵略戦争にのり出すとともに、戦争の危機を意図的に作り上げている。収奪国家の下で、労働者・民衆が生活破壊に陥り、経済的に国民統合が困難になる中で、金融大資本の支配体制を維持する上に、意図的に外部からの無法な侵略の脅威を宣伝し、戦争の脅威をあおり立てる。この点でも、日本の安倍政権の突出した朝鮮脅威宣伝は特筆ものである。トランプ大統領自身が、「信頼醸成」によって戦争を回避し、非核化・平和を進めようとしているのに、安倍氏は、米朝合意を勝手に歪曲して、あくまで朝鮮に対する〝先核放棄〟を主張し、それが検証・確認されるまで、制裁強化・圧力強化を図らなければならないとし、現に朝鮮のICBMを打ち落とすイージス・アショアによる迎撃実験さえ強行している。二〇一八年『防衛白書』は、朝鮮の「軍事的な動きは、わが国の安全に対するこれまでにない重大かつ差し迫った脅威」としている。しかしこの戦争の脅威宣伝は、現実に略奪戦争を行うために国民大衆を統合・動員するというより、経済的に統合力を失った状況の下で、この体制を維持する上に国民大衆統合自体を目的とするもの、といえよう。虚偽宣伝によって大衆を欺瞞し続ける以外に、国家は国民大衆の統合を行えない、ということなのである。

本書は、新自由主義をマルクスの『資本論』の論理（と同時にレーニンの『帝国主義論』の論理）を基準に、総括することを意図した。新自由主義の展開がなぜ人間「労働」、人間「生活」を破壊するのか、そしてその展開はなぜ暴力＝国家暴力を、そしてその極点である戦争を必然的に伴うのかを、『資本論』の論理で解明するという内容である。「資本」・現代の資本の主役＝金融資本の本質の理解が鍵《かぎ》であること示した。

同時に、本書は、この新自由主義による人間・人間社会の解体化を阻止し、人間社会を確立する根拠も、『資本論』はその基本を明らかにしていることを示した。人間社会存立・発展の実体的根拠は、労働者・勤労者による労働・生産活動にある―『資本論』はこれを明確にした。

社会存立・発展の実体的根拠の担い手＝主体である労働

者・勤労者が、主体としての自覚・意識を確立し、共同・連帯して主体としての実践を行うこと、それが社会主義の基本であり、社会主義の実現が今日さし迫った現実的課題であることを、明らかにしようとした。主体が明らかでない評論家的社会構想、自分自身が主体として実践するのでなく、だれかに（現実的には国家に）委せて自らの要求を果たそうとするのは、無力でしかないし、幻想でしかない。

本書を構成する論文は、このような内容の本をあらかじめ構想して書いたものではないが、この主題に統一的に編成しうる内容であった。ほとんど40年、50年に及ぶ『資本論』学習会の中で、執筆者各人の人間社会に対する基本的認識、それを解明する基本となる『資本論』の論理の理解が、共通するものとなっていることが示されたといえよう。学習会を主催してきた者として、このような成果を確認すること以上にうれしいことはない。

マルクス生誕二〇〇年にあたる二〇一八年、『資本論』の生命力を実証する本を出版しえたことを喜んでいる。苛酷な出版事情にも拘わらず、この本の出版を実現してくれた社会評論社松田健二社長に感謝申し上げる。

末筆ながら、「チーム鎌倉」として『進歩と改革』誌に論文を執筆し、本書の構成・出版に協力された執筆者各位、とくにデータ取寄せ、論文編集、索引作成等出版に関わる一切の仕事を担った谷田道治氏の献身的作業に、感謝したい。

（二〇一八年一〇月五日）

目次

第Ⅲ篇『世界史の構造』と『国体論』批判……中村健三　191

第Ⅳ篇「変革」実践の課題

第Ⅰ篇　分析基準をめぐる諸問題

第一章　『資本論』で新自由主義を総括する

はじめに

新自由主義の矛盾をどうとらえたらいいのか。矛盾の根拠、その原因を明確にしようというのが課題です。新自由主義の展開のもとで特に朝鮮半島をめぐって戦争の危機が激化しました。一触即発といっていいような状況になりました。韓国で民衆の革命的高揚をバックにして、文在寅（ムン・ジェイン）政権が登場しました。トランプ大統領とも会談していますが、トランプ氏も無視できません。これが朝鮮半島の平和の確立にとってプラスになることを願っています。

問題はなぜ新自由主義が戦争と結びついてくるのかという点です。理論的には新自由主義と暴力という問題にかかわってくると思います。二〇一七年は、新自由主義の始まりである国鉄の分割・民営化から三〇年ということでいろいろと論文も出されていますが、国鉄の分割・民営化は公営企業から私的企業への転換でしたが、転換にあたって暴力、国鉄労働組合に対する不当労働行為を含めた暴力が加えられました。新自由主義と暴力は結びついています。そのことをふまえながらトランプ政権の新自由主義の展開がどうして暴力に結びつくのか、これが重要なテーマだと思います。

私たちは戦争を絶対に阻止しなければなりません。二〇一七年七月二日の日刊各紙に出ていますが、「北朝鮮からミサイル攻撃があった。あるいはミサイルを日本の上空で爆破した」として全国至るところで自治体主導で避難訓練が行われました。総務省・消防庁が「訓練をやれ」と全国に指令を出しています。準戦時体制といっていいような状況です。これは「とんでもない話だ」というべきですが、ほとんど反発のない状況で、大変危ないと思います。それに「反対だ」と公然と唱え行動すると、「共謀罪」に問われる可能性もあるわけです。戦争の危機をあおり、戦争体制に国民を動員する、そういう政府の政策に反した人たちを罪に陥れる状況がいま作られつつあることをとらえなければなりません。

それをどうやって阻止できるのか。そこにレーニンが生きると私は思います。レーニンは、帝国主義戦争を絶対阻止しよう、やめさせよう、そのためにはどうしたらいいのか…。労働者・農民の組織が国家権力を自らのものにする、ブルジョアジー・地主の権力から労働者・農民の権力にするしかないんだということを提起しました。それを基本的な点でいま生かしていかなければならないと思います。

第一節　新自由主義の自由は資本・金融資本の利潤追求・獲得の自由

「トランプ政権は新自由主義をやめた」という論調が出ています。新自由主義はグローバリゼーションを特徴としている。現代の資本は金融資本ですが、それがグローバル化している、多国籍資本化している。多国籍資本になった資本ですから国境の壁はほとんど無視しています。儲かりさえすればどこでもいい、どこに投資してもいいという資本の自由、これがグローバリゼーションをもたらしている。新自由主義がグローバリゼーションと結びついていることは確かです。ところが「トランプ政権は一国主義、保護主義だ。だからグローバリゼーションに反して自分の国の利益だけを追求している。これは一九三〇年代の経済ブロック化を復活させる。だから新自由主義に反する」というとらえ方が多い。

一九三〇年代は、国家が主役だった。しかしいまは、資本自体が主役となっている。国家は、資本、金融大資本に奉仕しているのです。新自由主義の「自由」とは、資本の自由、金儲けの自由です。制限なしに金儲けを追求、実現できることが新自由主義の基本です。そうすると強い資本は弱小の資本を自由競争で潰し、利益をあげる弱肉強食の自由となります。

なぜそういえるか。規制緩和を考えてみましょう。新自由主義の政策の基本は規制をなくすことです。保護貿易。一九八〇年代半ばまで日本は農産物の輸入を制限していました。これは資本の自由に対する制限・規制です。あるいは大型店舗規制法というのがありました。大資本が競争力に任せて自由に展開していくことになると、地場の中小企業はほとんどつぶれてしまいます。そこで大型店舗を規制する。地域規制、環境保護規制もありました。

生活に関しても一定の規制がありましたし、労働基準法は重要な規制です。人間が労働するわけですから、労働時間が無制限に延長されたら、死んでしまいます。生活できなくなります。モノを使用することとモノの再生産が結びついているのが労働力の売買の特徴です。ですから買い手の権利だとして労働力を使用されてしまうと、雇った資本家のいいように労働させられてしまいます。そうすると生きるのに不可欠な時間がなくなってしまう。これは労働力の再生産を困難にするので社会的に考えれば資本としても困るわけですが、個々の資本は社会のことは考えない。だから「労働」の規制を岩盤規制といって、「がちんがちんの岩盤規制だ、労働基準法を変えなければいけない」と。資本は思うように労働時間を延長できるし、解雇も無制限にできるという、労働の規制緩和が焦点になっています。それを労働者の利益になるようなことが宣伝されていますが、本当に資本の自由にされたら、労働者の生活は破壊されるし、中小零細企業や農業の経営はなりたちません。地域もつぶれてしまいます。だから何とか保護していくためには大資本に対する規制が必要なのです。労働者が生きるために、規制が必要なのです。

その規制を取っ払っていこうというのが新自由主義です。いま国家戦略特区の問題で加計学園への利益供与が問題になっていますが、規制撤廃のモデル地域にしていこうとしています。これは教育に関連することですが、他の領域を含め全面的に規制緩和を進めようとしています。その典型がＴＰＰ（環太平洋経済連携協定）として提起されてきましたが、それでもトランプ大統領は満足しません。ＴＰＰは12カ国が関係していますが、それぞれの利害関係を十分調整できないのです。やはり保護が残ります。多国籍資本の自由をこれでもかというほど認めているのがＴＰＰですが、それでもトランプは満足しない。為替切下げ問題は何の合意もされていない。「アメリカの資本の利益の追求が十分ではない。二国間の交渉でやっていこう」といって、ＴＰＰから離脱した。それはアメリカの資本の自由を実現するためです。資本の自由の徹底です。それは資本間の争い、国家間の経済競争を伴います。

新自由主義と国家の関係について十分考えなければなりません。ケインズ主義は国家主義、国家の政策によって資本の支配体制を維持しようとした。国家が主役を演じなければ体制が維持できなかった。新自由主義は、たしかに国家への依存を転換して自由競争を徹底しようといっています。国家に依存しないことが新自由主義だという理解が生じました。新自由主義は国家からの自由、国家に依存しないという面は確かにあります。福祉の切り捨て、公教育費の削減など労働者の生活に関連する分野については労働者の自己責任だ、国家に依存するなということが推進されています。しかし、資本の利益に関連する分野では資本はとことん国家を利用しています。資本が国家を自由に使う、それが新自由主義の本質だととらえれば、分かると思います。財政、税制政策もそうだし、日銀を通した中央銀行の通貨増発・金融政策もそうです。一握りの 巨大な金融資本が自分の利益拡大のために国家の政策を利用しているのです。

新自由主義の根本的特徴をとらえようとすれば、資本が国家を自由に使うということになる。そこで、資本とはいったい何か、が根本問題になります。資本主義の支配に対する抵抗はソビエトを中心とする社会主義国だったのですが、崩壊してしまいました。資本主義国内でも資本に対する抵抗の中心は労働者、労働組合なのですが、それもガタガタになる。社会主義の確信と展望が失われるということは本当に大きいダメージです。そういう状況のなかで資本の競争力を強めていかないと、労働者の雇用も生活も維持できないという考えに労働運動が動かされてきている。資本への抵抗がなくなったわけではないが、国内的にも国際的にも弱まった。そういう状況のなかで資本の本質が新自由主義の展開のなかで本当にはっきりと現れてきた。『資本論』そのものが生きる状況になってきました。これだけ明確になってきたのは、一九世紀半ばのマルクスがイギリス資本主義を考察対象にした古典的自由主義の時代以来です。

第二節　資本の本質

一　資本は流通運動　G─W─G'

資本の本質を明確に論理的に解明したのが『資本論』です。資本とは何かとらえれば、一〇〇%とは言わないにしても、『資本論』の真髄は理解したといっていいと思います。何よりも、第一巻第二編第四章の「貨幣の資本への転化」を正しく読み、資本の本質を理解することです。

資本はG─W─G' 貨幣を投じて商品を買ってその商品を売る、それで儲けを実現する。これは直接には商人資本の運動です。マルクスは商人資本を資本の歴史的出発点であり、その本質を示すものととらえました。社会の成立、発展の根拠、これは労働生産過程です。私たちの生活に絶対必要不可欠な生産物、あるいはいろいろなサービスを生産・供給する、それが労働生産過程です。この労働生産過程を資本の運動の中に取り込む、それが産業資本。産業資本は資本主義を一社会として確立した資本です。しかし、この産業資本も資本の本質から言えばG─W─G'の中に包摂される。産業資本を含めた資本一般的定式が商人資本の運動で示されています。G―W―G' 貨幣を投じて商品を仕入れる（買う）、その商品を高く売って儲ける。これを繰り返し実現して利潤追求を行うのが資本の本質です。

しかし、産業資本は生産過程を担うわけですから、生産過程にとって必要不可欠な要素である労働力、生産手段を商品として買います。そして労働者を労働させて商品を作らせる。賃金を払って労働者を雇うわけです。その労働によって労働者に支払った賃金を超える価値を作らせ、売るわけです。労働者の作った商品を資本は自分の所有する商品だとして売り、剰余価値を獲得します。産業資本はG―W…P…W'―G' ですが、本質はG―W―G' です。G―W…P…W'―G' の循環・回転の特徴を明らかにしたのが『資本論』第二巻「資本の流通過程」です。何よりも資本は流通運動であるというのが基本です。

二　資本は、人間社会にとって必要不可欠な存在ではない

資本の本質は徹底した利己主義です。そして重要なのは資本は弱者をいたわるなどということは絶対にしないということです。弱いものを食い尽くしていく弱肉強食が資本の本質です。資本に協力して見せるとか、抵抗しないとなれば、労働者を暖かく見て、保護してくれるのではないかと思うのは全然間違いです。抵抗しなければとことん搾取、収奪されます。

しかし、資本は、商品を買って、商品を売って儲けるという流通の運動です。ということは、資本自体は、人間生活を維持・発展させる生活資料・生産手段の生産は行っていない、ということ、だから人間社会にとって必要不可欠な存在ではないということです。これが資本の本質にとっての決定的に重要な認識です。資本がない社会がありました。原始共同体にはもちろん資本はありません。奴隷制社会にもありません。封建社会も封建領主と農民・手工業者が基盤になっています。そこには資本はありません。つまり資本がなくても人間の生活は維持できます。労働者が存在し、土地があり、労働者が土地を耕して生活に必要なものを生産する、これが実現できれば人間社会は維持できます。人間社会の存立・発展にとって資本が必要ですか。資本は、人間社会にとって必要不可欠な存在ではありません。

三　資本の社会的存立・発展根拠は、労働者の労働・生産

ところが近代経済学は、資本を人間にとって必要な要素といいます。例えば宇沢弘文さん（東京大学名誉教授）は「人間にとって環境は社会資本だ」と言います。人間存在に不可欠な「環境」を資本と規定すると「人間社会にとっていつでも資本は必要」ということになってしまう。これでは資本の本質は分からない。資本はG―W―G'であり、金儲けをする私的利益を図る運動だととらえれば、資本は人間社会にとって必要ではない存在だというとらえ方が明確になります。

そうなると、人間が社会を形成し、社会として存立し、維持・発展させる根拠は何かということとなる。それは労働生産過程であり、それを基本にした人間の生活、労働する主体の再生産過程です。それがどんな社会でも絶対に必要です。その生存を維持するための物質的、精神的富の生産が必要です。人間は自然を対象にし、そこからいろいろな生産物を作っていきます。創造的活動を通して人間の活動は豊かになっていく。人間労働が人間社会を支える根拠です。

人間の生活と労働を社会の実体と言います。絶対にこれが欠けてはならないのです。哲学の言葉として実体論が出てきますが、従来の観念論の哲学でいうと、神を人間の存在の普遍の根拠とした。マルクスはそれを人間そのものに転換させました。人間の労働・生産活動が実体を維持する最も基本になるとし、それをふまえて人間の生活が維持される。それを主体として担っているのが労働者であり、農民です。だから人間社会を支えている主体は労働者であり、農民です。もちろん労働者の教育、技術を発展させていく必要があります。それを担うのが教育労働者です。だから教育活動も実体に含めなければなりません。人間の健康を維持、生活を保障することが社会保障です。それも人間生活に絶対不可欠です。

マルクスは、第一篇第四章の最後、「労働力の売買」とそれをふまえた第五章「労働過程と価値増殖過程」の第一節「労働過程」でどんな社会でも必ず行われなければならない人間社会の実体的根拠を明らかにしています。人間の本質は労働するなかで明確に展開される。基本は意識性です。人間はモノを作る際にあらかじめ意識して作る。目的をもってそれを実現していく。そして、自然に対し働きかけながら、自然の物質を分析解明し、そこから新たな物を創造する。創造性です。さらに意識的な共同性です。たとえば

電車一本動かすにしても、共同労働が行われる。分担した仕事を怠ると、電車は動きません。農業、工業でもそうです。それぞれの分担する仕事はあるけれども共同しなければ生産活動はできません。

それをふまえて人間の本質をとらえなければなりません。例えば「社会主義は自由でない」という時にその「自由」とは何か。自分が利益だと思ったこと、その自由が保障されていない。その「自由」とは何でしょうか。利己主義的な金儲けではないか。それを社会主義は認めるわけにいかない。みんなで共同して社会を維持していく。一人の利益ではないのです。「みんなは一人のために、一人はみんなのために」です。

四　労働者による労働・生産過程を資本の流通運動の中に包摂する

労働者は社会の存立・発展を担っています。そこで資本の社会的存立はどう実現するか。その労働者が担っている生産活動を資本が流通運動の中に取り込むということです。資本の利潤追求活動に労働者の行う生産活動を取り込んでしまう。

どうやって取り込むか。労働者の労働力の商品化です。労働力の売買です。労働力を商品として買う条件は何か。労働者と生産手段・土地の関係を切断することです。無産者を作る、労働者は労働する力を持っているが、それを発揮できない条件を作る。土地を持っていれば、それを使うことができます。生存を維持するのに必要な物をつくることができます。一人の労働者の生活を維持するのに一〇坪ぐらい土地があれば生きていけます。その土地を資本が奪う。直接は国家が奪ったのですが、これが〃エンクロージャー・ムーブメント〃（囲い込み運動）です。農民を働いていた土地から追い出し、羊を飼う。囲い込み運動です。労働者は入れません。労働者はどうやって生きていくか。自分の責任で金を何とか獲得しないと生きられない、どうやったら金を獲得できるか。自分の持っている労働力＝働く能力を売るしかない。労働力の商品化です。つまり働く労働者、農民から社会的規模で土地・生産手段を暴力で奪う、これが資本主義の出発点です。これを歴史的に遂行した過程が『資本論』第二四章で明らかにしている「本源的蓄積」です。資本主義成立の社会的条件の形成です。

以上が『資本論』第一巻の基本的なところです。その認識を確かめ、自分のものにする、そして今の生活を反省しながら確かめる。労働者が本当に社会を担う活動をしているのです。ところが労働者は雇われなければ仕事ができない、雇われるかどうかは、金儲けができるかどうかという資本によって動かされている。しかも労働者が労働することを資本は金儲けの手段にしている。しかし、我々は労働者が社会の生存・発展の根拠を担っている主人公なんだという認識を再確認しなければなりません。

第三節　現代の資本 ― 金融資本

一　資本の最高の発展形態

金融資本の特質に関する認識は、マルクス以降の経済学の発展を通して確立してきました。ヒルファーディングの『金融資本論』、レーニンの『帝国主義論』は金融資本を基本的に明確にしました。産業を支配する独占体と、銀行や保険など金融を扱う機関、さらに今では証券会社が、癒着・結合する。それらがどうやって結合するか。株式の相互保有、お互いが大株主になるという関係です。これが金融資本の基本です。金融資本が歴史的に成立したのは自由主義段階の後、一九七〇～九〇年にかけての大不況を経て、一八九〇年代以降にドイツを中心にして確立します。一九〇〇年代に入ると、イギリス、フランス、アメリカ、ロシア、そして遅れて日本で金融資本が支配する時代が来ました。金融資本が支配する時代を帝国主義段階だと規定したのはレーニンでした。

株式が金融資本を理解するうえでの中心点です。株式が分からないと金融資本が分かりません。貨幣を投資して株を買う。株を所有していると利子がつく。配当です。すると株式は利子生み資本だ、利子生み資本はG…G'の運動を行っています。金を貸して利子を取るという運動です。株式に投資すると、利子並みの配当が得られるので、株式は高利貸資本の現実具体化だという理解が生じています。それは誤りです。株式は証券で、商品です。商品だからお金ではないのです。どれだけの値段で売れるか売れないと分かりません。お金の価値は現実の価値、直接には購買力です。いまは金と交換できない不換銀行券が貨幣として使われているので、インフレ（通貨の過剰発行・流通）によって、その価値は下がりますが、現実の価値と別の価値になるのではない。株式は商品なので需給関係で上がったり下がったりする。投機で儲かると思って買います。ところが株式市場がガタガタになれば利得は得られません。株式は擬制資本という性格を持つ商品なのです。擬制というのは、ある収入を利子と見なして、その利子を作り出す元本があるとみなされる、つまり擬制される。それは現実の価値ではないのです。いま損害保険料など様々な収入がありますが、その保険料（収入）を生む元本があるように擬制されて証券が作られ、それが取引の対象、売買の対象になっています。

株式資本を原理的に規定したのはマルクスです。マルクスは「株式資本は資本の最高の発展形態だ」としていました。『資本論』第三巻二九章で「銀行資本の構成部分」としてエンゲルスが編集しましたが、そこで明らかにされているのは、株式会社の運動を通して形成した利潤のうちから支払われる配当を利子とみなし、その利子を生む元本が擬制され（資本還元）て組成されるのが株式資本＝擬制資本だということです。さらに、国が借金し税金収入を元に利子を支払う国債証券（債務の証券化）も擬制資本です。マルクスはさらに、労働者の賃金を資本還元して形成される人間自体の擬制資本化を指摘しています。この人間自体の擬制資本化は、資本主義の下では（労働者自体が奴隷化されて売買の対象となることは不可能なので）現実化しえない。それは資本家的観念の「狂気の沙汰」だといっています。

資本が運動からモノになってしまう。それが金融資本の特徴です。それは資本の最高（最後）の形態です。それが帝国主義段階以降、支配していることを踏まえて、帝国主義段階は資本主義の最高（最後）の段階と捉えるのです。最高の段階ということは、これを越える新たな資本主義の段階はない、ということです。だから現代資本主義は、段階としては帝国主義段階として位置づけられる、ということです。

この金融資本がいま極限的に発展している。擬制資本の発展の極点にまで来ている。株価だけではなくてあらゆる証券の値段をいかに維持し、高めるかということに全経済政策が集中している。これが現代資本主義の特徴です。

二　資本の社会的支配は対立・闘争をひき起こす

資本の支配は必ず矛盾、あるいは対立をひき起こします。資本が支配階級になる条件は、労働者を無産者化し、労働者階級を支配し、資本の思うように労働させるということです。根本は資本対賃労働の対立、矛盾です。資本対資本の対立は資本間の利潤の奪い合いの競争戦です。いま中国とアメリカがどういう関係になっているだろうか。基本は中国資本とアメリカ資本の競争戦です。同質の資本対資本ですから同じ仲間の争いです。もともとは中国社会主義とアメリカ帝国主義の対立でしたが、ソビエト社会主義が挫折した中で、中国は社会主義志向はやめていませんが、市場経済化・資本主義化を進めています。だから中国は「特色社会主義」といっているのですが、今の体制をどう規定したらよいか、問題です。中国とアメリカが世界市場を争っている中で、中国は（資本の）競争力を強めるために労働賃金、労働条件を上げられない。ここから中国国内で階級矛盾・対立が生じている。それは本質的には資本対賃労働の対立ですが、共産党政権は、この対立・矛盾を、労働者の権力、社会主義国家の形成によって解決しうるかどうかが問われる。そのとき対米関係は、資本家国家対労働者国家の対立となる。

平和的関係は絶対に資本の本質にそぐわないのです。資本と賃労働は共同し、連帯しあうかといえばそれは絶対にできません。利己的利益追求の対象が労働者ですから敵対的なのです。しかし労働者はお金を獲得しなければ生活できないという現実があるから、金が必要ということから商品経済に包摂されています。それによって本質的対立が隠蔽されてしまう。帝国主義戦争に勝たないと労働者も生きられない、「祖国防衛の戦争だ」とされてしまって、戦争に動員される。

現在、朝鮮民主主義人民共和国の核開発・ミサイル実験が、日本の安全保障の危機をもたらすとして、それに対抗する上の米軍支援（集団的自衛権行使）、ミサイル防衛装備の拡充、さらにミサイル攻撃に対する避難訓練さえ行われています。戦争の危機があおられ、それに関わる政府の指示に国民を従わせる動きが強まっています。多くの国民がそれに殆ど文句もいわずに従っている状況です。またしても政府は戦争に国民大衆を動員しようとしているのです。私たちはこのような情勢の下で、戦争＝侵略戦争をひき起こしたのは、アメリカを中心とした帝国主義・帝国主義勢力であることを、戦後の歴史をふまえ、現実をふまえて、明確に認識しなければならない。朝鮮半島の戦争の危機についても、アメリカ政府による朝鮮の体制を解体させようとする侵略戦争策動がひき起こしていることをとらえなければなりません。朝鮮の核開発をやめさせるには、何よりも帝国主義国の核保有と核による侵略戦争の威しをやめさせなければならないのです。本書は、全体を通してこのことを明らかにすることを基本課題としています。

第二章　21世紀資本主義解明に生きる『資本論』

第一節　検討すべき課題

『進歩と改革』二〇一七年九月号、一〇月号に連載された、山崎一三氏の「ロシア革命一〇〇年と社会民主主義的視座（上、下）」は、社会民主主義の立場に立ったロシア革命の評価（批判）に関する包括的で、しかも論点を鮮明にした、検討に値する論文である。

この論文のまとめとして「今後、半世紀以上続いていくであろう〈世界史的変革過程〉とは、まさにこのような世界各地と生産点における〈生活に立脚した民衆の反乱と変革的事業〉の一つ一つの積み上げによって進行していくのではないだろうか」という提起は、私もその通りだと思うが、同時にその内容をさらに具体化しなければならない、と思うし、この「変革的事業」こそ、社会主義実現・確立をめざす実践だということを明確にしなければならない、と思う。

山崎氏は、加藤栄一氏の「福祉国家」論を「すぐれた分析」として評価される。加藤氏は、社会主義を、「この一〇〇年間に資本主義の自己改造を促し、福祉国家体制の中に包摂されることによって、その資本主義批判の思想と運動としての使命を果たしてきた」というが、山崎氏もこの理解を共有される。しかし、資本主義の「福祉国家体制」に吸収されることによって、その使命を果たしたというレベルの社会主義（思想と運動）というのは、マルクスが追求し、私たちが展望する社会主義なのか。資本主義国家に吸収される福祉政策と「生産点における…変革的事業」とはどう関わるのか。

ソビエト「社会主義」崩壊後、資本主義各国の福祉国家的機能は削減、縮小され、労働者、勤労者の生活は切下げられ、破綻させられている。「社会主義」のインパクトを受け、その福祉政策を導入して発展してきた資本主義はこのインパクトが失われると発展しえなくなり（生産力発展の終焉）、資本主義自体も「終えん」（水野和夫）する――山崎氏はこれを肯定する。そして生産関係変革に関わる生産力発展の限界という唯物史観的観点に立ち戻る。

このような理解には重要な問題がある、と思う。第一に、ソビエト「社会主義」をバックにした資本主義各国の社会主義思想、運動の高揚に対し、資本主義各国は福祉政策を導入する―それを主導した現実の主体は何か（誰か）。加藤氏等は「資本主義の自己改造」という。資本自体が主体として「自己改造」したようにとらえる。果たしてその理解は妥当か。

現実には大不況、大失業と社会主義運動の高揚による資本主義体制自体の危機に対し、資本（個々の金融資本）による体制維持、存続は無力であった。国家を主体とする、財政・金融政策による体制維持策が採られたのである。

福祉政策導入に当って、国家は直接には管理通貨制度による通貨増発―財政支出増大によって、経済過程に介入した。ケインズ主義的改良政策（ニューディール政策はその典型）は、労働者・農民の生活改良政策を行なった。同時にアンチトラスト法によって資本に対する利潤規制を行なった。この改良・福祉政策は、確かにその政策の導入で社会主義への思想・行動を阻止する意図をもっていたが、明確にすべきことは、この政策は、ニューディール連合を基盤とする国家の政策であって、資本（金融資本）を主体とする政策とは言えないこと、むしろ資本に対して一定の負担を課す政策であり、資本としては重荷として、可能ならば回避すべき政策であった。

しかし同時に、政策主体を国家としてとらえることから、国家を誰が（どの階級が）何を目的として、担うかによって、資本に対する規制を社会主義抑制目的ではなく、社会主義実現に向けた国家の政策―国家権力の介入を行いうることをとらえておかなければならない。

第二に、直接には七〇年代半ばのスタグフレーション克服を図る上に新自由主義が導入され、賃金抑制（コスト切下げ）、福祉政策削減が始まり、ソビエト「社会主義」崩壊をふまえ、福祉政策は縮小され、労働者・民衆に対して自己責任が強要される。

福祉政策を資本主義の「自己改造」として資本自体が取入れたようにとらえたとき、この福祉政策の転換をどう説明しうるか。むしろ社会主義阻止上、止むをえず負担せざるをえなかった福祉政策の重荷を解消しなければならず、また解消しうるということではないか。負担を解消しなければならないというのは、グローバル市場競争戦への対処で、資本は賃金引上げ、福祉政策による労働者の生活向上を図る負担の余裕を失なった―省力化・省エネ化によるコスト削減競争という資本の本質から来る行動を取らなければならなくなったことであり、福祉負担を解消しうるというのは、「社会主義」崩壊によって、労働者・民衆の社会主義思想・運動に基づく抵抗が取るに足らない状況になった――社会主義阻止の政策を採る必要はなくなった、ということである。

その下で、資本・今日の金融資本はまさに資本としての本質をあらわに発揮することになった、のである。しかし同時に、福祉政策の負担を負わなければならなかった状況でも、資本の資本としての本質は何ら変っていない――福祉政策を資本自体がその運動の中に取り入れたとか「自己改造」を行ったなどとは言えないことを、とらえなければならない。

資本の資本としての本質は変らない。それを解明した『資本論』は生かさなければならないし、生かしうる。

第三に、資本主義における生産力発展の限界―「資本主義の死期」をどうとらえるか、である。加藤氏の場合、一九八〇年代から「後期資本主義」の時代が始まるとしているが、いつ「後期」がどう終焉するか、その後の時代はどういう時代か全く明らかにしえない。水野和夫氏は、山崎氏が引用されているように現代は（それは一九七〇年代から始まった）「生産力増強時代の終わり」であって同時にそれは「資本主義の終えんにつながっていく」という。そしてその後の時代は「ポスト近代」という。これはどういう社会なのか、不明である。

山崎氏はマルクスの唯物史観の定式を引用されるが、これを肯定されるのであろうか。ある「社会構成体」がその中に「いれうるだけのすべての生産力が発展しきる」、そして「より高度な生産関係」は、旧社会の生産関係の中でその「物質的存在条件が孵化し終わる」ことによって成立する、という。しかしマルクスはこの「定式」を資本主義の理論的解明によって具体化していく中で、「生産力」（これは一定の労働量によって産出する生産物量に関する量的規定である）の内容を変更・確定している。その内容は、「社会的労働」―「結合された生産者（労働者）」による「共同労働」である。しかもこれは、資本の生産過程において形成される―あくまで資本を現実の主体とし、その目的に応じて形成された「共同労働」なのである。だからこの「共同労働」がどこまで発展するかは、これを支配する資本に関わる問題である。それは、資本主義的生産関係の枠を超えない。「共同労働」が、これ以上進展しない―確かにこれは資本主義発展の限界（これは資本自体の発展限界による）を示すと言ってよいけれども、それから直ちにその「終えん」―他の社会の新しい生産関係への移行を示すものとはならない。現実の主体としての資本の支配を転換させる―それは資本主義自体によって実現されえない。主体の転換は、社会の実体の本来の担い手である労働者・勤労者が、現実の社会の主体になる以外にない。「生活に立脚した…変革的事業」とは、このような主体の転換――資本が現実の主体であることから、労働者・勤労者が現実の主体となることによって実行しうる。それによって人類の本史が始まるのである。

資本自体の発展限界についても、また現実の主体の転換―社会の本来の主体をその現実の主体とすることについても、『資本論』はその論理のうちに明らかにしているのである。内容不確定な唯物史観に頼るのではなく、『資本論』の論理をとらえ、これを現代の解明に役立てなければならない。

本章は、第一章と重複するところがあるが、人間社会の「主体」の認識の観点を中心に考える。

(注) 加藤氏の所説に関しては、鎌倉孝夫編著『『資本論』を超える資本論』(社会評論社、二〇一四年) 第Ⅰ部第二章、第Ⅱ部第二章 (中村健三稿) で批判した。参照されたい。

第二節　資本主義は変革しうる、変革すべき社会である

唯物史観による人間社会発展の理解は、「生産力の発展に生産関係は照応・矛盾する」という内容であるが、生産力を発展させる現実の主体は誰か (何か)、その目的はどこにあるかを明らかにせず、あたかも自然法則のようにその発展をとらえ、これに生産関係が照応・矛盾することを客観的法則ととらえた。スターリンは、この生産力の発展を、大規模な生産手段の導入という内容で、物的要因として理解した。人間社会を、人間の (個々人と共に集団の) 意識と実践による発展としてとらえられなかった。『資本論』は資本主義の生産力発展の現実の主体は資本であり、その目的は資本による私的利潤追求・増大であることを理論的に解明した。その解明の基本は、「資本」とは何か―その本質と固有の運動の解明であった。これを通して、資本が現実の主体として社会を支配することは、変革しうること、そして人間＝社会の実体・実生活の主体を物化し、疎外するこの社会は、変革すべき社会であることを、明らかにしたのである。この点に関し、確認すべきポイントを指摘して

おこう。

一　資本は流通運動・歴史的形態である

㈠　資本主義の現実の主体は「資本」である。資本は、G—W—G'という流通運動であり、その運動の目的は、利己的利潤の獲得・増大である。これは、直接には商人資本の運動の形式であるが、社会の存立・発展根拠である生産過程をその運動の中に包摂した産業資本は、資本それ自体としては流通運動である。

流通運動自体は、商品Wの価値、使用価値を増大させない。この点は、商人資本の運動では明確である。商人資本は、一定量の商品を買い、これを売って利潤を得るのだが、この運動によってWの量は増えない。産業資本も、G—W…P…W'—G'を通して利潤を獲得・増大するが、WをW'に増やすのは、労働者の労働であって（これは第三節で明らかにする）、資本自体ではない。

資本はそれ自体、価値も使用価値も増大させないということは、資本自体にそれを自立させる根拠を持たない、ということである。資本は、その運動を通して利潤（価値増殖）を実現するけれども、その利潤形成の根拠は、資本の外部にある。商人資本の場合は、資本運動の外部にある農民、手工業者から安く商品を仕入れ、その商品を買い手（生産者、消費者）に高く売り付けて、利潤を得る。これを収奪という。産業資本の場合は、等価交換で利潤を獲得しうるが、Wの価値・使用価値を増大させるのは、労働者の剰余労働であって、資本はこれを搾取する。

資本の本質が流通運動であり、それ自体に価値・富（使用価値）を維持・増大させるものではない、ということは、人間社会の存立・発展にとって、資本は必要不可欠な存在ではないということ、資本は形態＝歴史的形態であることを意味する。資本が存在しなくとも、人間社会は存続、発展しうるし、現にそういう社会が存在した。同時に資本が支配している社会でも、資本の支配は変えうる、なくしうる、ことを意味する。

㈡　資本の行動の特徴は、私的利己的運動である。価値増殖＝金儲けが資本運動の目的である。弱肉強食がその行動様式である。だから弱者をいたわるなどの配慮はない。弱者に対して、何をしても抵抗がないと判断すれば、弱者をとことん奪い尽くすのが資本である。

資本の利潤獲得・増大を目的とした運動は、人間に対する、社会に対する配慮はない。人間の生活にとって必要ではない物、生活・生存にとって害のある物も、売って儲かりさえすれば、売り付ける。

「われ亡きあとに洪水はきたれ！　これが、すべての資本家、すべての資本家国の標語なのである。だから資本は、労働者の健康や寿命には、社会によって顧慮することを強制されない限り、顧慮を払わない」（『資本論』第一巻第八章第五節）。

二　形態を本質とする資本が社会の現実の主体となっている ― 資本主義の根本矛盾

それ自身歴史的形態でしかない資本が、社会の現実の主体となっている―これが資本主義社会の特徴であり、資本主義の根本矛盾の根拠である。

㈠　資本が社会の現実の主体になるには、暴力が不可欠であった。

資本の本源的蓄積（『資本論』第一巻第二四章）でマルクスは、資本が社会の存立・発展根拠である労働・生産過程を、自己の流通運動の中に包摂するには、農民、手工業者から土地・生産手段を奪い、無産者化し、雇われなければ（自分の労働力を商品として売る）生活できないという社会的条件を形成しなければならないが、それには必ず暴力が、国家の暴力が、不可欠であったことを明らかにしている。

社会存立・発展にとって必要不可欠でない、それとは本来外的な存在でしかない資本が、社会存立・発展の本来の主体を商品経済的に包摂・支配するには、このような社会的条件を暴力的に創出する以外になかった。資本主義―産業資本の形成・確立は、生産力の発展によって、小生産者間の競争で、勤勉に働き生産力、競争力を高めた生産者によって実現したという考えは、全くのおとぎ話にすぎない。

資本がニューフロンティアに進出しようとするとき、共同体的生活・生存関係や共同的事業が行われている分野を支配するとき、現在でも必ず暴力を伴うことを確認しうる。

㈡　労働力の商品化――これが資本による社会存立・発展の根拠を資本の流通運動に取り込み、支配する根本的社会的条件である。労働力の商品化とはどういうことなのか―それをとらえることが、資本主義の根本矛盾を認識しうるかどうかの鍵である。一般商品の需給関係のズレ―供給過剰が、資本主義の基本的矛盾であるようにとらえる理解は、今日でもあるが、それはモノ（商品）とモノ（貨幣）との相対的矛盾にすぎないのであり、資本自体によって修復可能である。資本主義の根本矛盾は物的流通運動に対する労働者・人間の矛盾、人間の物化、人間の疎外にある。

労働力、それは人間固有の能力として、自立した人間の属性としてある。この労働力の使用が、労働であり、この労働の活動によって人間社会は自立し発展する（これは後述）。資本主義では、この労働力を労働者自身が自ら主体的に使えない。他人（資本家）の命令に従い、その意図・目的（利己的利潤獲得）に服して労働しなければならない―労働者こそ生産の本来の主体なのだが、その主体性は資本に奪われている。

しかも、『資本論』が労働日（第一巻第八章）で明らかにしているように、労働力を一定の賃金（貨幣）を支払って買った資本は、物を代価を支払って買った者が、その買った物を自由勝手に使用しうるという買い手＝使用者の権利を行使する。労働時間を可能な限り延長し、労働強化を強要する。しかし、労働力の使用＝労働は、労働力の再生産（生活の維持）に直接関連する。労働力の使用は労働力の消耗であり、その再生は労働しない生活時間にかかっている。労働力を、買った者の自由だとして使ったら、労働力再生＝生活時間は奪われ、生活は破壊され労働力は再生しえない。

人間能力として生活時間（労働しない時間＝消費・休養時間）を必要とする労働力は、物として扱うことは不可能なのだ。資本の自由とは、この労働力の徹底物化により物の使用に解消してしまうということなのである。

㈢　生産力の発展→社会の発展というとらえ方は、生産力を発展させる主体を明らかにしていない不十分な理解である。

『資本論』は、資本を主体とした生産力の発展を、相対的剰余価値の生産（第一巻第四篇）を目的とするものとして、生産力発展の要因を協業、分業、機械の導入によって明らかにした（第一一、一二、一三章）。資本が剰余価値（利潤）増大を目的とした生産力の発展（機械導入）は、機械導入による労働の単純化―それによる労働者の機械への従属と資本による操作・支配の確立、特に不況期のサバイバル競争戦で、競争相手の資本に対抗し生き残るための新機械導入によるコスト切下げを目的とするものである。確かに資本による生産力発展の下で、生活資料の価値も低下し、社会的な生活向上の物質的条件も発展する。しかし資本としてはこの社会的成果も、生活資料の価値低下―労働力価値引下げによる剰余価値（利潤）増大に利用する。重要なのは、生産力の発展（新技術開発・導入等による）は、資本にとってそれだけ負担（コスト）を要するので、資本としては、コストをかけなくても利潤を増大させうる手段を常に追求する―生産増大、生産力発展に依存しない利潤増大を追求する。と同時に、資本にとって利潤増大が実現されるならば、どんな産業（原発や兵器産業）どんな事業（保育、看護等）でも機械導入によりコスト削減を図る。資本の、利潤増大目的の生産力の発展は、人間の生活、生存基盤を破壊するものともなる。

㈣　資本の蓄積―生産の拡大＝景気上昇は、利潤増大を目的とすることを明確にとらえなければならない。確かに蓄積拡大―景気上昇の下で雇用増大―賃金上昇がもたらされる。しかし資本の蓄積拡大の下での賃金上昇―生活向上の限界をとらえなければならない。

資本は導入した機械をフルに活用しようとする―有機的構成（投下資本中の賃金と生産手段の割合）不変の蓄積を進める。しかしその下で雇用増大―賃金上昇が生じるが、「労賃が一般的に上昇して、労働者階級が…より大きな分け前を受け取るという時期こそは、いつでも恐慌を準備するのだ」（第二巻第二〇章第四節、ロードベルトウス等の過少消費説批判）。

賃金上昇は（労働者が行う労働量を変らないとすれば）剰余価値を減少させる。資本を投資しても賃金が上昇し剰余価値（利潤）が増大せずかえって減少する事態（資本の資本としての過剰、第三巻第一五章第三節）が生じる。これが恐慌の基本的原因である。

恐慌は、生産部門間不均衡や、消費需要に対する供給過剰によって生じるのではない。この相対的矛盾は、全社会を襲う恐慌によらなくとも解消しうる。恐慌は、資本対労働の矛盾・対立に、労働者に対する搾取増大が実現できなければ資本は生産を行う意味がないという資本の本質自体に、起因する。労働者としては、資本主義における賃金引上げ、生活向上の限界を明確に認識しなければならない。

資本は、労働者を雇用し労働させ、ここから剰余価値を搾取することに困難があることを、恐慌によって現実に突き付けられる中で、労働・生産に依存しない利潤拡大を追求する。

三　資本形態の発展、その限度

資本主義の発展は、生産力の発展によるのではなく、資本形態自体の発展に基づいている。マルクスは、資本の最高の発展形態を「株式資本」としてとらえた。株式、それは株式会社の資産の持分を示す証券であるが、これに投資して所有すれば、所有しているだけで配当を獲得しうる（価値増殖・利得獲得）。しかもこれを譲渡（売却）すれば、譲渡益を獲得しうる（損失もありうるが）。「物」の所有自体が利得＝価値を増やす。資本が「物化」し、商品化する。これが、資本の完成形態、最高形態だととらえた。株式資本は、いわば資本の理想形態であり、理念である。それは、労働者を雇い労働させて、剰余労働を搾取することなくして、資本の価値増殖目的を実現するものとして、形態の形態としての自立を実現させるのだから、資本の理想形態なのだが、これを踏まえ、私たちがとらえなければならないことは、株式資本所有―利得獲得実現という株式資本自体は、価値も富も全く生産しない―人間社会の成立・発展にとっては全く何の意味もない存在である、ということである。

　ところが現代資本主義は、この株式資本をはじめとして、様々な収入を資本還元して形成される擬制資本が膨張し、社会の存立・発展自体を支配し動かし、さらに収奪し破壊する状況となっている。現代資本主義において、生産力が発展しえなくなった原因は、直接にはこの擬制資本の支配にある。生産力発展に依存しない価値増殖＝利得獲得が実現する限り、生産力の発展は図りえないし、生産力（産業）の発展を求めても利潤を生めばどんな生産力（産業）でもよい（原発、兵器産業等）ということになる。生産力が発展しない―社会の生活向上の物質的条件は発展しない、むしろ破壊する（それによって人口は減少し自然は破壊される）という現代資本主義の特徴は、この擬制資本支配によるのである。

　しかし、資本、そして資本の要求に即した政策を採る国家は、どんなに社会が混乱しようと、株式・擬制資本の支配を、自ら転換させることはできない。資本の支配を転換させるのは、資本、その代理人によっては不可能である。その支配による社会の混乱が生じても、労働者・勤労者が、その原因を認識し、これに対する闘いを行なわない限り、あらゆる手段、結局は国家による暴力さえ使って、労働者・勤労者を収奪し続ける。トランプ―安倍晋三の戦争危機の意図的な演出、それに対処する戦争に向けた国民総動員の動きは、これを明確に示している。

　なお『資本論』における株式・擬制資本論は、十分整理・完成されていないが、基本的な見解は明らかにされていた。第三巻第五篇第二四章「利子生み資本形態での資本関係の外化（物化）」―ここではなお貸付資本と物化し「完成した資本」との違いが明確ではなかった―、さらに「利子生み資本」を現実具体化した、利潤（配当）の資本還元による株式資本、税金収入を根拠に借金しこれに支払う利子を資本還元して形成される国債――この資本還元による擬制的元本の形成（これが擬制資本である）は、同第二九章で明らかにされている。地代を資本還元して形成される土地価格（擬制資本）は第六篇第三七章（緒論）で明らかにされている。

第三節　資本主義を変革する主体の明確化

『資本論』は、資本の理論的解明によって、資本は人間社会にとって不可欠な存在ではない（歴史的形態である）こと、その形態的自立化の発展（株式・擬制資本）がこの社会の発展限界を示していることと同時に、人間社会の存立・発展（実体）を明らかにし、この実体の担い手、社会の本来の主体を明確にした。本来主体たりえない形態としての資本の支配に対し、本来の主体を現実の主体とする社会を形成すること（社会主義の実現）、このことによって人類の本史が始まることを明らかにしたのである。

一　労働・生産過程とその主体

労働者が、自然（土地）・生産手段に働きかけ生産活動を行う労働過程は、どんな社会でも行っている、行わなければならない、人間社会存立・発展の基礎である。これを「実体」という。現在使われている「実体経済」は物を生産すれば何でも実体ととらえるが—だから兵器生産なども含めている—、明確にすべきことは、人間社会存立・発展に不可欠な生活資料と生産手段の生産を実体としてとらえることである。この生活資料には、人間の物質的生活だけでなく精神的生活—教育・文化等—に不可欠な要素を含んでいる。

『資本論』は、「労働過程」を、第一巻第三篇第五章（労働過程と価値増殖過程）第一節で論じる。労働過程は、第一に、「人間と自然との間の一過程」—物質代謝を労働者自身の行為によって媒介し、規制し、調整する過程である。そして第二に、目的意識的、創造的活動である。何を生産するかを、労働者は労働する前に構想し、確定する。この目的を実現する意識的活動が、人間労働の特徴である。さらに自然に依存するものをそのまま利用するのではなく、自然物の分析、解明を通して、それを加工し様々な物を創造する活動である。さらに付け加えれば、いかに目的を実現するか、どのように生産するかを、労働する者同士で協力共同して行う意識的な共同協力活動である。

目的意識的で創造的活動によって、自らの生活、生存に不可欠な物質的、精神的富を産出するこの活動が、自らと共に社会を支える。さらにこの活動は、現在の生活を維持するだけではなく、それを向上させうる物質的条件を剰余労働によって実現しうる。この剰余労働による生産活動は、なお労働能力を形成していない子どもたち、すでに十分労働を行ない老後の生活を送る人々、健康を損ね回復に努める人たちを支える根拠となる。そして十分に社会の構成員の生活を支えることが可能になれば、労働時間の短縮を実現しうる。余裕のある時間を活用して、人間の資質を高め文化を高めることが可能となる。

このような労働者の労働によって、人間社会は自立し発展しうる。このことをマルクスは経済学の上で初めて明確にした。人間社会の実体、そして実体の主体の認識である。

二　資本の支配を転換させる主体の確立

資本が支配するこの社会においても、人間社会存立・発展の根拠・実体が社会存立・発展の根拠であることは貫徹しているし、この実体の担い手が人間社会の本来の主体であることも貫徹している。上述のように、資本主義の極限的発展の中で、社会存立・発展の根拠＝実体とその主体が、崩壊の危機に陥っている。この崩壊を阻止し、人間的社会を形成・確立させなければならないが、それを実現するのは、資本主義における、資本の支配下に置かれている、本来の主体＝労働者・勤労者が、主体としての意識を確立し、主体としての実力を発揮することによる以外にない。

確かに資本主義の下では、そして特に擬制資本が支配する現代において、労働者・勤労者が主体としての意識を確立する上に、多くの障害がある。市場における商品主体こそ社会の主体としての行動だという意識、企業・事業を経営・支配する資本とパートナーだとする意識、国家の安全保障上の危機の中でこれを回避し国家を防衛する構成員・一主体としての意識―資本と国家を維持することに寄与する意識が、逆に言えば労働者・勤労者こそ社会の主体だという意識を解体させる意識が、浸透している。さらに、社会の維持・発展にとってむしろこれを破壊する、本来なくさなければならない産業・事業が拡大し、労働者はそこで働き、生活を維持しなければならない。このことから、本来の実体とは何かという認識が歪められる。

こういう状況を打破し、社会の実体の認識、その本来の主体の認識をどう確立するかが問われる。その基本は、一人一人自分自身の実生活を直視する―自分の生活に必要不可欠なものは何か、自分の生活を支えているものは何か、生活を支えている人間関係は、どういう関係か、生活を維持する上に必要不可欠なものを、誰が生み出しているのか、を現実の生活から確認し、自分の、それぞれの認識を確立することである。そしてこの基本＝実体を歪め解体させようとしている主原因が、資本そしてその支配を維持する国家であることを、学習を通して明確に認識することである。

三　本来の主体を現実の主体として確立する

『資本論』が資本主義の理論的解明を通して展望した社会＝社会主義は、この社会の本来の主体を、現実の主体とする社会である。

「自由な人間の一つの協力体」――「人々は、共同の生産手段を持って労働し、彼らの多くの個人的労働力を、意識して一つの社会的労働力として支出する。…この協力体の総生産物は、一つの社会的生産物である。この生産物の一部は、再び生産手段として用いられる。それは、依然として社会的である。しかし他の部分は生活手段として協力体の成員によって費消される」（第一巻第一章第四節）。資本主義は、自然法則を撹乱する―「この代謝を、社会的生産の規制的法則として、また完全な人間的発展に適合する形態において、体系的に復興させることを強制する」（同第一三章第一〇節）。

そして最後に次の一文。「社会化された人間、結合された生産者が、この自然との彼らの物質代謝によって盲目的な力によって支配されることをやめて、それを合理的に規制し、彼らの共同の統制の下に置くこと、これを最小の力の支出をもって、また彼らの人間性にもっともふさわしくもっとも適当な諸条件の下に行うこと、これである。しかしこれは依然としてなお必然の国である」（第三巻第四八章Ⅲ）。

これが、『資本論』における人類本史の始まる社会＝社会主義の基本的認識であった。この認識に学び、私たちの社会主義の認識と展望を確立しよう。これが二一世紀に『資本論』を生かす基本である。

（注）マルクスの社会主義論に関しては、鎌倉孝夫「『資本論』の「社会主義論」」（『進歩と改革』二〇一五年九月号）参照。なお『資本論』を現代資本主義の理論的解明にどう生かすかに関しては『週刊金曜日』（二〇一七年九月二九日号）、「『資本論』第一巻発刊一五〇年」記念特集、及び鎌倉・佐藤優著「21世紀に『資本論』をどう生かすか」（金曜日、二〇一七年一〇月）を参照。

第三章　レーニン『帝国主義論』と現代資本主義の特徴

第一節　レーニン『帝国主義論』の今日的意義

資本主義各国の多国籍金融資本が世界的市場争奪戦を展開し、世界各国・各地域の労働者・人民の生活・生存を破壊しつつある今日、レーニンが一〇〇年前（一九一七年）に解明した資本主義列強の金融独占体による世界市場争奪戦、さらに国家間対立の激化から来る帝国主義諸国間戦争の必然性の解明は、今日的資本主義の理論的分析に生かさなければならないし、生かしうる。

レーニン『帝国主義論』の今日的意義は次の四点にある、と考える。

①帝国主義は、「資本主義の最高の段階」であり、「社会主義革命の前夜である」という資本主義における帝国主義の歴史的位置の認識。

②帝国主義段階における資本の現実的主役である金融資本・金融独占体の解明。

③各国金融独占体の蓄積における資本過剰の形成と資本輸出の展開――これを根拠とした世界市場分割――植民地分割・再分割をめぐる帝国主義列強間対立――帝国主義戦争の必然性の解明。

④帝国主義段階における資本主義の寄生性と腐朽性の明示。

一　歴史的位置

何より、①で指摘した、「帝国主義」段階の歴史的位置の認識が決定的に重要である。帝国主義段階が資本主義の「最高の段階」であるということは、これを越える資本主義の新たな段階はない、ということを意味する。だから帝国主義段階の矛盾―帝国主義戦争をやめさせるには、社会主義革命―労働者階級が現実の社会の主体になる社会の形成による以外にない、ということになる。

「一九一四―一九一八年の戦争が、どちらの側から見ても帝国主義戦争（すなわち、侵略的、略奪的、強盗的な戦争）」であった。そして戦争によって各国労働者・人民は大量の殺りくを蒙った。労働者・人民の「労働」による価値・富の形成を根拠にしなければ存立しえない資本主義が、労働者・人民を大量に殺すことによってしか、資本主義体制を維持しえないというのは、この体制の終焉を意味する―この体制の中では人間が人間として生きられない、ということである。しかしこの体制を維持するしか生存しえない資本、そして資本主義的国家自身は、自ら体制を変えることはありえない。変革は労働者階級によらなければならないのである。これがレーニンの認識であったといえよう。

この歴史的位置の認識は、ソビエト社会主義の成立をふまえた一九一七年以降の現代資本主義―一九三〇年代以降のいわゆる国家独占資本主義、そして一九七〇年代後半以降の新自由主義を、歴史的にどう位置づけるか、それを資本主義の新たな「段階」ととらえない根拠を説明しなければならない。その基本は「段階」規定の根拠の認識に関わる。

資本主義の発展段階の規定は、その段階の現実の主役―資本の支配形態を根拠にとらえなければならない。これは、金融資本、金融独占体の認識に関わる。

二　金融資本

帝国主義段階の現実の主役・金融資本の性格をどうとらえるかが重要な課題となる。レーニンは、産業（石炭、鉄鋼、鉄道等）独占体と銀行独占体の形成をふまえ、産業独占体と銀行独占体の癒着――貸付関係だけでなく株式発行引き受け・株式の相互保有・人的結合――を金融資本（金融寡頭制）と規定している。金融資本の産業的基盤（産業独占体）を強調しているが、株式市場を通した株式投機―金融資本の擬制資本としての側面――を明瞭にとらえていることは決定的に重要である。

マルクスは、「株式資本」を資本の最高形態ととらえた。「それ自身に利子を生む資本」を資本物神の最高形態（しかしそれは資本家の観念）ととらえ、その現実具体化形態を、収入を資本還元して擬制される株式・国債等の擬制資本ととらえた。金融資本は、この株式・擬制資本によって形成される資本の最高の現実形態である。たしかにその支配部門、領域の変化はあるが、レーニンのとらえた金融資本は現代資本主義においても資本の支配形態である。これ以上の資本形態は資本主義の下では形成されない。だからこの金融資本の支配する段階は、資本主義の最高（最後）

の段階である—現代資本主義は帝国主義段階としてとらえうるし、とらえなければならない。
生産力の発展とか、産業の変化が、資本主義の段階を規定する基準になるのではない。

三　資本輸出・植民地支配

資本輸出が、金融資本の蓄積拡大にとって不可欠である。ここで重要なのは、金融独占体の国内経済支配から必ず資本の過剰（設備・生産力過剰、資金過剰）が生じること、しかし金融資本としては、この資本過剰を国内零細企業・小農企業の生産力向上や労働者の生活維持・向上（改良）に使おうとせず、一層の利潤拡大を求めて資本輸出に回す、ということである。大資本の内部留保を雇用増や賃上げに振り向け好循環を、という主張に対する痛烈な批判となっている。

各国金融独占体による資本輸出の展開による市場争奪戦—植民地（半植民地）化を実現しうる情勢・条件の下では植民地再分割戦としての帝国主義戦争がひき起こされた。この情勢・条件が現実に不可能な今日、金融独占体間の世界市場争奪戦——しかも新興国・途上国の世界市場戦争への参戦の中での——は、何をもたらすか。戦争の危機がなくなったとはいえない。しかし戦争によって体制の生き残りを争うことはほとんど絶望である。戦争の必然性から革命の必然性への転換—これが今日の特徴ではないか。

四　寄生性・腐朽化

帝国主義の主役・金融資本支配に特徴的な寄生性と腐朽化の特徴も重要である。寄生性に関しては、株式・証券市場での投機的利得獲得が明確に指摘されているが、今日の資本主義は、支配する産業基盤から遊離した株式・証券の擬制資本の側面が極限的に膨張するとともに、その寄生性—財政・金融政策への依存性が明らかになっている。

同時に『帝国主義論』は、これに関連して労働貴族の意識的形成、労働者階級の思想・意識の体制内化を、帝国主義段階の階級支配の特徴として指摘している。とくに帝国主義戦争に労働者を駆り出す上で、〝強盗どもの利権争い〟を〝祖国防衛の闘い〟だと思い込ませる思想宣伝・思想統制の果たした役割を示したことは、今日の事態の解明に直結している。

第二節　現代資本主義の特徴

一　社会主義に向かう過渡期という認識

第一次世界大戦―それは帝国主義列強の植民地再分割をめぐる帝国主義戦争であった。そしてレーニンが指摘したとおり、帝国主義の弱い環ロシアにおいて、金融資本の支配のもたらす社会的矛盾―〝さしせまる破局〟―に対し、レーニンの指導する党によって社会主義革命が実現された。世界全体の理解からいえば、資本主義・帝国主義が世界を主導する時代から、社会主義国の影響を受けざるをえない時代に転換した。ここからさらに、第二次世界大戦へのソビエトの反ファシズム陣営への参加による参戦、大戦後の東欧諸国さらに朝鮮、中国、ベトナム、キューバにおける社会主義政権の成立によって、第一次大戦後の世界史の歴史的特徴を、社会主義に向かう過渡期として位置づける認識が形成される。

ソビエト・東欧社会主義が崩壊し、中国・ベトナムが市場経済を推進し、朝鮮・キューバが〝国際社会〟から異端視、孤立化させられ、厳しい制裁措置・体制解体策動が行われている（さらにキューバを市場経済化させようという動きがある）今日、果たして現代を社会主義に向かう過渡期だという認識は通用するのか。これに関しては十分な考察が必要であるが、ここでは理論的要点を示しておく。

㈠　ソビエト・東欧社会主義の崩壊は決して社会主義自体の崩壊ではない、ということである。この点に関してもソビエト・東欧社会主義がなぜ崩壊したのかの分析が必要である。

〝強盗どもの利権争い〟としての戦争を行う中で、ロシアの労働者・農民は生活破局に陥った。この破局の克服は、資本・地主勢力の力では全く不可能であり、労働者・農民の組織力による以外になかった。ソビエト組織を基盤にする党の主導性なくして、革命は達成されえなかったが、労働者・農民には、革命と建設を担う主体的能力も意識もほとんど形成されていなかった。社会主義革命・建設は、社会の存立・発展の根拠を担う労働者・勤労者の主体的能力と意識・意識的行動によって行われる。この主体形成が未成熟な中での革命であった。スターリンはむしろこの状況の抜本的改革ではなく、党・官僚権力の強化、統制によって「社会主義」建設を進めようとした。それによってさらに主体形成が損なわれた。

なお世界的にアメリカ帝国主義主導の下で、帝国主義支配が維持され影響力をもつ中で、社会主義政権を成立させたソビエトは、これへの厳しい対応を迫られた。とくに戦後体制においては、〝国際化〟した社会主義国の指導部として、さらにアメリカ帝国主義の核兵器開発・増強による戦争策動に対して、ソビエトは、国内の実力を超える対応を行わざるをえなかった。この下で、党の権力的体制強化ー労働者・勤労者に対する党の統制が不可欠であったが、これに対して公然・非公然の反発が生じた。

明らかに、帝国主義の侵略的戦争策動に対抗せざるをえない過渡期であることが、ソビエト・東欧社会主義を歪めた。主体強化策として打ち出したペレストロイカの下で、利己主義的市場利益追求の方向に民衆は走った。市場主体化は、社会主義の根本である実体における主体化を解体させてしまったのである。

(二) しかし、帝国主義対社会主義の対立構図が今日失われてしまったとはいえない。帝国主義による体制解体策動が強まっている(このこと自体帝国主義支配に根本から対立する国・勢力がある証拠である)その中で、社会主義体制を堅持する国(朝鮮、キューバ)が厳然と存在し、多くの制約(経済制裁、政治・思想的抑圧等)によって歪められながらも、労働者・勤労者の社会の主体としての意識形成と共通目標の認識を踏まえた主体的力量の発揮に全力を注いで社会主義建設を進めている。

また中国・ベトナムも市場経済化を現実に進めながら、社会主義党の主導による社会主義実現の目標は放棄していない。中南米では様々な困難の中で社会主義実現の方向を志向する政権が成立している。中国・ベトナムは現実に資本主義化を進め、今日のグローバル競争戦に参加しているが、社会主義を目標としていることの思想的意義とともに、資本主義化を進める中で確実に深まる国内矛盾は社会主義によってしか克服されない(しかしその過程でどういう事態が生じるかー再革命が不可避と考えられるが)という認識を堅持することの意味は大きい。

(三) これは本書全体の課題であるが、今日生じているグローバル競争戦は、世界的規模で資本対労働者の対立・矛盾を激化させている。世界の労働者の団結・連帯による社会主義革命の実現が、現実的課題となっている。

二　現代資本主義の特徴としてとらえておくべき要点

㈠　ソビエト社会主義革命成立・展開をふまえた現代資本主義は、資本主義の新たな段階とはいえない。この時期（今日まで含めて）の資本主義経済（さらに政治・社会を含めて）を支配しているのは金融資本であることに変わりはないこと、そしてこの時期の時代的変遷は、資本の支配形態の変化によるのではなく、これに対する外的要因のインパクト（国内外の社会主義勢力のインパクトが基本）によるものであるという認識が要点である。

㈡　産業独占体と銀行（金融）独占体の癒着という金融資本の根本性格は変わらないが、金融資本は本来二面的性格――価値・剰余価値形成を行う産業の支配＝現実資本と、株式・証券＝擬制資本の動向によって規制されるという二重の側面――があったが、今日では擬制資本的側面がほとんど極限的といえるまでに深化した。株価至上主義である。この下で現実資本に対しては利潤至上主義が要求される。株価の動向が現実資本の動きを規制し、さらに国の政策（財政・金融政策）さえも規制している。

アメリカ金融資本にはもともと証券金融資本の性格があったが、二度の大戦で漁夫の利を得て世界基軸通貨を独占し世界経済・政治・軍事的覇権をアメリカ帝国主義が掌握する中で、とくに一九七一年のドル・金交換停止以降のドルインフレの下で、金融資本の擬制的側面が進展し世界経済を投機・バブル―バブル破綻・危機をくり返しひき起こしている。投機的過剰マネーは七〇〇兆ドルにも及ぶ。それが中国はじめ新興国・途上国に流出入し経済を攪乱している。

㈢　重要なのは、金融資本と国家の関係である。現在の事態を一九三〇年代の、第二次世界大戦前夜の再現だとする見解があるが、事態の異相をとらえなければならない。

①　一九三〇年代は、ソビエト社会主義のインパクトを受け大不況・大失業の下で体制変革の行動が資本主義各国に生じた。体制の危機である。危機克服に対して金融資本（個別的私的利潤追求体）は無力であった。国家が体制維持を主導しなければならなかった。これに対し現在はソビエト・東欧社会主義の崩壊、それを社会主義自体の解体ととらえる思想宣伝が労働者・民衆に浸透した中で、体制変革への対処という国家主導の体制維持策―福祉政策等改良政策による民衆統合の必要性自体が弱まった。国家による体制

維持ではなく、私的金融資本主導の政策が基調となっている。国家の政策は、ストレートに私的金融資本の競争力を強化し、利潤拡大を目標として行われている。

② 一九三〇年代は国家主体の統制―民衆に対してだけでなく資本に対しても―が行われた。侵略戦争に向けた国家による国家構成員全体の統制・動員である。今日の事態の特徴は、規制緩和・撤廃―金融資本の自由な搾取・収奪活動の保証である。TPPに示される国際的な貿易・投資の自由化、さらに「労働」と「生活」（教育・医療・福祉）領域の規制緩和・撤廃が、推進されている。

③ 一九三〇年代国家の体制維持策は一国主義的政策（国益追求、国家主義）であった（同質的国家間連合を組むことはあったが）。現在はグローバル競争戦―多国籍資本間の世界市場争奪戦が基調である。

一九三〇年代では少なくとも帝国主義国による後進諸国の植民地化は現実的に可能と判断され、植民地分割・再分割の戦争（第二次世界大戦）が現実にひき起こされた。戦後体制―体制間対立・ソビエト社会主義の影響の下で、旧植民地諸国は少なくとも政治的自立を達成する。帝国主義支配圏に編入させることを意図した途上国への資本主義諸国の〝援助〟の下で、途上諸国は市場経済化を進め、現在では多国籍資本間のグローバル競争戦に参戦している。資本主義各国は、排他的植民地獲得・支配、市場圏を形成することは現実に不可能となっているばかりか、途上国・新興国との世界市場競争戦に対処しなければならない。

㈣ こうして現代資本主義の特徴を総括すれば、私的金融資本が、国家を自らの利己的利潤獲得目的のため、利用し尽くし、財政・税制、金融政策を奪い尽くしていることである。今日の国家は、私的金融資本、しかも多国籍化した金融資本の利潤拡大のため、労働者に対する搾取・収奪（税金を吸収して金融資本に注入する）の役割を演じている。しかも多国籍化した金融資本はその本籍国にも税金を払わない。

第三節　現代は、社会主義革命の前夜である

内容的には、本書全体、直接には第Ⅳ篇で提起することになるが、今日の多国籍金融資本支配の下では、労働者・人民は人間として生きられなくなっていること、この体制を維持しようとする、この体制の現実の主体である多国籍

資本の利潤拡大を目的としてすべての政策を推進する国家は、労働者・人民の生活をさらに奪い破壊するものとなっていることの認識が基本である。

しかし労働者・人民がこの認識を確立しえず、自らが現実の社会・経済の主体にならなければならないという意識と行動を確立・行使しない限り、この体制は変わらない。そして体制権力（財界、政界、思想界）は、労働者・人民にこの認識と意識を奪い続けること、カネによる統合が不可能になった中で、それだけ思想管理・統制を強めることに全力を注入することになる。思想管理・統制による人民統合、それは最後は不法・無法の直接的政治権力介入によるものとなる。

多国籍金融資本が、その支配下のすべての国、地域で労働者・人民を搾取・収奪し、生活・生存を破綻させている現代資本主義は、労働者・人民の国際連帯による社会主義革命の前夜であることを認識しよう。

第Ⅱ篇　新自由主義は何を破壊したのか

第一章　人間「労働」破壊の現実

はじめに

日本を代表する製造業大企業の製品偽装販売が次々と現出した。その下で明らかにされてきたのは、製品の質をおろそかにした、生産量・販売量増大による利潤拡大―利潤至上主義である。しかもこの利潤至上主義の下で、生産現場の労働は、ほとんど奴隷的労働というべき状態に陥っている。人間労働破壊の現実である。この現実は、資本が支配する全分野に拡大している。

人間労働破壊は同時に人間的生活破壊を伴う。まともな生活ができない、若者は結婚もできない。子育ても厳しい。老後の生活は破滅状態に陥っている。

しかし政府の政策は、外観は民衆のためを装ってもますます生活破壊を深める。財政が厳しいからということで社会保障政策は切下げられている。しかし全くの浪費でしかない軍事支出、使いものにならない兵器の購入は激増している。その口実として、危険な国（朝鮮）が戦争を挑発している、〝国難〟だ、と大宣伝し、民衆に朝鮮のミサイル攻撃を想定した避難訓練さえ強要している。

戦争の危機が煽られている。しかし戦争こそ最大の人間破壊をもたらす行為である。現実に戦争が起これば、社会自体が破壊される。戦争準備態勢自体も、人間生活・生存の危機を深める。

なぜ現代資本主義は、人間労働・人間生活を破壊するのか。トランプ米大統領や安倍首相だって、戦争が起これば、アメリカも日本も存続不可能なダメージを受けると分っているであろうのに、なぜ戦争の危機を煽るのか。

戦争の危機を煽り、民衆にこれへの対処を強要する以外に、この社会体制―現代資本主義体制が維持しえなくなっている、といえよう。社会の本来の主体である労働者民衆の生存・生存根拠である労働・生活を破壊しなければ存続しえなくなっているこの現実は、この体制の終末的危機を示している、ととらえなければならない。

この体制を変革しなければ、人間・人間社会は存続・発展しえなくなっている。変革が、現実の課題となっている。

いかにこの体制を変革しうるか、そのために私たちが何をなすべきか、何ができるかを考え、自分自身で実行できることを現実に実行する以外にない。

第一節　製品偽装は何を示すか

神戸製鋼所、日産自動車、スバル、三菱自動車、スズキ、三菱マテリアル子会社、東亜建設工業、旭化成、東洋ゴム、そして東芝…。日本の一流といってよい製造業大企業が、不適合製品の品質データ改ざん、法令無視の製品検査偽装等を行なって、製品を販売していたことが次々に発覚している。その典型的な事例を若干示しておこう。

一　神戸製鋼（鉄鋼メーカー国内第三位）

一九〇五年、前身の小林製鋼所として創業。第一次世界大戦勃発による軍需支出拡大の下で、兵器生産を手掛ける（潜水艦のディーゼルエンジン、砲弾など）。一九三〇年代日本の侵略戦争拡大の中で軍需生産を拡大する（三八年軍の管理工場に指定されている）。戦後ＧＨＱによる軍需生産禁止で、民需品生産に転換したが、経営危機に陥る。しかし五〇年からの朝鮮戦争に伴う特需で復活し、軍需生産再開・拡大。現在は、潜水艦から魚雷を発射する装置・「水中発射管」、戦車を含む重車両を対岸に渡す「九二式浮橋」、クレーン等の重機を、防衛省に直接納入している軍需産業企業である。

神戸製鋼の品質データ改ざんは、鋼管、アルミニウム合金線、特殊鋼から、自動車部品のバネなどに使われる線材など主力商品に及び、防衛省へ納入するアルミ製品（航空機、誘導兵器、魚雷などに用いられる）、福島第二原発三号機の原子炉を冷却する熱交換器に使われる部品としても使われていた。「影響は国内外の主要自動車メーカーや航空機、鉄道、ロケットなどにも広がっている」（『毎日新聞』二〇一七年一〇月一四日）。

神戸製鋼の製品品質データ偽装はすでに国内工場では数十年前から、しかも組織ぐるみで行なわれていた（『日本経済新聞』一七年一〇月一七日）。

鉄鋼産業研究者大場陽次氏は、鉄鋼産業一般に高度成長期が過ぎた八〇年代から人減らし合理化が進められ、薄板工場などでは無人化工場となり極限まで要員が減らされ、とくに製鉄所現場の「検査・試験」部門では人減らしが進んだことに問題の原因がある、と指摘している。また経済ジャーナリスト町田徹氏は「約束した寸法・強度と違うが安くするから引取ってくれ」という買い手企業の意向もあって、調達コストを下げたいという“特採”の仕組みが、悪用されたのではないか、また設備投資が減り人員削減が進む中で減点主義がはびこりそれが現場の停滞感を生み、特採を正規品と偽って売るような暴走が起き始めたのではないか―「新しい〝日本病〟として蔓延していないかと疑われます」といっている（『サンデー毎日』一七年一二月一〇日）。

二　タカタ、日産自動車、スバル

自動車部品メーカーのタカタは、一九八〇年代からエアバッグを製造。世界的にシェアを高めた。しかし同社製のエアバッグの破裂でドライバーが死傷する事故が米国中心に多数起きた。米メディアはこの事故を大々的に報道し、米上院が公聴会に被害者、同社幹部を呼ぶ事態に発展。その後、完成車メーカーの大規模なリコール（回収、無償修理）を経て、同社は一七年六月民事再生法を申請し経営破綻した。

日産自動車、スバルは、国内向けに出荷する新車は道路運送車両法などに基づき社内資格を持つ従業員が検査をする必要があるにも拘らず、三〇年以上前から無資格者が検査をしていた。日産では、検査を非正規の期間従業員にもやらせていた。

自動車の完成車検査は、ブレーキやライトの性能、排ガス濃度などを計測機械で検査し国の安全基準に適合しているかをチェックする。この検査を無資格の、非正規労働者にさえ、やらせていた。検査員資格を認定する基準を、メーカー任かせにする現制度のあり方、国の監督指導行政の責任が問われるが、問題の中心は、カルロス・ゴーン会長に代表される徹底したコスト削減による業績＝利潤至上主義にある。

日産自動車では、資本の権化ゴーン会長の下で徹底した要員削減、労働強化による生産量増大―販売増大―利潤拡大が目ざされた。この方針の徹底推進を図る労務管理の下で、生産現場では二交代勤務から三交代へ、日勤（一直）から二交代で、ギリギリの人員で労働強化、長労働時間が強要された。正規雇用から非正規雇用へのシフト、同じ仕事をしながら、非正規労働者の賃金切下げによるコスト削減が推進された。検査部門でも要員削減、非正規労働者への置かえが行なわれた。「成果・評価主義の賃金体系と労務管理が強められ、目標結果や成果を出して評価されなければ賃金や昇進昇格にも大きな差が生まれ、評価する上司に逆らえない、ものが言えない上意下達の現場となりました。労働者がバラバラにさせられ、お互い同士競い合う職場環境となり、パワハラやメンタルヘルス不全も広がりました。コスト削減経営方針が製造現場をむしばみ、ものづくりの基盤を掘り崩し、同時に、労働者から仕事のやりがいを奪い、心身の健康を脅かしています。労働組合もこうした事態や不正行為に対して、団体交渉や経営協議会でも有効な対応やチェックができずにきています」（労働運動総合研究所、佐々木昭三、『しんぶん赤旗』二〇一七年一二月六日）。

日産の検査不正が暴露されたことにより、日産の自動車出荷は一時停止になり、一七年一〇月の新車販売は五割減、今期営業利益は四〇〇億円減となる予測である（『サンデー毎日』前掲）。スバルもリコール関連費用に約二〇〇億円かかるという（同上）。

三　旭化成、東亜建設工業、東洋ゴム工業

旭化成の完全子会社「旭化成建材」が、建設現場でのくい打ち工事で〇六〜一六年の間、計三六〇件に及ぶ施工データの転用や改ざんをした。その結果、横浜市都筑区のマンション建設工事では、くいが地中の固い層に届かないまま工事を完了させたため、建物が傾いた。

東亜建設工業。薬液を注入する工法で、地震による液状化を防ぐ地盤改良工事を施工したが、実際には設計量を注入できなかったにもかかわらず、注入したかのように偽装した。

東洋ゴム工業。完全子会社「東洋ゴム化工品」が製造した免震ゴムが国土交通省が定める性能を満たしていないのに、満たしていたかのように偽装して販売した。また同社が製造した防振ゴムの品質検査をせず、検査したかのように偽装して出荷した。偽装が行なわれた期間は両製品とも一〇年以上に亘った（いずれも『サンデー毎日』前掲）。

そして東芝の不正会計処理。子会社化した米原発会社ウェスチングハウスが巨額損失を発生させている原因を隠し、隠蔽を目的とした監査法人対策まで組織的に行なっていた。〇八―一四年度決算の税引き前利益を二三〇六億円水増しした。東芝は大損失の中で大規模なリストラを進めている。

四　新幹線車両亀裂

関連して次のような情報が入った。一つは三菱マテリアルの子会社三菱電線工業で電子部品のデータ改ざんが発覚した。油や水の漏（もれ）を防ぐパッキンなどのシール材、携帯電話やパソコンなどに使われるコイル状の電子部品「平角マグネットワイヤ」で寸法などデータ改ざん、検査実施しないままの出荷が行なわれていた。三菱伸銅も車載部品向け銅製品に硬さなどのデータ改ざん、三菱アルミニウムもアルミ板で品質データ改ざんが行なわれていた（『毎日新

聞』一七年一二月二〇日)。

東海道・山陽新幹線「のぞみ」で台車枠の両側面と底部に亀裂が生じ長さ四四チセンに達していた。枠は破断寸前で脱線もありえた重大事態であった。異常が感じられたのに博多から名古屋まで運行した。台車枠は川崎重工業製。亀裂で台車枠がゆがみ、モーター回転を車輪に伝える「継ぎ手」がズレて変色し、油もれ、異臭、異音が生じていた。岡山駅で保安担当社員が運転中止・点検を提案したのに、JR西の輸送指令の判断でそのまま走らせた。「典型的な金属疲労で、今回の運行で発生したものではない。最後は首の皮一枚がかろうじてつながった状態」であった(永瀬和彦・金沢工業大客員教授。『毎日新聞』同上)。

乗客一〇六人死亡、五六二人負傷という福知山線脱線事故を受け、JR西は安全管理体制の見直しを図ってきたが、現実の事態は安全管理がずさんとなり、大事故の危険が生じている。

製品偽装が大事故発生の危険性を高めることは十分考えられる。しかし製品偽装—運転保安の危険性を含めて—は、生産・労働現場における人間労働—労働・生産の主体としての行動—が、解体化されていることに決定的原因がある。そこで労働・生産現場の人間労働解体化の現実をとらえよう。

製品品質偽装・検査不正の頻発、大事故寸前の「のぞみ」の運転に示される安全・保安体制、保安・指令員の安全・保安意識の欠落、それをもたらしているのは、明らかに「人間労働」破壊というべき生産・労働現場の現実である。「人間労働」の破壊とはどういう事態か。労働・生産過程における人間労働の特質を明らかにしつつ、その破壊の現実とそれが何をもたらすか、を示そう。

第二節 「人間労働」の特質—その歪み

一 意識性・創造性・共同性

「人間労働」の社会的特質をとらえたのは、マルクスであった。『経済学・哲学草稿』(一八四四年)で「人間労働」に基づいて人間の特質をとらえた。何よりも、人間の人間としての特質は「自由な意識的活動」である、と。

「人間は自分の生命活動そのものを、自分の意欲や自分の意識の対象にする。…彼自身の生活が彼にとっての対象なのである。ただこの故にのみ彼の活動は自由なる活動なのである。」意識性こそ人間の特質である。意識＝自己意識は何より自分自身を、その考え、行動を、対象にすることであり、自分自身の考え、行動を点検、反省することである。自己点検・反省によって、人間は発展しうる。それを「自由なる活動」というのである。

この意識的活動は、何より労働・生産活動で発揮される。「人間は、まさに対象的な世界の加工において、はじめて現実に一つの類的存在として確認されることになる。この生産が人間の制作活動的な類生活なのである。この生産をつうじて自然は、人間の制作物、及び人間の現実性として現われる。それ故労働の対象化は、人間の類的生活の対象化である。」創造―「制作」活動が人間労働の特徴である。同時に、人間は目的意識を共有する者との共同的活動によって、目的を実現し、発展しうる存在―意識的共同性をもつ存在である。

この認識をふまえ『資本論』は、労働・生産過程を支配する産業資本の、価値形成・増殖根拠として、「労働過程」をとらえ、「人間労働」の特質を明らかにした（第一巻第五章第一節）。

人間労働者は、自然（土地・水、森林・鉱山等）を対象に、自らと協力共同する仲間の協議を通して、自らと仲間の欲するものを、どれだけ生産するか、どのように生産するかを目的意識的に決め、それを自らと仲間との協働の力で創造する―意識性に裏付けられた自主的、創造的な共同活動こそ人間労働の特質であること、そしてこの労働活動は、社会形態のちがいを越えた、人間社会の存立・発展の根拠（実体的根拠）である、ことを明らかにした。

二　自然法則の認識と適応

もちろん、社会的生活の存立・発展にとって何をどれだけ、どのように生産するかは、それぞれの生活を実現している地理的な位置と、歴史的な慣習、風土の上で規定される生活の必要と欲求によって左右される。

生産の実現の上で決定的に重要なのは、自然法則の作用である。自然法則は、人間の意思や行動によって変えられない。人間はこの法則に従わなければならない。しかし、人間は労働する中で自然法則への適応を経験的に学んできたし、自然物、その動きの分析、自然科学の発展によって、自然物の性質を認識し、分解・合成・加工等を通して、新しい有用性（＝使用価値）をもつ新生産物を開発、利用してきた。それがまた生活の欲求を変えながら、同時に人間の能力を発展させた。

生活上の欲求を効率的に実現する上に、生産力の発展―道具、機械の発明・応用による―を図ってきた。その利用が自然法則を侵害し生活・生存の破壊をもたらすこともあったが、生産活動における労働者の自主的、創造的活動の自覚の下で、自然法則への意識的適応―自然の循環法則の遵守―を実現させてきた。

社会の存立・発展の根拠としての生産の場において、自分自身の自主的判断による自己の認識と行動の反省＝点検・是正によって、人間・人間社会は発展してきた、といえよう。

三　階級社会、資本主義における「労働」

もちろん、人間、直接には労働・生産者のこの自主的・目的意識的活動は、階級社会においては、支配階級の、その支配体制維持を目的とする国家による支配の意図によって、歪められてきた。その下で、直接に生活・生存の根拠を担う労働者は、生活・生存に必要不可欠な生産活動ではなく、支配階級の意図（支配欲・権力欲、そのための領土争い等）による労働が強制され、自主的活動を奪われた。しかし支配階級の意図によって、労働・生産活動が破壊されれば、その社会体制は存続しえず、解体する。社会の存立・発展に不可欠な労働ではなく、それとは関係ない、むしろその労働を破壊する労働（仕事）を強要されれば、社会の存立自体が解体する。

資本主義的生産では、社会存立・発展にとって不可欠な生活資料（物質的、精神的富＝人間生活の維持・向上に必要不可欠な有用物・使用価値）の生産ではなく、何を生産・販売するかに関わらず、価値・価値増殖＝利潤を獲得することを目的としている。前者はその手段とされる。

だからどの生産部門でも、資本が賃金を支払って雇った労働者を、可能な限り労働させ、価値形成・増殖を図る。労働時間の延長・労働強化による剰余価値生産の拡大（絶対的剰余価値の生産）が図られる。しかし余りにも労働時間が延長され、労働強化が強要されれば、労働者の生活時間は奪われ、労働力の再生産自体が不可能になるし、労働者の個人的、集団的抵抗も強まる。労働力の再生産・確保の上に、一定の労働時間制限が図られなければならなくなる。

資本はこれに対し、さらに剰余価値生産の増大を図るため、機械の導入を行なう。資本主義における機械の開発・導入は、何よりも人間労働を単純化・定型化して、人間労働自体を、資本にとって物＝原料・材料と同じように操作可能にすること、そのことによってさらに労働強化、労働時間延長を実現し、剰余価値生産を拡大することに目的がある。そのことは反面、労働・生産現場の人間労働の本質である自主性、創造性自体を奪い、自主的判断力を奪うことになる。

人間労働の単純化・定型化は、機械・技術（現在ではITやAI、さらにIoT等の新技術）導入による人間労働の置きかえ―生産現場の雇用の削減をもたらす。しかしどれだけIT、AIなどの技術が発展しても、その技術自体には自己点検・修理（反省）能力はない。人間がこれら人為的技術に与えた機能を越える自主的創造的判断力はない。IT、AI化導入が全面化し、人間労働者の労働を放逐することになれば、再生産能力はかえって失われることになる。

上述したように、個々の資本にとっては、社会的生活・生存に不可欠、有用な生活資料の生産は、たんなる手段でしかない。しかし社会的には、社会の生存・発展を担う労働者の生活・生存の維持（さらにその能力の向上）は、資本の生産、生産力発展にとっても不可欠な条件である限り、この社会的必要を充たさなければならない。しかし資本としては、この生活に不可欠な労働力再生産費用（賃金）を可能な限り引下げようとする。生活資料の量的削減さらに価値切下げが図られてきた。

現在この点に関し特徴的なのは、生活の維持、再生産に必要（有用）な使用価値生産の観点がほとんど失われ、ただ売れればよい、大量に、儲けを獲得しうる価格で売れればよいという観点が、明らかに社会的必要という配慮を切捨てた。価値増殖目的に徹底した販売が、推進され、支配的になっている、ということである。

添加物だらけの健康に有害な農産物、スマホをはじめとする情報器具、対人労働（福祉・教育労働等）におけるロボットの導入等々、人間的生活自体を歪め、破壊する生活資料が売られ、生活の中に侵入し生活を支配している。その典型は、人間生活にとって完全に無用な浪費であり、破壊をもたらす（それにしか目的がない）軍需兵器である。しかもこの生活・生存破壊をもたらす生産で、それを生産する資本は儲け、労働者・民衆はその負担（税金）で生活を圧迫され、労働力の再生産は損われる。しかし軍需生産に雇われ、生産している労働者に、どれだけこの認識があるか。

四　「形態的」労働

『資本論』は、資本主義的生産の発展の中で、労働者が人間社会の生存、発展に必要不可欠な生産を担うだけではなく、資本主義社会にだけ必要な労働、もともとは資本家（経営者）が、利潤獲得・拡大目的で行なってきた仕事—販売促進＝商業機能、資金活用＝銀行機能、証券売買＝金融機能—を、賃金労働者が担当することになることを指摘している（第三巻第四篇第一七章の商業労働、第五篇第二三章の「企業者利得」）。

商業労働自体は、広告・宣伝活動等を通し、商品販売を促進し、流通コストを効率化し、削減する機能を担う活動＝資本家的機能であり、社会的再生産や人間生活・生存にとって必要不可欠な情報・通信活動＝使用価値生産労働ではない。しかしこの資本家的機能が賃金労働者によって行なわれる。大量に、儲けがえられる商品の販売を、労働者自身が行なう。この機能を担うことから利潤獲得・拡大という本来の資本家的機能が、労働者自身の労働としてとらえられることになる。

資金貸付け—利子獲得に関連して、『資本論』は企業者利得という資本機能に対する報酬を明らかにしているが、ここで経営管理の仕事に関し、分業的労働の組織・調整機能＝生産的労働と、賃労働者に対する搾取強化を目的とする監督労働を区別しながら、後者の機能さえ賃金労働者が担うことによって、労働者自らが労働者を搾取する労働を行なうことになることさえ明らかにしている。

現代における商業・金融領域の拡大—その機能を、賃金労働者自体が担うことによって人間労働＝社会の存立・発展の実体的根拠を担う労働の認識が、労働者自身から失われることになる。時間を問わない経営管理者的機能（資本家的労働＝「形態的」労働）が、賃金労働者の労働として行なわれることによって、労働者自身の「必要労働」の観念が失われる。（過労死をもたらす要因となる。）

第三節　人間労働破壊の現実

現実にいま生じている人間労働破壊の状況を、若干の事例を通してとらえておこう。

一　長時間労働・過労死の実態

(一)　トラック運転手の労働

関西から東京・関東にトラックで荷物を運ぶトラック運転手。東京近郊のサービスエリア（あるいはその周辺の路肩）で仮眠をとり、深夜に起きて明け方に高速道路を降りる。—午前〇時から四時まで高速料金が三割引きになる。

会社は、経費削減のためこの時間帯に高速道路を降りるよう指示するので、この時間帯まで待機しなければならないからだ。その分トラック運転手の拘束時間は延長する。運転手は、次の日は東京・関東から関西方面に荷物を運ぶ。月—水、水—金（さらに金—日）と週三回もトラックを運転しなければならない。

月八回この運行をすると、時間外労働は月一二〇～一五〇時間、多いときは二〇〇時間になる。（月八〇時間以上の時間外労働を二カ月以上続ければ過労死する、という。）明らかに過労死ラインをはるかに上回る長時間労働である。

しかし厚労省の改善基準告示は、月の拘束時間を二九三時間、労使協定を締結すれば月三二〇時間まで可能とし、年間三五一六時間という長時間の拘束を容認している。加えて一日の拘束時間は最長一六時間まで認めている。

安倍政権は「働き方改革」を掲げているが自動車運転業務に関しては、上限については本則年七二〇時間を超える年九六〇時間（月八〇時間、休日労働を除く）まで容認している（しかも適用は五年後）。

「運輸業・郵便業」の脳・心臓疾患による過労死認定は、二〇一六年度で三五件（全業種で一〇七件）に達している。

運輸業等の参入規制緩和の下、中小零細業者が激増し、激しい過当競争が生じている。これら小零細業者は、大手運送会社の三次～五次下請けとなって、低単価を強いられている上、仕事を確保するために自ら単価を引下げている。それが運転手の過酷な長時間労働、しかも低賃金（基本賃金は最低賃金以下に設定されている）をもたらしている。社会保険未加入の事業者も少くない、という。（『しんぶん赤旗』一七年一二月一九日）

このような過酷な、過労死さえもたらしかねない労働条件の下でも、雇用されなければ生活できない中高年労働者が多い（さすがに若年労働者は敬遠する）。しかも殆ど労働組合は組織されていないので歯どめがかけられない。

(二) トヨタの新裁量的働き方

世界的大競争戦、ＥＶ（電気自動車）や自動運転化など新技術導入の中で、トヨタ自動車は労働者の「働き方」改革を進めている。

一つは、「究極の成果賃金」。工場で働く技能職の労働者に対し、毎月評価し、それによって毎月の賃金を変動させる。標準額七万円。六段階の「技能発揮考課点」で評価する。

もう一つは、ＦＴＬ（Ｉ）（フリータイム＆ロケーション・フォー・イノベーション）。事務・技術職の労働者に、働く場所、時間に縛られない「裁量労働的」働き方を導入。

対象者は七八〇〇人という。①残業は年間三六〇時間以内を前提に、月八〇時間、原則五四〇時間の範囲内で働く。②適用は主任職。本人の意思・所属長との面談、部長・人事の承認が必要。③手当は月一七万円支給（主任職の裁量労働手当の一・五倍）。④年二〇日年休取得し、平日五日間連続休暇を取る。週一回、二時間以上出社すればよいという内容。

現行の裁量労働制は、企画業務型と専門業務型の二つあり、一七年三月時点で前者三七〇人、後者一四〇三人。これは実際に何時間働こうが、労使協定で一日九時間働いたと見なして、所定労働時間を超えた三一時間程度について「裁量労働手当」として支給する。

新しく導入するＦＴＬ（Ｉ）では、月四五時間分の残業相当分として現行の一・五倍（月一七万円）の手当を出すとしている。決められた時間の枠内で成果を上げることが求められるので、成果を上げるために、時間に関係なく働かなければならなくなる。効率的に働いても年五四〇時間まで働かざるをえなくなるのではないか、という声が上っている。上述のように月八〇時間の残業が二カ月以上続けば過労死ラインといわれているが、トヨタはそこまで働かせよう、というのだ。すでにトヨタ自動車でこれまで過労死と認定されたのは、分っているだけでも五件ある。

トヨタ自動車関連会社で過労死した労働者の労災認定訴訟で、名古屋高裁は、長時間でうつ病になった点を考慮して、一カ月八五時間余の残業を「過重な労働負荷」だとして、過労死と認定した（一七年二月。『しんぶん赤旗』一一月八、九日）。

「もともと製造業は、繁忙期に出稼ぎ労働者らを一時的に雇っていた。平成に入ると、不況になったときの〈調整弁〉としても非正社員を雇うようになった。そんな平成の働き方を象徴する訴訟が一四年、名古屋地裁に起こされた。減産を理由に雇い止めされた期間従業員に訴えられた自動車部品メーカーは、雇い止めの正当性をこう主張した。〈（部品の在庫を極力抑えるトヨタ生産方式の）ジャスト・イン・タイムを行うため、在庫を生産する業務に人員を充てることを前提に雇用を維持できない〉」と（『朝日新聞』一七年一一月一二日）。在庫を置かないことは、在庫生産用労働者を置かないことを当然視する。まさに労働力のかんばん方式である。

(三) 野村不動産の裁量労働制違法適用

厚生労働省東京労働局は、不動産大手・野村不動産が、裁量労働制を社員に違法に適用し、残業代の一部を支払わなかったとして、野村不動産本社、関西支社など全国四拠点に対し、各地の労働基準監督署が是正勧告を行なったと発表した（『朝日新聞』二〇一七年一二月二七日）。

同労働局によると、高級マンション「プラウド」を手がける同社は、裁量労働制の適用が認められないマンションの個人向け営業などの業務に就く社員に、全社的にこの制度を適用していた。このため違法な長時間労働が発生し、未払い残業代も生じた。同社によると、全社員約一九〇〇人のうち課長代理級の「リーダー職」と課長級の「マネジメント職」の社員計六〇〇人に裁量制を適用していた。「中堅社員であれば、裁量を持たせて企画提案型の事業を推進できると判断した」としているが、労働局・労働基準部長は、「（同社の不正を）放置することが全国的な順法状況に重大な影響を及ぼす」として、特別指導に踏み切った、としている（『朝日新聞』同上）。

現在の「裁量労働制」には、「専門業務型」―新聞記者、証券アナリスト、システムコンサルタント等専門職、研究開発、弁護士、公認会計士等（対象一九業務）に適用―と、「企画業務型」―企画、立案、調整、分析等（導入には本人同意、労使委員会で五分の四の賛成が必要等の条件の上で）―がある。裁量労働制は、働き方を労働者自身である程度決められるが、一定の成果を上げるために長時間労働を自ら行なうことがある。しかし、労使で前もって決めた時間については支払われるが、それを超えても残業手当ては支払われない。自ら仕事の量を調整できない長時間労働に陥る。「一度導入されると、乱用が表面化しにくい制度だ。とくに『企画業務型』は対象業務の定義が難しく、『専門業務型』より分りにくい。本人同意が必要といっても、真意によるものか疑問のケースもある」（塩見卓也弁護士、『朝日新聞』同上）。

政府は、この対象業務を拡大しようとしている。さらに「年収一〇七五万円以上」の高度な専門知識をもつ働き手―アナリスト、コンサルタント、為替ディーラー、研究開発、金融商品開発等―に対し「高度プロフェッショナル制度」を新設・導入しようとしている（後述）。この制度では残業手当（深夜・休日手当も）は、支払われない。

(四)　若干のデータ

厚労省の調査（二〇一六年度）によると、長時間労働が疑われる事業場の監督指導で、二万三九一五社の調査のうち一万五七九〇社（六六％）で労働基準法などの違反があった。このうち時間外労働に関わる違反は一万二七二件、不払残業は一四七八件にのぼっている。長時間・過労は、いわゆるブラック企業だけではない。

同じく厚労省の調査によると、二〇一六年の「サービス残業」（不払い残業）は、一二七億二三二七万円、対前年比二七億円増となっている。是正された対象労働者は、五二六六人増の九万七九七八人。企業数は、一三四九社。一〇〇〇万円以上の支払いでは、一八四社である。

厚労省が調査を始めた〇一年以降の一六年間の是正総額は、二五三〇億一九二四万円、是正された労働者総数は二一六万五三二九人、企業総数は、二万七六〇社に達している。しかし現実には下請中小零細企業において是正されない不払い残業が数多くあると思われる。十分な調査を通した抜本的是正が図られなければならない。

(五)　過労死

過労死を考える家族の会などの運動の成果として二〇一四年過労死等防止対策推進法が制定されているけれども、過労死は頻発している。

この間でも、ＮＨＫの女性記者、電通に勤めた女性新入社員、新国立競技場建設に従事していた建設会社社員など、過労死・過労自殺が起こっている。

「弁当チェーン〈ほっともっと〉を展開するプレナス（福岡市）の男性社員は一一年七月店長をしていた三重県内の店舗で自ら命を絶った。三〇歳だった。遺書にこう記していた。〈もうこれ以上前に歩いていけません〉。一〇年四月に入社。数カ月後に長野県内の店長を任された。亡くなった時は三重県内二店の店長を兼務していた。……四日市労基署は労災を認めなかったが、遺族が再審査を求め、国の労働保険審査会で労災が認められた。審査会は男性が一一年三月下旬に精神疾患を発症し、自殺に至ったと判断。発症の数カ月前には月一〇〇時間を越える時間外労働を継続的にしていたと指摘した。」（『朝日新聞』二〇一七年六月一八日）

この社員の父親は、社員の安全への配慮を怠ったとしてプレナスに損害賠償を求めて長野地裁に提訴したが、会社側は裁判で「強度な心理的負荷を生じさせるような長時間労働の事実はない」、としている。遺族の代理人弁護士は、「現場の店長に過ぎない男性が管理監督者として扱われた結果、労働時間の管理が甘くなり、長時間労働に陥ってしまったのではないか」と指摘している（同上）。

労働基準法は、第四一条（第二項）で「事業の種類にかかわらず監督若しくは管理の地位にある者又は機密の事務を取り扱う者」に関しては「労働時間及び休憩」の「適用の除外」を認めている。「使用者」（企業経営者＝資本家）には労働時間の規制はないが、「監督」「管理」の地位にある者も、労働時間規制が除外されている。企業側はこれを利用し、実質は経営者の命令に従い、搾取されている賃金労働者でしかないのに、「店長」などの管理的名称と経営責任を押しつけ、管理的地位にあるのだとして労働時間規制を取りはずしている。命じられた仕事をこなさないと、いつ解雇されるか分らないという観念の下で、過度労働、まさに奴隷的労働を自らの責任として行ない、過労死、過労自殺に陥っている。

なお、看護、保育等、直接人間に関わる福祉労働の状況―長労働時間と労働強化の実態を調査し、明らかにしなければならないが、まとまったデータをとらえていないので、今回は取上げられなかった(注)。

(注) 以上、人間労働破壊の現実を、主に『朝日』『毎日』『日経』新聞等が取上げている事実をふまえて記述したが、それを通して気がついたのは、主要大企業における状況、そして厚労省等を通した是正措置と一定の改善の記述が際立っていることである。『しんぶん赤旗』は一定の批判の視点がみられるが、大手マスコミの記事に関しては、大企業に対する政府の是正が行なわれているという側面を意図的に取上げているように思われる。

とくに重要なのは、三次～五次下請企業における労働の実態、そして民間事業として行なわれている保育・介護労働の苛酷な労働実態がほとんど取上げられていないことである。介護・保育労働の実態については、生活保護支出削減との関連で、第二章第二節三で若干取りあげるが、私たち自身で実態を十分調査しなければならない、と思う。

二　有効求人倍率は上昇しているが…

安倍首相は、アベノミクス五年間の実績として、就業者数一八五万人増加、有効求人倍率増大、正社員有効求人倍率一倍超え、を強調している。たしかに有効求人倍率は、一七年九月に一・五二倍、正社員のそれは一・〇二倍と一を超えた。

有効求人倍率は、ハローワークに申し込んだ求職者に対する求人者の率で、倍率が一を超すということは、労働力供給(求職)以上に労働力需要(求人)が増大していることを示している。従来労働力供給より労働力需要が大きくなると、賃金は上昇する傾向がみられた。市場の需給関係が働けば、賃金は上昇する。ところが現在有効求人倍率が上昇しているのに、賃金は上昇しない。実質賃金は、一九九七年水準を超えていない。アベノミクス五年間でも、一三年平均の実質賃金指数(二〇一〇年＝一〇〇)一〇三・九から、一六年平均一〇〇・七に下落している(厚労省統計)。労働力の需給関係に、市場経済の作用が働いていない。これはなぜなのか、そして何を意味するのか。

㈠ 労働力人口減少―生産領域の労働力減少

有効求人倍率は、直接にはハローワークに求職・求人を申し込んだ人数に関する統計で、求職申し込みをしなければ、実際は働く意思があるのに、求職者にカウントされない。実際はこの人数も相当存在する、と思われる。

しかし重要なのは、社会的にみて、現在の日本では、労働力人口のベースになる生産年齢人口（一五～六四歳）が大きく減少していることである。資料1でみるように、二〇〇五年～一六年にかけ生産年齢人口は大きく減少（七一七万人減少）している。一二年と比べても、三六一万人減少している。アベノミクスの中で少子化が進んでいるのである。

少子化の原因が明らかにされなければならない。重要なことは、結婚できない若者が増えていること、である。とくに年収三〇〇万円に満たない非正規雇用の既婚率は、年収四〇〇万円以上の同年代男性より二～三割低くなっている。さらに結婚しても子どもを生み、育てることも厳しいので、子どもを生めない。〃貧乏人の子沢山〃などといわれたが、今やこれは通用しなくなっている。

生産年齢人口の著しい減少（これはこの社会体制自体の衰退を表わしている）の下で、日本の労働力人口は当然減少している。

日本の労働力人口は、二〇〇五年六六五一万人から、二〇一五年六五九八万人に減少している（アメリカ、イギリス等は増大している。資料2）。しかも、労働力人口の減少の中で、さらに重要なのは、とくに製造業、農業など、社会の生活維持に関わる生産領域の労働力人口（就業人口）が減少していること、である。〇七年（リーマン・ショック前）から、一六年の就業者数は、全体で三八万人増大しているが、製造業は一二五万人減少、建設業は五九万人減少、農林業は四九万人減少（計二三三万人減少）している。卸売・小売でも一六万人減となっている。経済の基盤である生産領域、それと直接関連する卸・小売領域で、就業者が大きく減少している。

安倍首相は、二〇一二年～一六年の間に一八五万人就業者が増えた、といった（上述）が、この間就業者が増えたのは、介護・保育・医療の分野であり、就業者増大の五六％（一〇三万人）がこの分野である。〇七年と比較すると、就業者数は三八万人増加であるが、（上述のように製造業等の減少の反面）介護・保育・医療の就業者が二三〇万人増えている。それも、主に高齢者と働く女性の増加によるものである。

介護・保育・医療分野では、就業人口が増大しているが、実はこの分野の有効求人倍率が高い。この分野では、さらに労働者の増大が必要（求人の増大）なのに、求職者が少ない。これらの分野はいうまでもなく、人間の生活分野に関わる。とくに介護・医療分野は、高齢化社会に伴なってその必要が増大している。しかしこの分野に職を求める者が少ない。なぜこういう問題が生じるのか。

(二)　有効求人倍率の高い分野・その原因

有効求人倍率が高い業種をみると（二〇一七年九月、厚生労働省）、「接客・給仕」三・八七倍、貨物自動車運転手など「自動車運転」二・八〇倍、「介護サービス」三・七四倍、警備員など「保安の職業」六・二倍、「建設・採掘の職業」三・五倍（「建設躯体」工事の職業八・五倍）等となっている。

求人が増大する―仕事が増えても、求職者は不足する。上述したように「自動車運転」における長時間の深夜労働に示される、労働時間の長さと過酷な労働条件、労働災害の危険が大きい建設現場の解体工事や原発管理・除染労働、そして直接人間を対象とする保育・介護労働―二四時間、しかも対象者それぞれの状況に応じて対応しなければなら

資料1　生産年齢人口(15～64歳)の推移

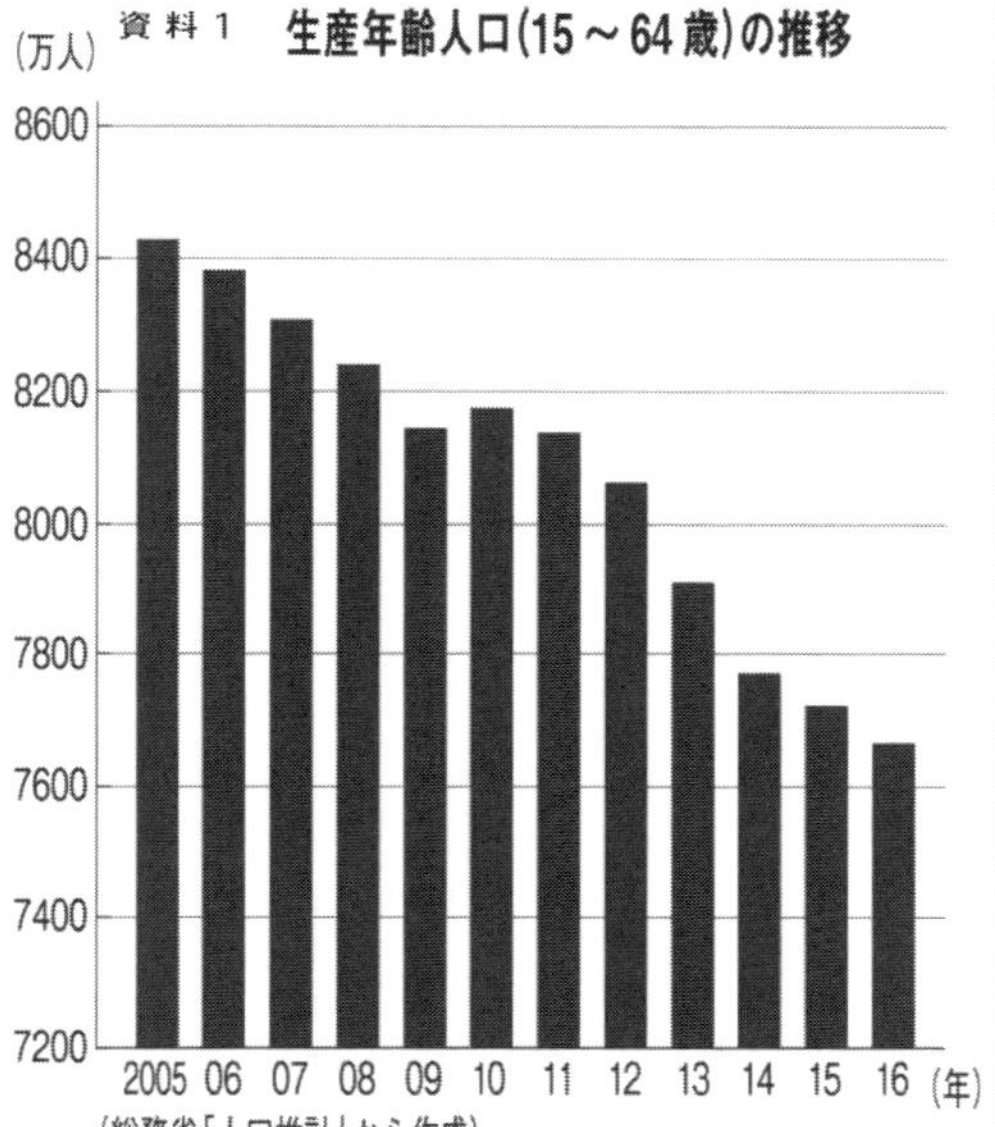

(総務省「人口推計」から作成)

資料2　労働力人口の減少　（万人）

	2005年	10年	15年
日本	6651	6632	6598
アメリカ	14932	15388	15713
イギリス	3013	3156	3276
ドイツ	4104	4178	4216

「2017データブック国際労働比較」
(『日本経済新聞』2017年10月30日)

ない労働を必要とする分野―これらの分野で労働力不足、求人が増えても職を求める労働者が少ない。むしろ現に働いている労働者の離職も多い。

しかもこれらの分野の賃金は低い。例えば飲食サービス業の賃金は、産業全体の平均賃金の半分以下（月額一二万三〇〇〇円程度）、保育・介護労働の賃金も低い。

運転・建設業の民間事業分野では、大企業＝大金融資本の支配の下で、下請企業が仕事を請負わされている。下請も、三次～五次下請が行なわれている。下請企業も一定の利潤獲得をめざす。こうした構造の下で、下請企業は、親企業の要求するコスト、製品納入（量、期日）を行なわなければならない。要求されるコスト、仕事を実行する上に、雇用する労働者に対し、利潤が得られる上での低賃金とハードな労働条件を労働者に要求する。労働力不足を解消しようとすれば、本来賃金を引上げ、労働条件改善を図らなければならないはずなのに、親企業の求める条件の下で労働者を働かせなければならない―この支配構造は変えられない―ということで、賃金も労働条件も劣悪なまま、労働者を求める。この劣悪な賃金・労働条件の下でも、労働しなければ、食って行けない、生活しえないという状況にある労働者は、この条件の下でも働かざるをえない。この支配構造、格差構造を変えられない―企業が求める賃金と労働条件を変えられないという現実を認めざるをえなくなっている。

保育・介護・医療等、人間を対象とする事業は、本来利潤獲得目的では運営しえない。それは、人間社会を社会として維持・存続する上の社会的負担なのであるから、公的・社会的資金で、公的事業として運営されなければ維持しえない。ところが現在、この分野が私企業に（当然利潤獲得目的で）委ねられ、しかも公的支援が削減される。コスト削減・利潤目的でこれらの事業を行なおうとすれば、雇用をギリギリに減らし、賃金を低め、その上でまさに二四時間、しかも一人一人の状況のちがいに応じた労働を行なわなければならない。本来公的、社会的事業として行なわれなければ維持できないこれらの分野の労働を、しかも担当する企業の要求する賃金と労働条件の下で労働するしかない、それは変えられないという状況が、有効求人倍率を高めている。賃金が低いから、有効求人倍率が高い！

有効求人倍率の上昇ということでとらえなければならないことは、過酷な労働条件と低賃金の下で、企業の要求に従わなければ生活できない、しかもこれを労働者の力では変えられない、従わざるをえないという悲惨な、いわば奴隷的現状なのである。

第四節　人間労働破壊がもたらすもの
――現代資本主義的奴隷制――

以上、「人間労働」解体というべき現実を、若干の具体例をふまえて示してきた。

「人間労働」の特質は本章第二節で示したように、目的意識をもった自主、創造、共同の性格をもった活動である。それは、人間社会の存立・発展の根拠の主体としての行動において示される。奴隷制社会を含めて、どんな社会体制においても、もちろん支配階級の意図によって歪められながらも、この人間労働が発揮されなければ、社会は存立・発展しえない。ところが、現代資本主義は、この人間労働がほとんど極限的といえるほど、解体されつつある。労働力の再生産の困難によって崩壊した奴隷制社会と同じような事態が生じている。労働力の再生産に関わる人間生活の状況については、本篇第二章で明らかにする。ここでは、「労働」に関して、資本主義的奴隷制というべき根拠を示しておこう。

奴隷とは、人間存在自体が奴隷所有者が所有する物・財産とされていて、売買・賃貸される対象であり、家畜を働かせるのと同じように働かせることができる。いま「社畜」ということばさえ使われるように、現代の賃金労働者は、資本家的企業に飼われた家畜同然の状況になっている。しかし自己を持ちえない状況におかれた奴隷とちがい、現代の賃金労働者は、〝自己の主人〟として行動しうる。少くとも、主人からエサを与えられて生存する奴隷とはちがって、自分が稼いだカネで、自分が欲する物を買って消費しうる。「労働」の主体性がほとんど奪われているのに、「労働」の売買にも主体性が働いているように思ってしまう（思わされる）。どういう「労働」を行なうか、どれだけ「労働」するか、それを通してどれだけ対価を受取るかも自分で決めている――〝自己責任〟ととらえる。奴隷という認識のない奴隷制、自ら自己責任で選択した奴隷制。

「労働力」の売買が隠蔽され「労働」の売買という現象を現実ととらえること、「労働」の売り手として市場における商品主体だととらえる認識が、現代的奴隷制という事態を可能にし現実化している。

そこでまず、資本―賃労働関係の本質、「労働」の売買ではなく、「労働力」の売買が行なわれていること、「労働力」の売買とはどういう事態を意味するのか、を明らかにしよう。それをふまえて、この本質が隠蔽され、「労働」の売買が現実に行なわれているような外観が生じ、その外観の下で資本の搾取・収奪が行なわれているにも拘らず、労働者が「労働」の主体であるかのような認識が生じること、それを現実であるような思想が広められ、労働者の中にも浸透することによって、現代的奴隷制というべき事態が生じていること、を明らかにしよう。

一　「労働力」の商品化とはどういう事態か

資本主義の基本的社会関係は、資本（資本家）―賃労働（賃金労働者）の関係である。この社会関係は、常識的には資本（資本家的企業、その所有者＝資本家）が、労働者が行なった「労働」（労働量、あるいはその成果としての生産物）に対して、一定の貨幣（賃金）を支払う関係ととらえられる。「労働」の売買である。しかしこれは外観的形態であって事実ではない。

㈠　「近代的自己疎外」

自らの働く能力＝「労働力」を、自ら使用・発揮して、つまり自ら「労働」して、必要な生産物を生産するには、生産手段（土地、道具・機械、原料等）を自ら自主的に使用しうることが必要である。しかし資本主義においては、労働者は生産手段を奪われており、生産手段を所有する資本・資本家的企業に雇われなければ「労働」できない。自分自身のもつ働く能力＝「労働力」を自分自身で使えない。他人（＝資本家）に売って、他人に所有された中で、その命令に従ってしか、「労働力」を発揮し「労働」することができない。明らかに「自己疎外」が生じている。労働者自身、自らの「労働力」を使用し（「労働」し）、自らの生活に必要な生産物を生産しえない―労働者は自己再生産・自立の能力を持ちながら、その能力を発揮しえないという社会的条件の下におかれている。

労働者は、市場経済の下で生きなければならないが、そのためには生活に必要な生活資料を買わなければならない。買うためにはカネが必要だ。それは自分自身唯一売りうる物＝「労働力」を売って得たカネを使う以外にない。しかし生活に必要な生活資料は、労働者の「労働」によって生産されたものである。労働者の「労働」によって生産したものを、労働者は、カネを払って買わなければならない。たしかに資本主義においても、労働者自身が「労働」しなければ、生活・生存に必要な生活資料は生産されないが、労働者が「労働」する場は、資本が支配する場、資本が買った（雇った）「労働力」を資本が使用して利潤を獲得する場、である。だから労働者が「労働」して生産した物は、労働者のものではなく、資本が所有する。労働者は自分の「労働力」を発揮して生産した物（それは労働者の所有物ではない、だから労働者が売りうるものではない）に代金を払わなければ、自分が使いうる物にならない。

資本・賃労働関係を「労働力」（生きている人間の能力）の売買ととらえることが決定的に重要である。労働者は自らの「労働力」を商品として売らなければ（資本に雇用されなれば）生活しえない。「労働力」を売れば、それを買った資本の支配の下におかれる。資本は、代金を払って買った「労働力」を使用する権利をもつ。資本としては、買入れた原料・機械等の生産手段を自由に使いうるように、買った「労働力」も資本の目的に即し自由に使用しよう、とする。買って（代金を払って）所有した物をどう使うかは、所有者の権利だ、として。

しかし、資本が買ったのは、「労働力」である。「労働力」は〝生きている人間〟の能力―人間固有の「労働」を行ないうる能力である。資本は、この〝生きている人間〟を、自分の目的に即して使用する―「労働」させる。しかし、まさに〝生きている人間〟を使用することに伴い、資本の自由に制約が生じる。

資本が買った生産手段は、資本によって自由に使用できる。生産手段は、〝物〟であってその「物」自体は何の意思も持たない。所有者の思い通りに使える。しかし、雇った労働者―「労働力」の所有者は生きている人間（資本家とは別の人格をもった者＝他者）であり、意思を持った存在である。その意思は、資本家の意思と同じとは限らない。資本家の意思に反抗することもありうる。資本は、別人格をもち、それぞれの意思をもつ他者を、資本の意思・目的に即して使用・「労働」させなければならない。この他者を、どう資本の意思に従わせるか。

と同時に、資本による「労働力」の使用は、〝生きている人間〟を「労働」させることであるから、資本の意思に従わせて「労働」させえたとしても、労働者が〝生きている人間〟であり続けなければ、「労働」させることができない。「労働」は、〝生きている人間〟の能力の消耗だから、その能力が消耗してしまったら「労働」は不能である。〝生きている人間〟の労働能力の維持・再生には、生活時間―「労働」しない休息時間、消耗回復に必要な食事など物の消費・能力向上のための教育等の時間―が必要である。一日二四時間「労働」させ続け、生活時間を奪えば、労働力は再生しえず、破壊される。「労働力」を使用する「労働」時間は、当然制限されなければならない。資本が代金を払って買った「労働力」の使用は、買った者＝資本の権利だとして、この権利を自由に行使したら（無制限に「労働」

させたら)、「労働力」は破壊され、資本の権利も失われる。

代価を支払って買い、所有する物の使用が、その物の再生産に関わる—それは〃生きている人間〃自体の使用(消耗)だからである。資本による「労働力」の使用は、資本の自由、資本家の思い通りにはならない。

この認識は、資本—賃労働関係が、物と物(貨幣と「労働量」、生産する生産物量)との関係ではなく、〃生きている人間〃のもつ「労働力」の売買関係であることの理解に関わる。

(二) 労働力商品化の制約

「労働力」の再生産、それは労働者の生活維持によって行なわれる。この点は、労働者の生活破壊(第二章)で取上げる課題であるが、「労働力」＝〃生きている人間〃の能力の商品化、商品としての再生産は、決して資本の自由に行なわれえない。資本の自由の制約との関連でここで指摘しておく。

「労働力」の商品としての維持・再生産には、労働しない生活時間がなければならないが、労働者が生活を維持するには、生活に必要な生活資料(財・サービス)の消費が、生活資料が商品として売られている資本主義では、生活資料を買うカネが、必要である。カネを稼ぐには、「労働力」を売らなければならない。しかし「労働力」は、いつでも一定の賃金—生活に必要な生活資料を買いうる賃金で売れるとは限らない。それは、資本が、労働者を雇用する—労働力需要にかかっている。

資本の「労働力」需要は、生産量拡大—販売量増大が見通されれば、増大する。多くの資本家的企業が、生産量・販売量の増大を図り、雇用を増大させる状況(一般に好況期)では、「労働力」需要は社会的に増大する。この需要増大に対応して、「労働力」の供給・販売量が増大すれば、賃金は上昇しない。多数の失業者の存在、小零細企業や農業で働いていた労働者からの「労働力」の補充、外国人労働者の供給—相対的過剰人口による「労働力」供給—が増大すれば、賃金は上昇しない。しかし決定的に重要なのは、資本によっては(資本の支配する生産過程によっては)「労働力」は生産されないこと、である。だから相対的過剰人口の存在による「労働力」供給にも限度がある。

資本家的企業の「労働力」需要に対し、その供給が対応しえなければ賃金は上昇する。しかし賃金上昇は(他の労働条件等の条件を変らないとすると)、剰余価値(利潤)を減少させる。この傾向が続けば、労働者を労働させ、付加価値を形成しても、剰余価値は減少するという資本の「絶対的過剰」—これが資本蓄積から生じる恐慌の根本原因である―が生じる。

資本の「労働力」需要を十分充足しえない「労働力」供給不足に対処して、資本は、技術開発・導入を図る。しかしこれによって人間労働を全部置きかえることはできない。しかし定型的、反復的動作は、技術・機械によって代替しうるが、点検・判断力を必要とする労働は代替しえない。しかも一度新技術・機械を導入すると（一定の償却期間を要することから）、新たな技術・機械の導入が制約される。新技術・機械の導入は、資本間のサバイバル競争戦―弱肉強食の競争戦による強制が、動力となるのである。

このような資本家社会的な「労働力」需要に対する「労働力」供給の制約の上に、個々の資本家的企業は、その供給量を需要の不断の変動に対応させなければならない。需要の変動に即対応しうる生産・供給量の変動には、「労働量」の変動が必要である。

生産・供給量減少―「労働量」の減少には、雇用労働者の減少＝解雇か、労働時間短縮（時短）が必要となる。解雇（首切り）が行なわれた場合、失業した労働者はどう生活を維持するか、その生活が維持しえなければ労働人口は減少する。時短の場合に、資本側は時短に伴う賃金切下げを行なう。賃金が生活費以下に引下げられたとき、労働者は生活難―「労働力」供給不能に陥る。資本の生産・供給量変動に伴って、首切りや時短による賃金切下げが行なわれれば、「労働力」供給自体が困難になる。

原料・生産手段であれば、生産・供給量変動に対応して、在庫形成で調節しうる。しかし「労働力」の在庫形成は困難である。（しかし国鉄分割民営化強行の過程で、解雇しようとする労働者を「人材活用センター」で一時〃在庫〃したことがあった。）「労働力」は、資本の下で在庫されても、在庫の過程でも生活を維持しなければならないから、資本家的企業としてはその分負担となる（しかも利潤は形成されない）ので、「労働力」在庫は行なわれない。

市場経済特有の需給変動―資本家的企業としてはこの変動に即対応して利潤形成・実現を図ろうとするが、そのさい「労働力」・雇用量も資本の都合に従って〃自由〃に調整しようとする。生産・供給量増大には、雇用量増大、逆にその減少には、雇用量の減少を図ろうとする。解雇の〃自由〃、時短にさいしての賃金切下げの〃自由〃を図ろうとする。しかし「労働力」が〃生きている人間〃の能力であるから、決して原料・生産手段のような物を調整するように〃自由〃に調整しえない。とくに解雇・失業において、どう労働者の生活を維持し、「労働力」を維持するか、「労働力」の供給が維持されなければ資本も存立しえない。資本の〃自由〃は決定的に制約を受けている。新自由主義は、この制約、それに伴う規制を、〃岩盤規制〃だとして、撤廃しようとするのである。

三　「労働」・その成果が支払われるのではない

「労働」ではなく、「労働力」が売買されていること、資本―賃労働関係は、資本（直接には貨幣）と人間・労働力との関係であることを、とらえなければならない。しかし現実には、「労働力」の売買は、資本（貨幣）と「労働」（労働量あるいはその成果としての生産物量）との交換として現われる。この現象を、資本（家）だけではなく、労働者も、現実の事実だととらえてしまう。そこで「労働力」の商品化の理解がいかに決定的に重要かを資本による価値形成・増殖（利潤獲得）がどう行なわれるかを通して、明らかにしておこう。

資本が、雇用する労働者に支払う賃金は、（資本の生産過程においてであるが）労働者が行なった「労働」あるいは労働者が生産した生産物全部ではない。労働者の「労働」は、資本主義の下では価値を形成する。いわゆる付加価値である。この付加価値が、全部賃金として支払われれば、資本としては価値増殖（利潤）を実現しえない。資本の利潤は、労働者の「労働」によって形成された付加価値を全部賃金として支払わないこと（「不払労働」）によって得られる。これは市場のルール（等価交換）に反するように見える。しかしそれはルールに従って実現しうるのである。

賃金が、労働者の「労働」、あるいはその成果としての生産物に対して支払われるものととらえると、これは理解できない。賃金は、「労働」に対する対価ではなく、「労働力」に対する対価―「労働力」商品の価値、つまり「労働力」の再生産費に対する支払いである。くり返し指摘してきたように、「労働力」の再生産は、労働者の生活維持―生活に不可欠な生活資料の消費によって行なわれる。この生活維持に必要な生活資料は、それ自体労働者の「労働」によって生産されたものである。資本主義の下では、この労働者が行なう生活資料の生産は、資本の生産過程で、資本が所有する生産手段を使って生産されるが、労働者の一定量の労働の支出によって生産される。労働者（その家族のを含めて）の生活に必要な生活資料の生産に要する時間を必要労働時間という。この必要労働時間によって生産された生活資料で労働者（その家族）は生活を維持し「労働力」を維持（再生産）するが、労働者は必要労働時間以上の労働を行なうことができる。この労働時間を剰余労働時間というが、労働者がこの剰余労働時間を行ないうること、それによって生活に必要な生活資料の生産を超えて生産物（剰余生産物）を生産しうること、労働者は自己再生産を実現するだけでなく、それ以上の生産を自らの生活水準を高めるだけではなく、社会の発展の物質的根拠となる生産物をも生産しうること、―ここに人間「労働」の決定的特質がある。

階級社会では、この労働者の人間「労働」の特質―必要労働以上の剰余労働を行ないうること―が、支配階級による搾取の根拠となる。資本主義では、資本は、労働者にこの必要労働時間で生産される生産物・生活資料を、「労働力」の対価（賃金）として支払い、必要労働時間を超えて労働者を労働させ（剰余労働を行なわせ）それを剰余価値（利潤の根拠）として搾取する。「労働力」の再生産に必要な生活費に対応する賃金を支払いながらそれ以上に労働者の行なう剰余労働を搾取し、剰余価値を得る。賃金は、「労働力」の価値に対して支払われるのであって、「労働」の対価でも「労働」の成果に対する支払いでもないという認識によって、つまり外観上は「労働」の売買が行なわれているように見えても、それは現実の事実ではないという認識によって、資本による搾取、剰余価値の獲得の根拠を明らかにしうる。

しかし「労働」の売買という外観を現実の事実として「労働時間」や労働の成果としての生産に対して賃金を支払うのが当然という思想が新自由主義の展開の中で広められ、これに基づく賃金の支払いが現実化している。

二　「働き方改革」の中味と問題点

㈠　「アベノミクス」第三弾の柱として

「アベノミクス」がもたらしたものは、一方ではひと握りの大企業の利潤拡大・内部留保積増し、他方、労働者・民衆の生活破壊と人間労働の破壊、その下での少子化・労働人口の減少であった。これに対し、安倍政権は「新経済政策パッケージ」を打ち出した。「人づくり革命」と「生産性革命」をセットに、少子化を克服し、生産性上昇・経済成長を実現しよう、という。

しかし、少子化対策の内容は、幼児教育・保育の無償化、大学・高専への無償化援助等であるが、その財源は消費税引上げ（大衆課税）によるものであり、公的資金による公的事業の充実ではなく、利潤目的の私企業に事業を任せることを変えようとしていない。「生産性革命」については、賃金を引上げ、ＡＩやロボットなど新技術を導入した企業に、法人税負担を引下げる（ＯＥＣＤ平均の二五％に）というもので、大法人企業には負担とはならない。大企業が賃金を若干引上げても減税で企業の負担とならないし、むしろ賃金引上げによるコスト増大を、下請中小企業へのコスト削減圧力に転嫁させることになろう。ＡＩやＩｏＴ（インターネット・オブ・シングス）導入は、技術をもつ労働者の切捨てをもたらすものとなろう。

結局これらの対策の効果が不明確な中で、「生産性革命」の柱を、安倍政権は、「働き方改革」に求めることになる。安倍政権は、二〇一八年一月二二日から始まる通常国会に、労働時間規制の強化と緩和を一本化した労働基準法改正案など八本の法律を束ねて提出した。法案の根拠となるデータの「異常値」が発覚し、一定の修正を余儀なくされたが、六月末強行成立させた。新自由主義の潮流に乗って、財界が強く求め推進してきた「労働」の規制緩和・〝岩盤規制〟の撤廃を、一気に遂行した。「残業時間」の一定の規制を過労死・過労自殺対策として打ち出し、労働者に配慮を示しているという装いの下で。

(二)「働き方改革」関連八法案

① 「残業上限規制」と「高度プロフェッショナル制度」新設、裁量労働制の適用対象拡大をワンパッケージにした労働基準法改定案。

② 正社員と非正社員との間の待遇差の「解消」を図るということで「同一労働同一賃金関連法案」（パート労働法、労働者派遣法、労働契約法、などの改定案。）

③ 「雇用対策法」を「労働施策総合推進法」に変更、改定する案。これは、「働き方改革」全体の理念を決定する〝基本法〟とされている。

ここで政府の「労働施策」の「目的」が、「労働生産性の向上」にあることが明記され、今後の施策は「多様な就業形態の普及」に対応すべきであるとして、「雇用関係によらない労働」―「個人事業者」・「個人請負」の形での労働―の拡大を促進することを、政策の理念にすることを明確にしている。

(三) 新自由主義に基づく〝働かせ方〟改革

これら労働法制〝改革〟の問題点を指摘しておこう。

① 「高度プロフェッショナル制度」の創設。「高度な専門知識をもつ働き手」―アナリスト、コンサルタント、為替ディーラー、研究開発など―を、労働基準法の労働時間規制―一日八時間、一週四〇時間―の適用除外とし、時間制限、残業代（時間外・休日割増賃金）を支払わない。当面年収一〇七五万以上の専門知識をもつ働き手としているが、財界は年収制限を低めようとしている。

裁量労働制（実労働時間に関りなく「一定時間労働した」とみなす「見なし労働時間制」）の適用対象を、現場リーダークラスの労働者、対法人営業に携わる労働者にまで広げる。

あらかじめ決められた賃金を支払う労働時間以上に何時間労働しても賃金は支払われない（残業代ゼロ制度！）労働範囲の拡大であり、「労働基準」としての八時間労働制を制度の根幹から破砕するものといえよう。

② 長時間残業の規制—「残業時間の罰則付き上限規制」を打ち出し、「働き方改革」は労働者保護対策であるように宣伝している。

しかし三六協定で締結できる時間外労働について「臨時的な特例」として、最長「月一〇〇時間未満」まで認め、さらに休日労働を含めれば「年九六〇時間」まで認める、という。月八〇～一〇〇時間という厚労省の「過労死認定ライン」を上回る長時間労働強制を、合法化するものといえよう。しかも研究開発業務はこの「規制」の適用除外、建設・自動車運転・勤務医などについては五年間適用猶予とする。

③ 「同一労働同一賃金」に関して。これは、同一企業内の正社員と非正社員との間の「待遇改善の解消」に限定されており、しかもそれも「能力」「職務内容」「責任の程度」に基づく格差は容認されている。産業間、企業間、そして男女間の賃金格差解消は問題とされていない。

むしろ正社員の「年功的な処遇」を「不合理な待遇差」とみなし、そこからの脱却を促す—それによって一般正社員層の賃金水準の切下げを図ることによって、正社員と非正社員の間の「均衡待遇」を図ろうとするものなのである。

④ さらに安倍政権は、「解雇無効時の金銭救済制度」の導入とともに、「雇用関係によらない新しい働き方」として「個人事業者」・「個人請負」（業務委託）の形での労働・就労形態の拡大を図ろう、としている。

大企業はグローバル競争戦に対処する上に「労働生産性の向上」推進を図らなければならない。そのためにＡＩやＩｏＴをはじめ最新のＩＣＴ（情報通信技術）をあらゆる労働過程・業務課程に導入するとともに、一方で極限的労働時間延長・労働強化の強制を図り、さらに雇用の圧縮—解雇の拡大を図りつつある。そのため、判例によって確立されてきた整理解雇四要件（①解雇の客観的経営上の必要性、②解雇回避努力が尽くされていること、③解雇対象者の人選基準、具体的人選の合理性、公平性、④労働者、労働組合への事前の説明・協議を尽くす）や「解雇権濫用規制」（労基法一八条二）を完全無効化させ資本の解雇自由を制度的に認めるものとして、解雇の「金銭解決制度」の導入を図り、その上、企業の事業計画変更や一時的プロジェクトに即対応しうるように、雇用者としての費用負担・法的責任（社会保険料負担）を免れるいわば〃究極の働かせ方〃として、雇用関係を解消し、労働者を「個人事業者」化しそれとの「請負」契約を結ぶという方向を進めている。

資本―賃労働関係をカネと物（「労働量」「生産物量」）との交換関係に解消しようとするもの、といえよう。

三　資本主義的奴隷制！

(一)　〃市民〃としての権利の内実

「人間としての権利・自由を認められず、所有者に隷属して労働を強制される人」、これが奴隷である。奴隷とされた人は、その人の人権はなくなる―人間としての存在が否定される。所有者の財産として、人間そのものが売買の対象となり、また所有者の意思に従って自由に使う（労働させる）ことができる。

市場経済の発展―商品経済を通した資本の生産過程支配の拡大によって、農民・手工業者は、封建的権力的な人身的拘束―領主の土地への束縛から解放されるとともに、市場の中で自己責任で生活しなければならなくなる。資本家、地主だけではなく、労働者、農民の市場関係への参加の保証―これがすべての人間の人権保証という市民権を成立させた背景であった。

しかし、資本主義の成立・発展の中で、社会の実体＝生産活動を担う労働者が実質的に獲得しえた権利は何か。自らの「労働力」を売る権利（売らなければ生きていけない）であった。この点は上述したように、自らの労働する能力を自分で使えず他人＝労働力を買う資本（家）に売り、その他人の意思と支配の下で「労働」しなければならない、という現実であった。

資本主義の下で、労働者は資本（家）とともに、市場への参加の権利―それを通した財産（私有財産）形成の権利を得た。しかし実体の担い手として、自らの意思と実力で「労働」を行ない、自主的に必要な生産物を生産するという権利は保証されなかった。人間社会の存立根拠・実体の領域で、労働者の自主的主体としての権利は（資本に）奪われた。

資本主義において、労働者は自らが他人の財産として売買され他人の持ちものとして使われるという奴隷の地位から は解放された。しかし、自らの働く能力自体を商品として売らなければならない限り、その能力を発揮する場＝労働・生産過程で、自主的人格としての主体性の発現は奪われ、疎外された―「労働力」を買った資本の意思に従って労働せざるをえないという実質的な奴隷労働的状態からは脱却しえていないのである。

(二)　実体の形態化―形態の主体化

しかし資本主義における労働者の「労働」の場における実質的奴隷的状態―資本の意思・命令に従って「労働」せざるをえないという―は外観的に隠蔽されるだけではなく、資本の支配に従った「労働」自体が、労働者自身によって主体として実行したように現われる―そういう観念が形成され広められる。

「労働力」の売買ではなく、「労働」の売買という外観的形態が現実に現われている。「労働時間」あるいはその成果＝「生産物」に対して支払われるのが、賃金であるという外観。時間賃金―一日八時間労働するその「労働」が支払われる。雇われた労働者が「労働」によって成果を上げる「出来高賃金」（能率給）―賃金はこのような形態を示す。「労働力」の売買が隠蔽され、雇われた労働者の「労働」が搾取されていることが隠蔽される―雇われた労働者の「労働時間」（それによって形成された付加価値）が支払われるのではなく、剰余労働部分は支払われないこと、「出来高」賃金においてもあらかじめ決めた「ノルマ」の中には労働者に支払われない部分（利潤）が折り込まれていることが隠蔽される。

重要なのは、本来売買の対象ではない「労働」、商品交換関係における形態的存在ではない生きた人間の「労働」＝実体としての「労働」が商品化される＝形態化される、ということである。このことによって、社会の存立根拠＝実体が、形態的関係としてとらえられる。（実体の形態への解消）。

逆に、商品経済という歴史的関係＝歴史的形態的存在が、人間、人間関係にとって普遍的存在のようにみなされる。人間関係は、すべて、いつでも「物」と「物」の交換関係だという偽装である。それ自体は新自由主義の思想である。人間と人間の社会関係をすべて「物」と「物」の交換関係だととらえる思想である。歴史的形態的関係の普遍化＝実体化、といってよい。

資本が雇用した労働者を「労働」させる―その「労働」は、いまでは社会存立・発展を支える基礎である生活資料・生産手段を生産する「労働」（本来の実体）だけではなく、資本主義的にのみ必要な「労働」—商品売買＝商業「労働」、資金・証券売買＝金融「労働」、さらに労働者を監視・監督し、その「労働」を管理・強制する「労働」＝搾取する労働に拡大している。これらの「労働」は、資本主義にのみ必要な「労働」＝〃形態〃的「労働」であって、使用価値も価値も生産しない。こういう〃形態〃的「労働」を、資本が雇った労働者に担当させ、しかもその「労働」の主体的売り手と偽装する。

資本主義的社会形態にのみ固有の「労働」、そして労働者を管理・監督して搾取する「労働」—それは資本にとって価値増殖＝利潤獲得を目的とした「労働」（というより操作）なのだから時間の制限はない。これを労働者に担当させながら、その労働者自身がこの「労働」を売るものとしてしまう。〃形態〃的労働の実体化というだけでなく、主体化（労働者自体が自分の責任で行ない、これを自分の商品として売る）である。（「高度プロフェッショナル制度」はこのような性格を明確に示している。）

さらに、雇用し、資本の要求に応じて「労働」させる労働者を、独立した生産主体として労働者を事業主体化する—個人事業者化による「請負」—「雇用関係によらない労働」にまで到っている。〃形態〃の実体化・主体化の極限的発展である。

社会存立・発展の実体としての労働・生産過程で、主体性を奪われ、資本の意図・命令・支配の下でまさに奴隷化されて労働させられながら、資本の支配の下での「労働」を、自ら「労働」の売り手であるような偽装、さらに労働者の「労働」を搾取する「労働」さえも、労働者自身の主体性で働き、かつ商品として売るという偽装、この主体化の下で資本家的奴隷労働が行なわれている。奴隷化された労働は、労働者自身が選んだこと、労働者の自己責任だ、過労死に到る過度労働も、労働者自身の責任だ—これが資本主義的奴隷制の特徴といえよう。

三　実体の認識・実体の主体としての意識確立を

資本主義における労働者は、現実に生産過程—社会存立・発展の実体的根拠としての労働・生産過程で主体性を奪われている。労働者が現実に社会の主体となるには、何よりこの認識を確立しなければならない。

資本が、労働者を労働・生産過程で主体化する条件を奪い、労働・生産を資本が支配する—その根拠は、カネによる支配であること、しかしカネによる支配、カネを投下してカネを増やす資本の存在は、社会の存立・発展にとってなくてよい存在、なくしうる存在であること、資本は社会の本来の主体になりえないこと、実体の主体としての労働者こそ、社会の本来の主体にならなければならない、そしてなりうるという認識の確立である。

いまこのたんに歴史的形態的存在である資本がその発展の極限にまで来ている。株式・証券＝擬制資本は、資本の発展の極限である。株式・証券にカネを投資し所有すれば、カネが増える―あたかも擬制資本が自己存立の根拠をもつかのような現象が現われている。その現象の下で、搾取・収奪されている労働者さえも、株式・証券投資でカネを増やす自由があるという大宣伝。支配し搾取されている「労働」が隠蔽され、資本家、労働者を問わず商品売買主体なのだ、という偽装が、いまやだれでもが株式・証券投資でカネ持ちになれるというところにまで発展してきている。

株式・証券＝擬制資本は、それ自身自立的存在ではない。このことは、株価の維持・上昇には、金融・財政政策が不可欠であることによって示されている。そして株価を維持・上昇させる上に、現実には労働・生産の場において労働者の「労働」を徹底的に搾取・収奪しなければならない（利潤至上主義）ことによって、明確に示されている。資本という〃形態〃的存在の最高の発展形態＝擬制資本は、それ自身で利得を生む（価値増殖する）ように自立的外観を示すのであるが、同時にその非自立的本質を現実に露呈させる。価値形成・増殖の根拠を担う（担わされている）労働者が全く「労働」せず、株式の投資家になると想定してみれば、この想定は現実には成り立たないことが明白であろう。逆に社会の構成員が、働きうる者はみな「労働」する―搾取・収奪者がいなくなると想定してみれば、社会の自立的発展の本来の根拠が明確にとらえうる。

資本主義の下で、搾取・収奪され、「社畜」的扱いを受けている労働者を、資本家と同様商品主体として偽装する―これが「働き方改革」に明確に示されている。この偽装・エセ主体化―奴隷的支配・収奪強化のための主体化偽装を暴く認識を確立しなければならない。そして、労働者が実体の主体であることを現実に示さなければならない（注）。

（注）「金融・保険業を除く全産業の…利益剰余金は四〇六兆二三四八億円…となりました。それを賃金には分配していない結果、労働分配率は、一三年度の六八・一％から、一七年一―三月期には五九・三％に低下しています。／このように企業収益は上っても賃金が上らないのはなぜでしょうか。一つの理由は、非正規労働者とくに、人手不足に対して低賃金の高齢者と女性を採用する傾向が続いているからです。」（桜美林大教授藤田実、『しんぶん赤旗』二〇一八年一月一二日）。「企業収益は上っても賃金が上らない」？　明らかにすべきことは、賃金が上らない（逆に引下げている）から企業収益が増大した、ということである。それは労

働者・労働組合の闘いが弱いこと、主体としての認識が欠如しているからである。この点を明確にしないで、内部留保を賃上げに回すべきだ、ということによって労働者・労働組合の資本の本質に対する認識は高まるであろうか。むしろ資本の本質認識を不明確にするものといえよう。

第二章　人間「生活」破壊の現実

はじめに

資本の要求による労働時間延長、労働強化は、労働者の生活時間を奪い、労働力の再生産を困難にする。しかし仕事を拒否すれば社会保障の不備、生活保護支出の削減によって、まともな生活はできない。若者たちは、失業と非正規雇用による低賃金で、全く技術力を身につけえない雑多な仕事を強要され、絶望感に陥っている。結婚、子育てなど望むべくもない。停年退職後の老人の大多数は、介護事業を営む企業に、なけなしの財産を奪われ、しかも早く死ねというような取扱を受けている。

少子化・労働人口減少は、この社会体制自体が人間の再生産を維持しえなくなったことを示すものである。このことは、労働者の労働なくして存立・発展しえない資本家的企業にとっても、またこの体制を維持し続けようとする国家（政府）にとっても、ピンチである。だから様々な〝改善〟策を提示し、実施を図ることになるが、その対策が、今日のこの絶望的社会状況をひき起こしている元凶―ひと握りの現代的資本の支配―を前提にし、しかもその利益増大によって改善を図ろうとするものである限り、危機を一層深めることにしかならない。

最大・最悪の危機は、戦争をひきおこすことである。絶望に陥っている民衆を国家に統合し国家の政策に従わせる究極の政策は、戦争―侵略戦争への国民総動員である。

そこでまず何よりも、人間生活の特徴―人間が人間として生きるという人間生活の特徴を明確にし（第一節）、それが資本と国家の支配・政策によってどう歪められ、破壊されるかを（若干の事例を示しつつ）明らかにしよう（第二節）。最後に、なぜ戦争の危機があおられ、その危機が現実化されるのか、を明らかにする（第三節）。

第一節　人間生活の特徴

一　社会の主体形成の場としての生活

人間生活―それは人間が人間として生きる場であり、この世に生を受けたすべての人間の生存を維持・向上させる場である。人間生活・生存の維持・向上は、自然的条件・環境の維持・保全を前提に、それに不可欠な物質的富と精神的富（文化）の生産・消費（享受）が必要である。人間生活を支える根拠（実体的根拠）を担う主体としての労働者の労働能力形成・発展が必要である。

労働者の労働によって生産される富の消費、この消費の過程が、人間生活の過程である。そしてこの消費―生活によって、人間の生存が支えられ、社会が維持・発展する。消費しうる物（衣食住）とともに十分な生活時間―消費時間・睡眠時間が必要である（その場＝家・住宅とともに）。

同時に、消費に必要な物の生産能力の基本は、労働者の労働能力の向上・発展である。

自立して労働しうるまでには、子どもの育成―保育・学習の場―が必要である。自立した労働能力を確立しても、さらに労働能力を高めるには、不断の学習―労働・生産現場での学習とともに、知的・技術的能力の発展を図る教育・学習の場が必要である。これらの学習の場は、社会的に保障されなければならない。子育て（保育）、学校教育、技術取得・開発の機会は、それを求める人に無償で保障されなければならない。

傷病者、身障者の人間としての生活を社会的に保障する―それぞれの状況に応じて活動しうる場の保障とともに、互いに支え合い連帯して生きるところに、人間の社会的性格があることの実証の場である。

十分労働し活動し、あるいは社会的生活を経験してきた高齢者の生きる権利を、社会的に保障しなければならない。社会に貢献した代償としてではなく、人間として生き続けること自体を権利として保障しなければならない。年寄りは、様々な経験、失敗・挫折や成功の経験を、積んで来た。それを語り、伝える場の保障とともに、そこから学び合うことは、人間性の発展にとって貴重なことである。

二　人間形成・人格形成と共同・連帯

人間生活の場は、人間形成・発展の場、人格形成の場である。

人間は、一人一人皆自分の個性がある。どういう能力を、どのように成長させるか、それぞれ違う。その違いは決して優劣とはいえないし、画一的基準で評価されうるものではない。逆にそれは互いの個性の表われとして、理解し合い、学び合う―それを通してそれぞれが人間性＝人格を高めうる。

人間生活の関係は、それぞれ個性を持った個人の直接の人間関係の場、生きた人間と人間の直接の関係によって成立している。ことばを通した直接の人間関係だけではなく、表情や動作を通したコミュニケーションを通して理解し合う関係である。文字、文章を通したコミュニケーションも重要である。とくに文字による記帳、記録は、歴史的記録として後世に伝えられる。しかし、文章を通した人間関係には、真意の表現だけでなく虚偽の表現もありうる―直接の人間関係でなく、物象化された物を媒介とした関係であるから、人を貶（おと）しめる意図など虚偽の意思も入りうる。ケータイ、スマホを通したコミュニケーションには、この要素が入り込みうる。直接の人間関係―生きている人間同士の関係が決定的に重要である。

若きマルクスは、「教育者こそ教育される」といったが、教育は教育者（先生・親）が生徒（子どもたち）に対して（知識や技能等を）教えるだけでなく、生徒（子どもたち）から学ぶ関係でもある。何かの知識や考え方を、教育者が教育を受ける者に分ってもらおうとするとき、全く理解されないことがある。教師はしばしば自分の問題ではなく、相手が悪いととらえがちだが、自分の説明の仕方、あるいは自分の認識自体が十分ではないことがある。生徒と直接関わることを通して、教える側自体が、教えようとする相手から学ぶこと―教育自体、生きた人間関係の中での学び合う関係なのである。一人一人個性をもつ相手との直接の関わりは、決して定型的、画一的関係では成立しえない。相手の状況、対応のちがいによって、全く新たな、それこそ創造的な対応が不可欠である。

人間が人間として生きる―それは直接の人間関係の場によってであるが、この場の人間関係の基本は共同・連帯関係である。一人一人は個性をもつ存在であるが、一人では生きられない。〝お一人さまの老後〟などとそれが当り前のようにいわれているが、一人では絶対に生きられない。子どもの保育・人間として自立する上での成長過程は、その生活確保とともに、その資質形成の上に、親とともに、社会の支えが不可欠である。子どもを育成させる過程は、直接にその親の責任（義務）といってよいが、親がそれを果せなければ、地域、社会が責任を果さなければならない。成人となり、労働者として活動している人間も、職場における労働する仲間の共同・連帯とともに、家族、地域の人間との共同・連帯の中で生きている。互いに個性を尊重し合いながら、支え合い、共同連帯し合う関係が、人間が人間として生きる基本関係である。平和的生存権は、人間が生きる基本的な関係に根ざしている。平和は人間生活維持・発展の基本的要求である。

三　文化の発展が人間性の発展

人間も自然的性格をもつ以上、生きるには動物と同様、食べなければならない。生存には「衣」が必要である。体毛を失った人間には衣が不可欠、とくに自意識が形成されれば、衣は人間生活にとって基本となる。そして休み眠る場―住居が必要である。衣食住の充足・享受は、生存の基礎である。

衣食住それぞれに文化的要素がある。衣食住の文化は、各地域、各民族の個性に基づき、自然状況、風土、慣習等に基づいて、形成・発展してきた。一民族内でも地方によって、気候風土のちがいによって、衣も住も食もそれぞれの文化をもっている。そして相互交流の中で、各民族、各国が歴史的につくり上げてきた衣食住の文化が交流し合い、取り入れ合いながら、文化が発展してきた。

衣食住という生活の直接的基礎に関わる文化だけでなく、固有の文化的領域―絵画、音楽、演劇等の芸術、そして人間がたどってきた歴史過程、その中での様々な活動分野を、記録し、活動根拠を分析・解明し、教訓化する仕事、一言でいうと各分野の学問が形成・発展してきた。

こうした芸術・学問を含めた文化を享受する―それはそれぞれの人間の個性に応じて自主的に享受することによって、人間性が形成され育まれてきた。この自主的主体的文化の享受が、さらに文化を発展させるものとなったのである。自主性を抑圧する強制、権力的強制は、文化を破壊し人間性を破壊する。

第二節　現代資本主義の下での人間生活の歪み・破壊

一　賃金減少―生活難

資本主義においても、労働者が労働して生産した生産物（生活資料）によって労働者、社会の構成員の生活が維持されていることに変りはない。しかし、労働力を商品として売り、その代価＝賃金によって生活を維持しなければならない賃労働者は、労働力が売れるかどうか、どれだけの価格で売れるか、売れなかった場合（失業する）にどう生活を維持しうるのか等、厳しい状況にある。

新自由主義が徹底推進されている今日、労働組合の抵抗力弱体化（というより労働組合が資本の競争力強化、利潤拡大に協力しているという状況）の下で、資本はその本性をむき出しにし、雇った労働者に対し、一方では労働時間延長、労働強化強要、他方賃金抑制、切下げを進め、資本の自由―雇った労働者を、部品を扱うように自由に操作している。若干のデータで確認しておこう。

(一)　日本の労働者の賃金（民間賃金）は、一九九七年をピークに下り続けている（資料3）。平均賃金は、一九九九年（年間平均）四九七万円から二〇一六年の四九〇万円に減少している（厚生労働省「賃金構造基本統計調査」）。男女別でみると、男性は、一九九九年五六二万円から一六年五四九万円に減少（一三万円減）している。しかも、賃金が最も落込んでいるのは、三五～三九歳という働き盛りの男性賃金（減少額五三万円）、続いて四〇～四四歳（四九万円減）、三〇～三四歳（三一万円減）、四六～四九歳（二三万円減）となっている（資料4）。働き盛りの男子労働者の賃金減少は、子育て、子どもの教育に負担をかかえている

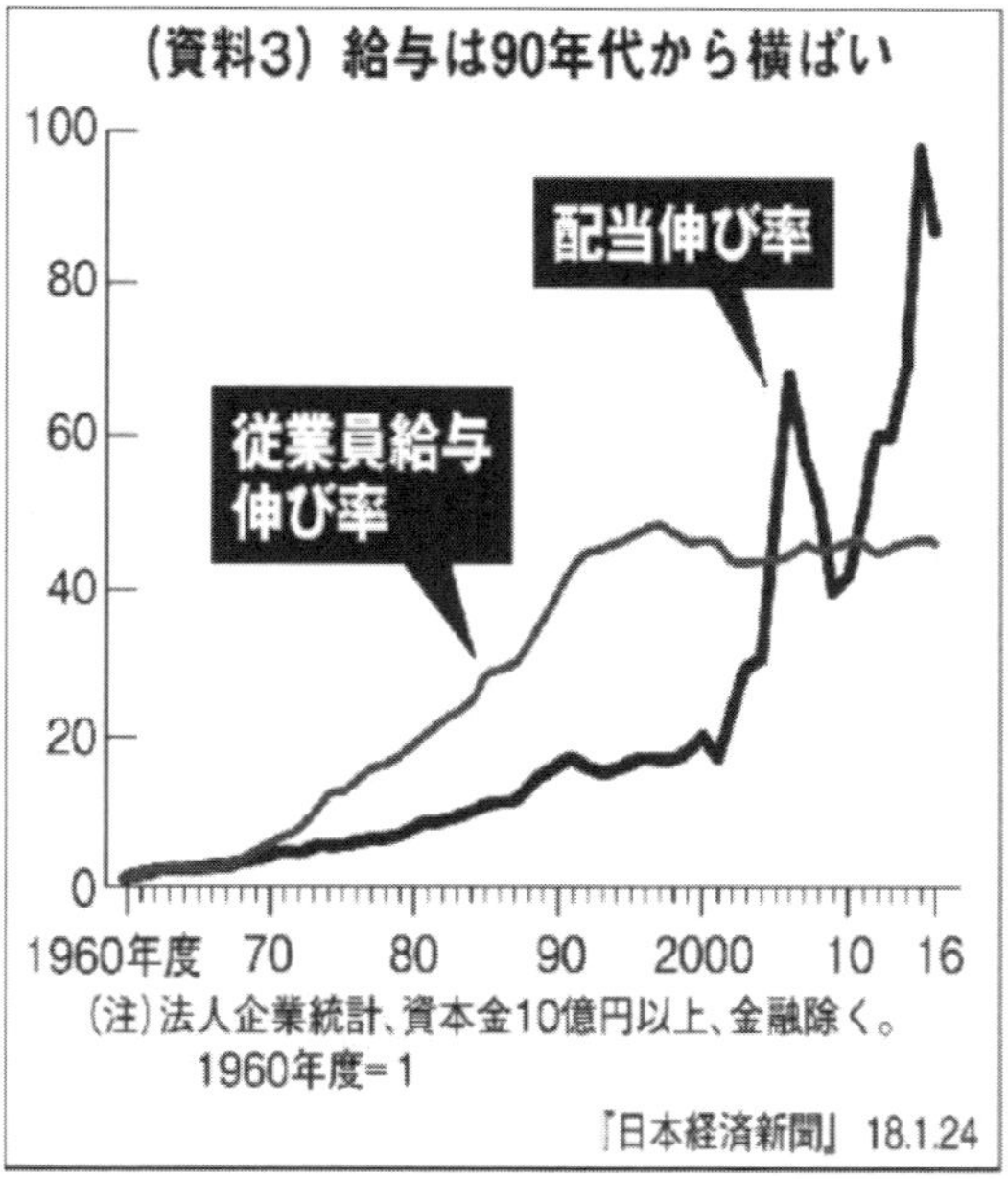

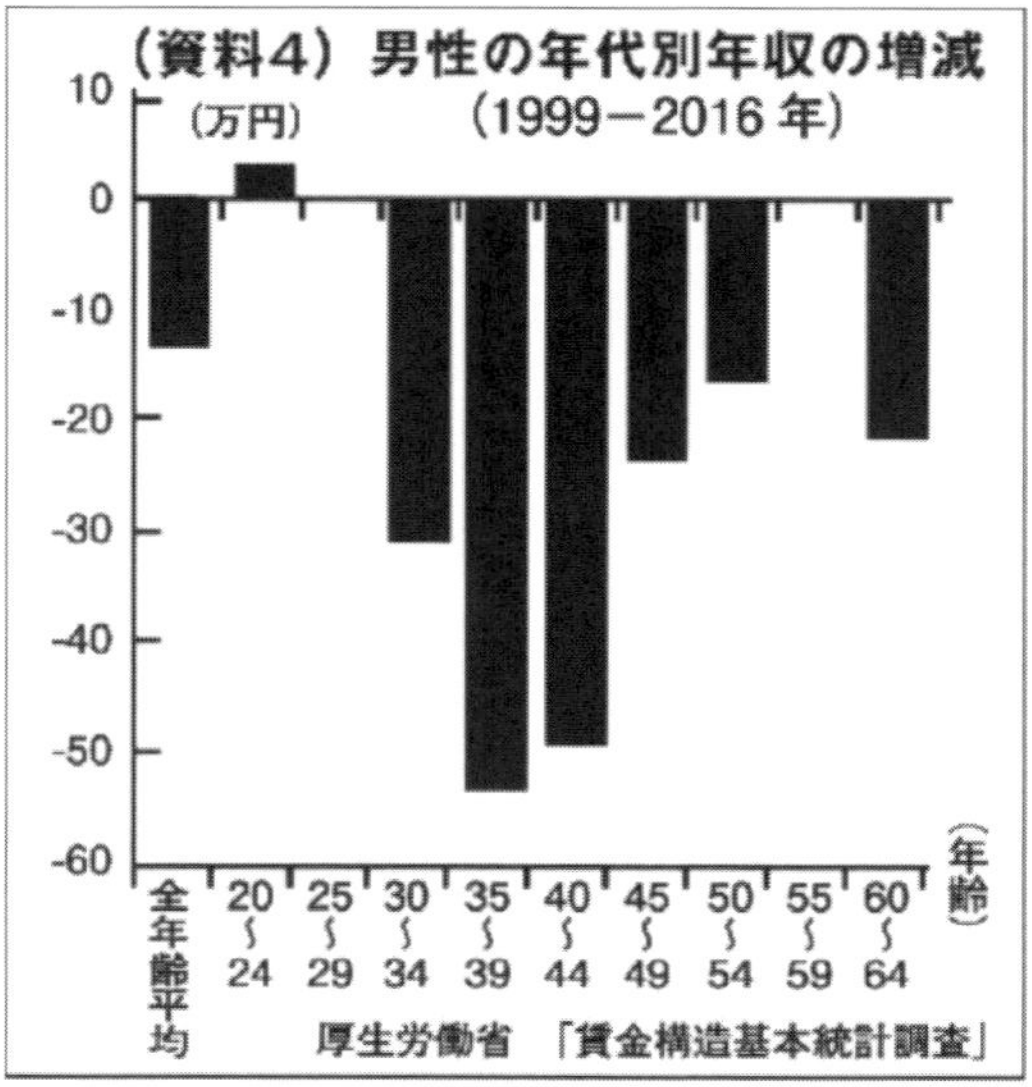

労働者に、厳しい生活難をもたらしている―賃金が下落しているのに、株主への配当は二〇〇〇年以降（リーマンショック〇八―〇九年を除き）急上昇している（資料３）。労働者（＝人間）の価値は下がり、擬制資本（＝物）の価値は高まっている。全くの転倒ではないか。

(二) とくに重要なのは、非正規労働者の増大と賃金・労働条件の劣悪さである。

非正規労働者は、全労働者の約四割、二〇〇〇万人を超えている。とくに結婚・出産・子育ての年齢にあたる若年層の労働者の五割以上が非正規雇用となっている。

国税庁の民間給与実態統計調査によると、年間平均給与（一人当り、役員を除く）は、正規雇用四八七万円、非正規雇用一七二万円で、非正規雇用の賃金は正規雇用の三五・三％にすぎず、「ワーキングプア」の基準年収二〇〇万円を割込んでいる（『長周新聞』一七年一二月二九日）。

三〇～三四歳の男性についてみると、正社員は結婚している者の割合が六割近くになるのに、派遣労働者は二三・八％、パート・アルバイトでは一七・一％である（『長周新聞』一八年一月一〇日）。結婚を望んでいてもできない状況

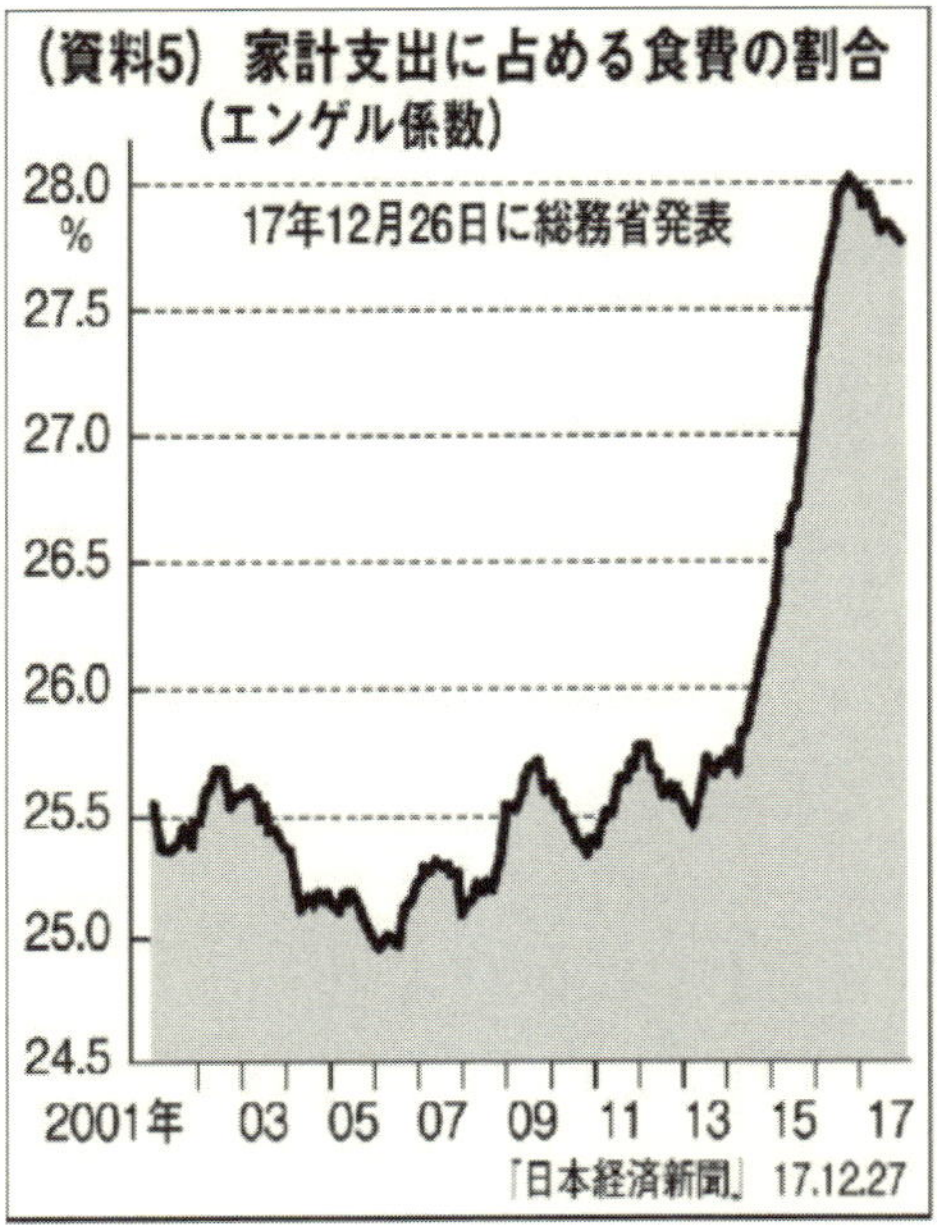

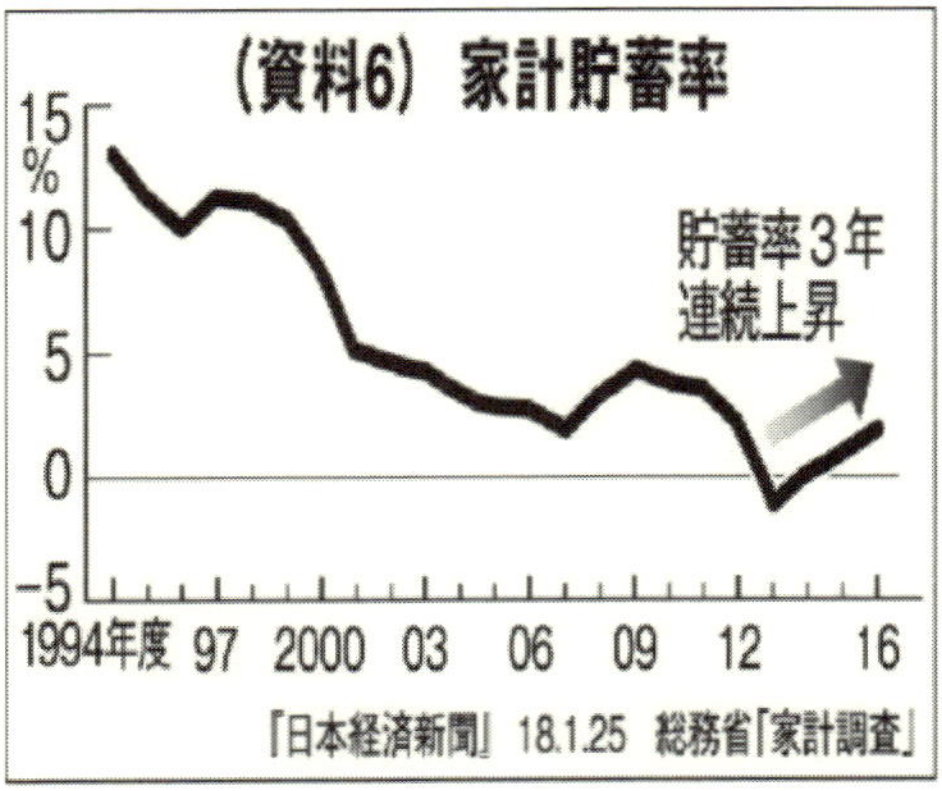

である。少子化─人口減が進む。

㈢　賃金減少、生活圧迫の中で、生活の内容も、食べるだけでせいいっぱい、という状況になっている。

『日本経済新聞』（一七年一二月二七日）は、総務省「家計調査」（一七年一二月二六日）で、エンゲル係数（家計支出に占める食費の割合）が減少に転じたこと、それは、小売大手による食品値下げ、株高による消費下支え等による、としている。しかし一三年以降エンゲル係数は急上昇した（資料５）。

賃金低下、とくに低賃金の非正規労働者の増大の下で、ギリギリの食費を確保する（しかも「食」の中味自体の質の低下も加わり）だけでせいいっぱいとなっているのでエンゲル係数は上昇する。とくにエンゲル係数が急上昇しているのは、三〇歳以下の若者たちである。エンゲル係数低下が株高による ― ここでも、株式投資でカネを稼ぐごく一部の連中の食料品以外の消費支出（高額消費財支出）が増えていることによる。

同様の現象が、貯蓄率にも現われている。家計貯蓄率はこの間ほぼ一貫して低下し、一三年にはマイナスとなっていた（資料６）。それが一五年以降上昇している（同）。これに関し『日本経済新聞』は、「雇用や社会保障制度への将来の不安が影響しているかもしれない」という三菱ＵＦＪモルガン・スタンレー証券・戸内氏の考えを紹介しているが、こういう不安を貯蓄増に振り向けうるのは、一部高額所得者であり、その所得もほとんど株高、配当増によるものといえよう。労働者・民衆は、貯蓄にカネを回す余裕はない。サラ金に依存せざるをえない者が多いが、そうなれば借金奴隷に陥る。

『長周新聞』（一八年一月一九日）は、アメリカの労働者・民衆のホームレスの現状を詳しく伝えている。全米でホームレス状態にある学生が少なくとも四二〇万人にのぼる。そのうち一三～一七歳七〇万人、一八～二五歳三五〇万人にのぼるというシカゴ大学の報告書を紹介している。そして「ホームレス大国アメリカの現実は、その後を追いかけている日本社会の将来を暗示するものといえる」と指摘する。

日本の労働者・民衆のホームレスについての調査資料は把握していないが、東京都による「インターネットカフェ」などに泊まる「ネット難民」の調査が報告されている（『日本経済新聞』一八年一月二九日）ので、これを紹介しておこう。

東京都内で「ネットカフェ難民」は、一日当り約四〇〇〇人に上るとみられる。そのうち七割超の約三〇〇〇人が派遣労働者など、不安定な働き方をしていると推定される。都は、都内二四時間営業のネットカフェや漫画喫茶など全五〇二店を対象に、店側と利用者のアンケートを実施（二二二店から回答あり）。オールナイト利用者（九四六人）の宿泊理由は、「旅行・出張中の宿泊」三七・一％、「住居がなく、寝泊まりするため」二五・八％、他は「遊び・仕事で遅くなった」一三・一％、「家に帰りたくない事情がある」五・九％など、となっている・都は回答した店の平均宿泊者数などから、平日に泊る人は都内で一万五三〇〇人と推計し、うち住居のない人は約四〇〇〇人と算出した。

「住居の無い」泊まり客に関しては、年代別にみると、三〇代が三八・五％、五〇代が二七・九％である。労働形態は、パート・アルバイト三八・一％、派遣労働者三三・二％、契約社員四・五％等で、不安定な働き方をしている人が七割を超えていた。さらに「住居が無い」客ら三六三人の聞き取り調査を実施。店舗の他に、路上で寝泊りする人は四三・八％いた。一カ月の収入は、一一万〜一五万円が四六・八％、収入がない人は一〇・七％に上った。

日本のホームレス状況は確実にアメリカを追いかけている。反面、地方・農村では人が住んでいない住居が増大している。

二　生活保護の削減・切下げ

㈠　厚労省の国立社会保障・人口問題研究所は、「日本の世帯数の将来推計」（一八年一月一二日）を発表した。これによると、世帯主が六五歳以上の高齢世帯は、二〇一五年の一九一八万世帯、全世帯（世帯数五三三三万）の三六％から、二〇四〇年には、二二四二万世帯、全世帯（五〇七二万）の四四・二％に高まる。さらにこの中でも、世帯主が七五歳以上の世帯は、四〇年には高齢世帯の五四・三％と半分を超える。高齢世帯の高齢化である（『日本経済新聞』一八年一月一三日）。

世帯数は、一人暮らしやひとり親世帯の増大で当面は増大する（二三年ピーク）が、その後減少する。平均世帯人員は、一五年の二・三三人から、四〇年には二・〇八人に減少する。六五歳以上の高齢者の一人暮らし世帯は、一五年の六二五万世帯から、四〇年には八九六万世帯に増大する。

このような超高齢化の中で、在宅介護も難しいが、とくに一人暮らしの高齢者の生活をどう維持するか。大きな問題である。

この間、労働人口減少に伴う労働不足、さらに年金支給年齢の上昇も加わり、六五歳以上の高齢者の就労が増大している。六五歳以上の働き手は、年三〇万〜五〇万人増大している。厚労省のデータによると、六〇～六四歳の正社員の基本給は月三〇・六万円、六五～六九歳の正社員は二九・五万円に下がり、非正規だと二二・六万円に下落する。非正規雇用に占める六五歳以上の割合は、一六年一六％に達している。

(二)　ひとり親と子の世帯は、一五年四七七万世帯から、四〇年四九二万世帯に増大する。労働人口の減少に伴い、女性の就労者は増大（この五年間で二〇〇万人以上増大）しているが、非正規雇用が多く、賃金は低い。とくにシングルマザーの増大と貧困が、保育問題も加わり、大きな課題となっている。そこで女性労働者の雇用・賃金状況を概観しておく。

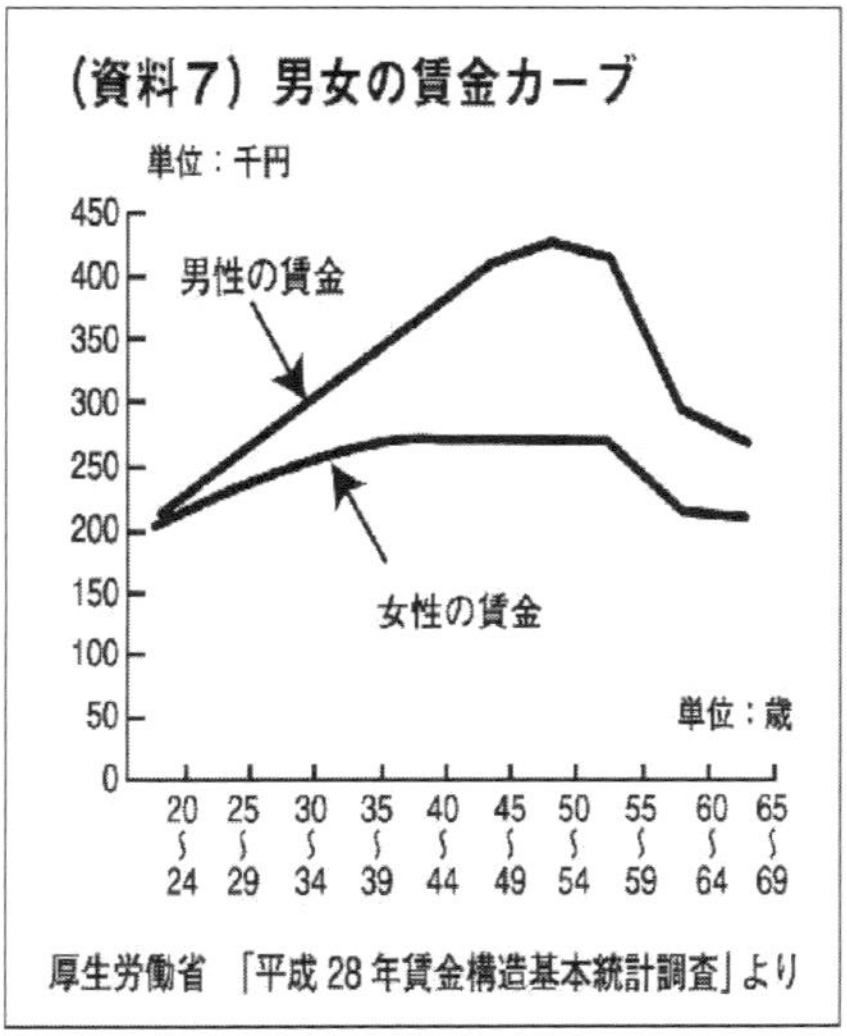

厚生労働省　「平成28年賃金構造基本統計調査」より

　男女間の賃金格差は、解消されていない（資料7）。男性労働者の賃金は、停年まで上昇するが、女性労働者の賃金は、三〇～五〇歳台まで殆ど上昇しない。女性の賃金が低いのは、結婚、出産で就労年数が短くなってしまうこと、いぜんとして家事・育児に時間を割かれがちで労働時間に制約があること、非正規雇用の割合が高く労働時間も賃金も制約されていることに帰因する。その上労働者派遣法改定で、同一の組織での仕事は三年まで（一八年九月末から）、また労働契約法改定で五年非正規労働者を正規に転換（一八年四月から）という法的規定を悪用して、それ以前の雇いどめが拡大している。一部管理職に就いた者を除き、女性労働者の賃金は低く、年間給与二〇〇万円以下の割合は、四二・六％（国税庁「民間給与実態統計調査結果」二〇一五年分）である。

　女性の貧困問題は、とくに母子家庭で著しくなっている。女性（単身世帯）の相対的貧困率（可処分所得の中央値の半分以下の場合を「相対的貧困」としている。最近の指標では年間所得一二二万円以下の場合に当てはまる）は、三一・六％、母子家庭（一人親と子供世帯）で四八・二％に達している（内閣府、「平成二四年版男女共同参画白書」）。

母子家庭の母の平均年間就労収入は、一八一万円、年間就労収入一〇〇万円~二〇〇万円未満三五・四%、一〇〇万円未満が二八・六%となっている。(父子世帯の父親の平均就労収入は三六〇万円)。子どもの貧困の基本的な原因は、母子家庭の貧困、母の低賃金、不安定雇用にある。(父子家庭の場合父の年間就労収入は、一〇〇万円未満九・五%、一〇〇万円~二〇〇万円一二・六%、二〇〇万円以上七七・九%である。以上厚労省「全国母子等世帯調査」)。

(三) 生活保護世帯増大—生活保護費削減

労働者の一方では過労死を招く長時間労働、他方では非正規雇用、とくに女性労働者(母子世帯)の貧困、生活困窮、そして老齢者の生活困窮・生活破綻、これは決して労働者自身の責任ではない。そしてこれら貧困・生活破壊に陥っている労働者の自己責任(自助努力)あるいは労働者の賃金による負担(労働者の相互扶助)によっては、問題は解決されない。生活困窮・破綻に陥っている労働者、そしてその世帯を維持するのは社会の責任、直接には国家の責任である。憲法二五条は、「すべて国民は、健康で文化的な最低限度の生活を営む権利を有する」とし、「国は、すべての生活部面について、社会福祉、社会保障及び公衆衛生の向上及び増進に努めなければならない」と明記している。

ところが、新自由主義の推進の下で、国はこの責任、義務を放棄し、労働者・民衆の自己責任に転嫁し、強要している。

本来、労働者を低賃金で労働させ、その労働を搾取・収奪して利潤を獲得している資本・資本家的企業が、その利潤から、社会福祉・社会保障、公衆衛生の維持・向上に必要な費用を負担しなければならない。資本金一〇億円以上の大企業(金融・保険を含む、財務省)の内部留保は、二〇一七年七—九月期は四一三・三兆円に達している。〇八年から一七年の一〇年間で一・三六倍も増えている。このような大企業の利潤増大—内部留保積増しは、労働者の賃金抑制・引下げによる搾取・収奪強化によるものであり、それが貧困・生活破壊をもたらしている。労働者の貧困・生活破綻の責任は、大資本自体が負わなければならない。

ところが、大企業の利潤拡大・そして競争力強化を至上命令とし、大企業に奉仕する今日の国家は、さらに大企業の福祉・社会保障・公衆衛生費用負担の軽減を図り、負担を労働者に押しつけ、貧困・生活破綻を深刻化させている。

「社会保険の網から漏れ、親族による援助、働く能力などあらゆる可能性を考えても最低限の生活ができない人に適用される〈最後の砦〉の制度」(『毎日新聞』一七年一二月一八日)である「生活保護」。

二〇一六年度月平均で、生活保護受給世帯数は一六三万七〇〇〇世帯、受給者は二一四万人であったが、厚労省発表（一八年一月一〇日）による直近（一七年一〇月）のデータによると、生活保護受給世帯は一六四万二九〇七世帯（前月比六三四世帯増）となっている。六カ月連続増加し、過去最多を更新している。

受給世帯の内訳を見ると、「高齢者」世帯が八六万五三三二世帯（前年同月比二万八九四五世帯増）で全体の五割以上を占めた。高齢者世帯のうち九割が「単身世帯」である。単身高齢者（一五年六二五万世帯ある ― 本項㈠）が増大するとともに、失業、配偶者死亡で生活困難に陥る者が多い。

高齢者以外では「障害者」一九万五五〇九世帯（前年同月比三四〇二世帯増）、「傷病者」二二万四五一六世帯、「母子」世帯九万二六五五世帯、失業者を含む「その他」二五万六四〇八世帯である。

今後二〇年以内に「団塊ジュニア」世代が高齢者の仲間入りをする。就職氷河期といわれた時期（一九九三〜二〇〇五年）に大学を卒業した世代は、非正規雇用が多く、平均賃金も低い。預貯金もほとんどない。超高齢化の中で、要生活保護者が激増する。生活保護費は確実に増える。

要生活保護者の増大の中で、国の生活保護費は抑制・削減されている。

安倍政権は、一三年度以降三段階で生活保護基準を引下げた。生活扶助切下げ（一三〜一五年度）、暖房費などにあてる「冬季加算」の減額（一五年度）、「住宅扶助」の削減（同）である。厚労省は二〇一七年末、「生活保護基準の見直しについて」を公表した。これによると、生活保護利用世帯の七割が食費、光熱費など日常生活費にあてる「生活扶助費」が引下げられる（減額幅は五％）。厚労省は、削減を実施した場合の影響について試算結果を公表したが、それによると利用世帯の六七％で支給額が減り、利用者の約八割を占める単身世帯では七八％が減額となる（資料８）。子どものいる世帯、母子世帯では、子どもの養育加算で増額となる世帯は多くなる試算となっているが、生活扶助費全体（加算を含む）として一六〇億円減額となる。「憲法が保障する最低限度の生活水準は低下を続けている。…加藤厚労相は一八日（一二月）の記者会見で〈引下げが目的ではない〉と強調。低所得者層の消費水準と比べ、現在の受給額が高すぎるとの結果が出たため〈是正〉したと説明する。低所得世帯の消費水準とバランスが取れるよう受給額を決める方法を〈水準均衡方式〉といい一九八四年に導入された。受給者の生活水準が経済の成長に追いつくようにするのが狙いだった。／だが、格差や貧困などが広がる中では受給額は逆に低くなりやすい」（『毎日新聞』一七年一二月二七日）。最低所得層の所得が上昇している経済状況では、この「均衡方式」は生活保護基準を高めることになる。それが逆転した中で、「年収下位一〇%層」の生活水準と「均衡」させれば引下げが連動する。

現行生活保護基準額は、高齢単身世帯（六五歳、都市部）で八万円、高齢夫婦世帯（六五歳、都市部）で一一・九万円、これが前者七・六万円、後者一一・八万円に下る。これでどう生活を維持しうるか。

厚労省は、「最低生活に必要なもの」を積上げて受給額を決める方式について、専門家に試算を委託したことがあった（二〇一二年、民主党政権時）。「その結果は、夫婦と小学生子ども三人の家族の消費額（家賃を含む）は〈月四九万円〉という高額になってしまった」（『毎日新聞』同上）。

（資料8）生活保護受給額（生活費）世帯類型ごとの増減の割合

	全世代	単身世帯	子どものいる世帯	母子世帯
減額	67%	78%	43%	38%
据え置き	8%	10%	0%	0%
増額	26%	12%	57%	61%

厚生労働省『毎日新聞』(17.12.27)

「受給基準にあてはまる可能性のある低所得世帯のうち、実際に受給しているのは約二割との説もある。／生活保護が認められれば、病気のとき無料で医療機関にかかることができる。しかし認められない人は国民健康保険に加入せざるを得ない。ここで保険料を払えないと〈無保険〉となる。今、約二一万世帯が医療の全額負担を求められている。／健康保険証を持っていない人の受診を拒むことができなかった医療現場でやむを得ず広がっているのが〈無料低額診療〉だ。患者の自己負担分を医療機関の持ち出しなどで補う制度で、一五年度にはのべ約七八〇万人が利用した。／国民皆保険といいながら、この国ではすでに〈皆〉が破れつつある。」（『毎日新聞』一七年一二月一八日）。

なお国民健康保険料に関して補足すると、国保の保険料負担は、組合健保の一・六倍と高額の上に、加入者の八割近くが非正規労働者や年金生活者など低所得者である。この国保の保険料滞納者に対し、給与等の差し押えが行なわれている。『しんぶん赤旗』（一八年二月二日）によれば、国保差押件数・金額は、二〇〇〇年の四・五万件、一六四億円から、一五年には二九・八万件、九六七億円に増大している。国保保険料を支払いえない低賃金の上に、支払えなければ差押えで、とことん収奪し、生活を破滅させている。憲法二五条は全く形骸化されている。

三　社会保障支出削減―介護・保育中心に

㈠　超高齢化に伴う医療・介護費の増大、女性労働の増大に伴う要保育・保育費の増大等―この間政策変更を伴わない社会保障費の自然増は、一兆円～一兆三〇〇〇億円に達している。この自然増に対し、安倍政権は毎年五〇〇〇億円以上の圧縮を図ってきた。ＧＤＰに対する社会保障支出の割合は、一二年二三・〇％から一五年二二・四％に低下している。

安倍政権五年間の社会保障負担増、給付額減少は、六兆五〇〇〇億円に達している。主な社会保障支出項目についてみておくと、「医療」では、七〇～七四歳の窓口負担の二割化（一四～一八年）、一般病床の食費の患者負担増、大病院受診への患者の追加負担（一五年）、一般病床の水光熱費患者負担増（一七年）、高額療養費（七〇歳以上）の負担限度額引上げ（一七～一九年）、後期高齢者（七五歳以上）の保険料軽減特例廃止（一七～一九年）など。「介護」では、要支援１・２の訪問・通所介護の保険給付外し（一五～一七年）、特養入所を原則として要介護３以上に限定（一五年）、所得一六〇万円以上の利用料の二割化（一五年）、施設の食費・居住費の（配偶者所得・資産、非課税年金等による）負担増など。「年金」では、厚生・共済・基礎年金の保険料引上げ、物価・賃金スライド「特例水準」の解消、「マクロ経済スライド」による年金削減など。

二〇一八年度以降に予定される社会保障負担増・給付削減をみると、国保の都道府県化（国保料＝税の引上げにつながる）、「地域医療構想」「医療費適正化計画」による病床削減、給付費削減、大病院受診への患者の追加負担の対象拡大、「現役並み所得者」の介護施設利用料の三割への引上げ、「年金」では「マクロ経済スライド」のキャリーオーバー開始、賃金マイナススライドの開始等。

㈡　社会保障支出削減に対する国民的反発、とくに「保育所落ちた、日本死ね」という保育で職場に復帰できなかった母親のネット上の書き込みもあって、保育問題に火が付いた中で、安倍政権も対応策を採らざるをえなくなる。

「人づくり革命」と「生産性革命」の二本柱で構成する「新経済政策パッケージ」（一七年一二月八日発表）である。（これに関して『長周新聞』一七年一二月一五日、同一八日に的確な批判が行なわれている。）

幼児教育・保育に関して。幼児教育と保育の無償化、三

～五歳で認可保育園に通う児童の保育料全費無料（二〇二〇年実施）、幼稚園児は公定価格（上限月二万五七〇〇円）支給、認可外保育園については、対象範囲、支給上限を一八年夏までに検討。そのほか、〇～二歳児は、住民非課税世帯を無償化、〇～一歳児は短時間勤務や男性の育児休業取得を後押しすることを盛り込んだ。

待機児童対策では、約三四〇〇億円を投じて「二〇年度末までに三二〇万人分の保育の受け皿をつくる」としている。保育士確保に関しては、一九年度数百億円分を投じて「保育士の処遇改善」として一％（月三〇〇〇円相当）賃金を引上げる。

これに対し、「保育関係者は、給与が少し上がっても、結局は消費税増税で徴収されるので手元には残らない。保育士不足の問題は賃金の問題もあるが、それ以上に人数が少なすぎて子どもたちに十分かかわる時間がないこと、子育てしながら勤務を続ける環境が整備されていないこと、書類などの事務作業が多すぎて親や保育士間の人間関係にも亀裂が入っていくことなどいろいろな要因がある」と『長周新聞』（一七年一二月一五日）は関係者の意見を示し、問題点を指摘している。

後述する大学・高専等の無償化、介護職員の処遇改善等を含め、「人づくり革命」推進の財源としては、消費税増税分一兆七〇〇〇億円を使うという。事業主拠出金として約三〇〇〇億円分を企業が負担する、というが、企業にはさらに手厚い優遇措置が採られるので実質負担はない。一定の改善策を行なうのに低所得者に重い消費税を充当することによって、低所得者の生活は改善どころかさらに圧迫される。

「無償化は一九年四月から順次始まる予定だが、待機児童（一七年四月の待機児童数は二万六千人）が解消しなければ、保育所に子どもを入れられた世帯だけが得をすることになりかねない。日本経済新聞などの世論調査でも〈無償化より待機児童解消を優先すべきだ〉との声が多い。」（『日本経済新聞』一七年一二月二七日）。

(三) 介護・保育の問題

介護・保育の問題の中心は、これを担当する労働者（介護福祉士、ヘルパー、保育士）の不足にある。そしてこの不足は、介護・福祉労働の過酷な労働条件に決定的問題がある。保育士不足については上述したが、介護に関しても労働条件は過酷である。「…介護職員は高齢者を抱きかかえて運ぶなど重労働の連続で、人手不足や経験不足から、転倒や誤飲など事故が絶えない。数年で介護現場を去っていく介護士が増えているため、勤続一〇年以上の介護福祉士に限定した処遇改善は、部分的に改善するのみで、介護現場全体の改善にはつながらない。」（『長周新聞』一七年一二月一五日）。介護の対象は、人間であり、一人一人の状況は異なる。そして状況に応じて、しかも二四時間、適切な対応を必要とする。介護の労働は、教育・保育労働とともに、人間と人間の直接的関係によって行なわれる。組込まれた定型的動きしか行ないえないロボットなどでは到底適切な対応はできない。人間を対象にする、人間としての判断力―瞬間的総合的判断力を必要とする労働を行なうには、十分な、資格のある労働者を必要とする。そして人間としての判断力を発揮しえないような苛酷な労働条件を改善しなければならない。ところが安倍政権は、これに全く逆行する政策を進めている。

認可保育園に入れない待機児童対策を推進する「子ども・子育て支援法改正案」が閣議決定された（一八年二月六日）。ここでも、企業が負担する「事業主拠出金」を一定程度増額（社会保険料に上乗せする拠出金率の上限を〇・二五％から〇・四五％に引上げる。二〇年度まで段階的に約三〇〇〇億円増）するとしているが、具体策は「待機児童対策協議会」（都道府県が市区町村・保育事業所と設置できる）で検討するとしているが、政府としては、住んでいる自治体の認可園に入れない子どもを、定員に空きのある近くの市区町村の認可園で受け入れる「広域利用」、保育士の確保策などとともに、市区町村独自の保育士配置基準の規制緩和を要求している。これは、市区町村が独自に手厚くしている保育士配置や面積基準を見直し、国の最低基準に引下げる。政府規制改革推進会議の答申（一七年一一月）では、「国を上回る基準を設けている自治体に待機児童が多い」として、国並みの規制緩和を「協議会」で話し合うよう要求しているが、これに即した対策である。安倍首相は「待機児童対策の主体である市区町村への支援を都道府県が中心になって強化します」（施政方針演説一八年一月二二日）といっているが、その内容は国以上の基準を設けている自治体の認可保育園の保育士の負担を加重させることによって待機児童を減らそうということである。

例えば、国の基準は、保育士一人の担当する子どもの数を、〇歳児三人、一～二歳児六人としているが、東京都世田谷区は、一歳児について保育士一人当り五人、同区内「マリア保育園」は、区の基準よりさらに保育士を二～三人多く配置している。「主任の山崎由紀子さん（六〇）は、〈保育士数を減らすことは保育の質の低下に直結する〉と言い切った。…日本総研の池本美香主任研究員は〈緩和すれば保育士の負担が増し、離職に拍車がかかって根本的な解決にならない。自治体が慎重なのはもっともだ〉と話す。」（『朝日新聞』一八年二月七日）。

上掲「新経済政策パッケージ」(一七年一二月八日)は、待機児童対策協議会の課題として、市町村独自の上乗せの規制とともに、「株式会社を含む多様な運営主体の保育所設置の促進」を提起している。保育・介護を含め、直接人間を対象とした事業を、公的資金による〝公〟的事業としてではなく、私企業―利潤を目的とした資本家的企業に任せてきたことに、問題の根源がある。安倍政権はさらにこれを推進しよう、としているのである。

四 逆進的社会保障制度

㈠ 福祉の充実が、貧しい人に支持されていない。『世界』(一八年二月号)で、大沢真理・宮本太郎・武川正吾の三氏による「本来の全世代型社会保障とは何か」と題する座談会が載せられている。この座談会の内容を小熊英二氏(歴史社会学者)が簡潔に要約されている(『朝日新聞』二〇一八年一月二五日)。

武川氏によると、二〇〇〇年には五五%、一〇年には七割近くが「高福祉高負担」を支持しているが、その支持者は「比較的所得の高い人、負担を余り感じていない人」＝高所得男性と高齢者で、低所得者、生産労働者、若年層は、支持が相対的に低かった。

いまの福祉が、所得の高い人から税や社会保険料を多めにとり、所得の低い人に重点的に給付する制度だったら、所得の低い人は「高福祉高負担」を支持するだろう。ところが日本の制度はそうなっていない。大沢氏によれば、「日本の税・社会保障制度はOECD諸国の中でも最も累進度が低い。」とくに社会保険料は、低所得の人ほど相対的に負担が重い。自営業や非正規雇用の人に多い国民健康保険や年金の一号被保険者の保険料は「低所得者の当初所得の一〇〇%を超えてしまう状況」まである。所得が高い傾向がある正社員・専業主婦の世帯は、年金や税控除の面で有利である。

大沢氏によれば、「負担分を無視して純粋に政府からの所得移転だけをみても、日本は一番豊かな上位二〇%のほうが一番貧しい二〇%よりも多く移転されている」。今の日本の制度は、豊かな層の方が得るものが多く、「低所得層は、負担は相対的に重く、受け取るものは相対的にもかなり貧弱」だ。非正規雇用の一人親家庭などは、「政府が所得再分配することによって却(かえ)って貧困が深まってしまう層もいる」。

だから、高所得層が「高福祉高負担」を支持し、低所得層がそれを支持しないのは当然のことだ。―しかし、福祉政策の基本は、生活困窮者の生活保障にあるはずなのに、そうなっていないのはなぜか。どこに問題があるのか。

(二)　田中秀明・明治大学教授は、「逆進的な保険依存見直せ」という論文で、北欧の社会保障制度と、日本・ドイツなど「ビスマルク型国家」（社会保険を基礎とする社会保障制度）を対比し、日本の社会保障制度の「逆進性」を明らかにしている（『日本経済新聞』二〇一七年一二月二九日）。

「ビスマルク型国家では社会保険料の引き上げは容易だったが増税は難しく、家族が育児を担う伝統もあり、社会的投資を充実できなかった。男性の片働き・正規雇用などを前提とした社会保険は制度疲労を起こしており、特に日本は非正規の急増、男女間の差別などで問題は深刻だ。」「年金・医療の問題は保険制度にある。保険料は所得税と異なり所得が高いほど負担割合が低くなる逆進性が強い。国民年金保険料は原則、一人月一万六四九〇円。厚生年金保険料は月収が約六〇万円を超えると保険料は同じである。こうした逆進性ゆえに国民年金保険料の納付率は六～七割だ。保険料は十数年にわたり引き上げられ、保険料収入のGDP比は一三％まで増え、所得税収の二倍以上になった。」さらに日本の社会保険は「一般財源が保険制度に大量に投入されると共に、被用者保険からの拠出金が国民年金などに投入されるからだ。…年金・医療・生活保護など全ての社会保障制度に投入される税の合計は約九六兆円（一五年度）だが、最も多いのは厚生年金（全体の二〇％）である。これは基礎年金部分の二分の一が税で賄われるからだ。低所得者が払った消費税が大会社の退職者に充当される一方、低所得者は保険料を十分に納められず、年金額は削減される。不公平ではないか。厚生年金は相対的に豊かな者が加入しているが、彼らを一律に税で支援するのは適切だろうか。医療でも豊かな高齢者を税で支えている。」

「給付面でも日本は低所得者に冷たい。OECDの〇八年の報告書によると、日本では所得分布の下位二〇％に投入されている現金給付は総額の一六％である。他方、下位二〇％は税金の六％を負担する。米国は現金給付総額の二五％、英国は三一％が下位二〇％に投入され、低所得者の負担はいずれも二％未満である。…だから日本の貧困率や格差はOECD諸国と比べて高い。年金支出は多いが、高齢者の貧困率は二割弱と米国に次ぐ高さで、英国の二倍である。国民皆年金・皆保険は名ばかりで、日本の社会保障は費用対効果が低いのだ。」「…保育や大学の無償化は豊かな者をより助けることになり、格差や不公平を更に拡大させかねない。教育や社会保障は所得による選別ではなく、全員を対象とする〈普遍主義〉によるべきだという考えもある。」

生活保障＝生きる権利を保障するのが、本来の社会保障である。しかし日本の社会保障は、社会的に生活を保障されなければならない低所得者・貧困者が保険料を支払いえないということで給付が減らされる。生活＝人権保障としての社会保障が成立していないのである。

このような生活＝人権保障といえない日本の社会保障制度が形成された思想的根拠が、生活の維持の基本を自己負担したものが給付を受けるという、交換原理に立っていることによる、といえよう。保険料を支払った者がそれに応じて給付を受取る、という原理である。しかも被雇用者に対して本来負担しなければならない企業の保険料負担が、非正規労働者にははずされるし、偽装請負いとされた労働者には、本人負担が求められるので、生活保障は崩壊する。

このような交換原理―対価支払いによる給付取得―が、社会保障制度に浸透・拡大したのは、生活保障さえも事業として資本家的企業が担うべきだという新自由主義思想によるといえよう。資本家的企業としての生命保険会社の事業と同じ原理を、生活保障にも導入しようということである。いま保育・介護の事業だけでなく、医療・保健、さらに教育・文化等人間生活のほとんどすべての領域が、資本家的企業に担われ、金儲けを目的として営まれてきている。対価を支払いえない低所得者が生活給付を得られないというだけでなく、対価を支払って受取る給付（サービス）自体が、人間生活を破壊するものとなっている。

(三)　東京商工リサーチの調査によると、二〇一七年一～一二月の医療・福祉事業の倒産が、二四九件にのぼり、介護保険法施行（二〇〇〇年）以降で最多となった、という。負債総額は三六三億八一〇〇万円（前年比一八・七％増）、負債一〇億円以上の大型倒産九件、負債一億円未満の倒産が二一一件（倒産全体の八四・七％）と、小規模倒産が多い。

業種別にみると、「老人福祉・介護事業」が一一一件（前年比二・七％増）、倒産の原因は「販売不振」五一件（同二六％減）、「事業上の失敗」二六件（四四・四％増）となっている。「小・零細規模の業者が思惑通りに業績を上げられず経営に行き詰まったケースが多い」（東京商工リサーチ）。次いでマッサージ業、整体院、整骨院など「療術業」の倒産が六八件（一七・二％増）、「病院・医院」が二七件（一二・九％減）、「障害者福祉事業」二三件（一〇・九％増）となっている。

また全国の医療・福祉事業者一万四八三四社の一七年三月期決算は、「増収増益」企業三三・一％、「減収減益」企業二九・一%、「減益」企業五一・四%となっている。東京商工リサーチは「経営のかじ取りが難しさを増し、業界内では淘汰の動きが加速している」と指摘している。

医療・福祉事業を、利潤目的の資本家的企業が担うということ自体を問題にしなければならない。利潤を得るということによって提供する仕事（サービス）の内容がどうなるか、が問われる。

五　教育・文化の破壊

㈠　本章第一節で「人間生活の特徴」を示した。とくに教育・文化による人間性＝人格形成の意義を強調した。資本主義の下で、教育・文化による人間性＝人格形成が大きく歪められ、新自由主義推進の中で、これが解体されつつある。ここでは、教育・文化解体の現実と、その原因を明らかにしよう。

上述したように、教育・文化は、本来人間性＝人格形成を目的とする人間固有の営みである。教育は、教える側も教えられる側も、それぞれ自己の人格をもつ人間の直接の関係の下で行なわれる。教える側にとっても、教えられる側から学ぶ—学び合う関係にある。人間固有の性格・資質＝人格形成が、その目的である。

学び合うこと、そのこと自体が目的である。教育の受けとめ方、生かし方は、一人一人の自主性による。なお成人に至らない子どもたちにも、自分なりの受けとめ方がある。何をどのように理解し、自分のものとするかは、一人一人によってちがう。

学び合うこと自体が目的だということは、一回一回が自己完結する、ということを意味する。学び合う関係によって、何を受けとめ、認識できたか、あるいは得るところがない、受けとめられえない結果となったか—成果を確認し、失敗を反省することはあっても、一度行なわれた学び合う関係自体は変えることはできない。だからそれ自体を認識の対象としうるし、次の行為に生かすことができるけれども、行なわれた実践自体は変えられない。—ということは、学び合う教育実践は、一回一回が完結し、したがって新しく創造する行動だ、ということである。生きて、それぞれ自分なりの個性・人格をもった人間間の行動は、行動自体が創造的なのである。

このような自主的、創造的で、それ自体自己目的であり直接の人間関係として行なわれる教育実践を、何かの手段として位置づけるということになると、教育はどうなるか。現実にいま起きている事態をふまえて考えてみよう。教育を、何らかの手段とする、ということは、教育現場の当事者（直接には教師と生徒・学生）以外の者（要因）が、教育に介入することによって行なわれる。いま教育現場に生じている事態は、経済・社会をカネで動かしている資本と国家が、教育を彼ら自身の目的を実現するための手段とする、ということである。そこでいま事態を極端化して、資本（家）が、その目的（利潤獲得・拡大）のための手段として、教育を支配する事態を想定して考えてみよう。

資本（家）の目的は、利己的利潤獲得・拡大である。この目的の達成は、労働者を雇い（労働力を賃金を払って商品として買い）、労働者を労働させて生産物を生産させ、これを販売する、ということである。この目的実現にとっての要件は、資本が利潤目的で生産・販売する生産物を効率的・効果的に生産するための労働力の確保である。資本が支配する生産・販売に即対応して労働しうる労働力人材の確保、である。たんに資本が必要とする技術、技能をもった労働力というだけでなく、資本の命令に従順に従う労働力を、資本は求める。

資本にとって必要な人材形成―それを資本は教育の場に求める。人材育成（生産）工場としての教育―それを極端化して示すと、次のようになる。

資本は、生産物の素材となる原料を仕入れ、これを加工して付加価値をつけて、販売する。

この関係を、人材育成工場としての教育にそのまま当てはめると…。資本は、なお働く能力を十分もつに至っていない素材（原料）として労働力を仕入れる。これを資本が必要とする技術、資質をもった人材に育てる。素材としての労働力を加工し、付加価値―資本が求める技術＝資質―を身につけた人材を生産し、これを売る。注文生産―資本が求める即使える技術をもつ人材の生産―が効果的である。この場合は、形成した人材が売れるかどうかの心配はない。

この人材形成工場で働くのは、雇われた教師である。教師は、資本の注文に応じて、技術や思想を含めた資質を効率的に教え込むことを求められる。教師が自分の考え、認識を基に資本の要求・注文を批判したり、否定したりすることは禁じられる。

教育費に関していえば、資本の注文による人材形成は、注文した資本が当然負担する。素材とされ、加工された労働者は、注文にマッチしているかどうかが点検され、マッチしていれば即販売される（就職できる）。教育費は、素材とされた労働者（その保護者）が負担する必要はない。注文した資本が負担する。当然教育費無償だ。

この労働力人材育成工場に、国家が介入し国家目的に即した人材形成を求める場合には、この国家・国家体制にとって、有用な人材―国家の要求に応じその要求に従い奉仕する人材形成となる。この場合は当然教育を受ける者の教育費は無償となるし、さらに奨学金が付与されることにもなる。―教育費無償・奨学金のワナである。

資本と国家の注文・要求に従った人材形成の場としての教育、それは資本と国家に従順に従い奉仕するいわば奴隷生産工場だ、といえよう。しかしこれが、資本と国家による教育現場介入のめざすものなのである。

憲法、それに基づく教育基本法が明示した人格形成を目的とした教育、平和的国家・社会の形成者育成を目的とした教育が、いま決定的に歪められ、破棄され、ここで極端化して示した資本と国家目的の手段とされた教育が、現実に推進されつつある。なお安倍政権の下で、資本と国家による教育への介入、支配が進められている背景として確認しておかなければならないのは、第一に、財政危機の深刻化―公教育費の削減・効率化が必要とされていること、その下で第二に、グローバル競争戦に対処する上に、資本＝財界はストレートに競争力強化を図る上に、教育をその手段として活用しようとしていること―正規・無期限労働者が減少し、非正規・使い捨て労働者が増大している中で、従来のような企業内でその企業の負担による技術取得・研修の必要性そしてその余裕が失われ（年功序列の解体）、それだけ外部の教育機関に必要とする人材育成・技術取得を依存しなければならなくなっていること、第三に、新自由主義推進による矛盾―貧困・生活破壊の進展、社会的統合の困難に対し、国家による国民統合を強めなければならなくなっていること、である。

以下若干の具体的事実によって、資本と国家による教育への介入、手段化、そしてそれが何をもたらすか、を明らかにしよう。

㈡　国家と財界（資本）による教育現場（ここでは直接には大学）への介入の状況をとらえよう。

この介入は、国家・財界が意図する教育・教育内容の押し込み、これをカネ（資金）によって誘導し、しかも国家・財界への寄与を基準にランク付けし、大学間（学生間）の競争をあおって、資金投入の増減を決める、というやり方で推進されている。

①　二〇〇四年国立大学が独立法人に移行してから、国立大学への政府の運営費交付金は毎年削減されてきた。〇四年度から一七年度の一三年間で、運営費交付金は一四九〇億円減額された。一六年度でみると、国立大学一校当り平

均一二一億円で、〇四年度比一割減少となっている。私立大学への補助金も一六年度一校当り五億二〇〇〇万円と、一割減少した。

一五年一〇月、財務省・財政制度等審議会は、国立大学の収入に占める国からの運営費交付金と、授業料・付属病院収益等「自己収入」の割合を一五年後までに同じ割合にするよう提言した（一三年度の割合は、前者五一・九％、後者三二・五％）。これを実施すると、一七年度から今後一五年間に亘って毎年約一％の運営費交付金の削減となる。しかもその上、各大学が自由裁量で使える「基幹運営費交付金」を一七年度から削減（前年度比七四億円減少の九九五二億円）することになった。

安倍政府（文科省）は、一五年六月国立大学第三期中期目標の方向性を示す「通知」を出した。そこでは、「持続的な競争力を持ち、高い付加価値を生み出す大学」をめざし、「組織の自己改革や新陳代謝を進めるための教育研究組織や学内資源配分等の見直しを促進する仕組みを導入する」としている。その中で人文社会科学系学部に関しては、「組織の廃止や社会的要請の高い分野への転換」を図ること、とされている。この大学「改革」の方向は、産業競争力会議（安倍首相を議長とする関係閣僚、財界人から構成される）の提言（一四年一二月）に基づいている。

この第三期中期目標の推進を図るため、文科省は「重点支援」枠という運営費交付金の新たな配分方式を開始した。一六年度から運営費交付金の一部を、大学の規模（学部、学生数、職員数）に応じた配分から、新たな傾斜配分方式に改めた。各大学に、基幹経費から一定額（〇・八～一・六％相当の約一〇〇億円）を拠出させ、これを各大学の「改革」の進捗状況を文科省が査定して配分するという方式である。

文科省が各大学に提出させた大学改革「ビジョン」や「戦略」、その達成状況を、配分を決める査定の対象としている。文科省は、各大学に、①地域への貢献、②特定の専門分野での世界的・全国的な教育研究の推進、③世界的に卓越した教育研究・社会実践の推進、という三重点支援枠を設定し、各大学に選ばせ、それに沿った「ビジョン」、「戦略」を提出させ、これを有識者会議で評価し、これに基づいて上述の基幹経費から拠出させた資金を割りふる。

全体として運営費交付金を削減し、各大学独自に使いうる資金を削減する中で、国策に対応し財界の要求する人材形成の場とするために資金を通して誘導しよう、ということである。財界の要求する人材 ― 理系学部では「イノベーション」創出にとり組む研究者の育成、文系学部では「実践的な職業訓練」として英語力、諸産業の競争力強化に直接役立つ能力をもつ人材形成 ― 明らかに資本がグローバル競争戦に勝つことを目標とする人材形成が、国家的政策として推進される。

トップ・エリート校、特定専門分野に秀でた大学に重点的に資金を割り当て、これからはずされたローカル校に対しては、「地域への貢献」として産業連携、地方財界の要求に即した研究・人材形成を〝自主〟的に推進させ、それで経営が困難となればスクラップ化しても構わない、という方向である。私立大学に対しても、これを基準とした資金配分によって、国策―財界の人材形成要求が求められ、推進されている。

歴史と現状を科学的に認識し、侵略戦争の諸要因を解明したり、現代の貧困・格差、人間労働と人間生活破壊の原因を解明して、社会に対する健全な批判の目を養う教育は、無駄であるばかりか、有害であるかのように扱われ、潰される。

② アメリカでは、学生時代の奨学金返済不能によって生活を破壊させられている者が激増し、社会問題となっているが、日本の現状について一定の状況が『朝日新聞』（一八年二月一二日）で明らかにされているので、紹介しておく。

二〇〇四年度、日本育英会から改組して日本学生支援機構が独立行政法人として設立され、憲法二六条「教育の機会均等」を理念として運営している。大学生等の進学時に奨学金を貸与する。担保・審査はなく（成績・収入条件はある）、卒業後二〇年以内に分割で返済する（保証人、連帯保証人、機関保証が必要）。二〇一六年度利用者は一三一万人（大学・短大生の二・六人に一人）。一人当り平均は無利子（五〇万人）が二三七万円、有利子（八一万人）が三四三万円となっている（給付型奨学金が一七年度から始まり、一八年度以降毎年二万人規模になる）。一六年末現在返済者は四一〇万人である。

支援機構によると、奨学金にからむ自己破産は、一六年度までの五年間で延べ一万五三三八人。内訳は、本人八一〇八人、連帯保証人・保証人が計七二三〇人である。奨学金関連破産は年三〇〇〇人前後が続き、一六年度は最多の三四五一人（五年前より一三％増）となっている。「奨学金にからむ自己破産の背景には、学費の値上がりや非正規雇用の広がりに加え、機構が回収を強めた影響もある。」（『朝日新聞』同上）。

機構が返済を促すよう裁判所に申立てた件数は、この五年間で約四万五〇〇〇件。一六年度についてみると、九一〇六件（〇四年の四四倍）である。返済に苦しむ若者が続出したため、機構は一四年度、延滞金利率を一〇％から五

%に下げ、年収三〇〇万円以下の人に返還猶予制度の利用期間を五年から一〇年に延長するなどの対策を採ったが、その後も自己破産は後を絶たない。

猶予制度利用者は一六年末延べ一〇万人。その期限が切れ始める一九年春以降返済困難な者が続出する可能性がある。機構の抽出調査（二〇一五年度）によると、延滞三カ月以上の者は、大半が年収三〇〇万円以下、年齢では二五歳—三九歳までが八割を占めている。「政府は二〇年度以降、消費税増税分から毎年八千億円を教育無償化に充てる方向で検討している。延べ一〇万人が返還猶予の期限切れを迎え始める一九年春が迫るなか、奨学金を返済中の人への対策も忘れてはならない。」（『朝日新聞』同上）。

この教育費無償化などを議論する「人生一〇〇年時代構想会議」が開かれた（一八年二月八日）。ここで安倍首相は、『「人づくり革命」をけん引する主体として時代にあった大学改革を進めなければならない」と述べた（『日本経済新聞』一八年二月九日）。この会議で一八年夏をめどに具体的な大学改革策をまとめる、という。

安倍首相は、幼児教育と高等教育無償化を提起している。大学など高等教育に関しては、住民税非課税世帯の学生は、国立大学授業料を免除し、返済不要の奨学金を支給する。無償化の前提として、安倍政権は、大学の組織や教育内容を改革する。政府は、東京二三区の大学の定員増を認めない法案を閣議決定（二月六日）した。学生の受皿を地方大学とするという方向だが、地方大学に対しては、地元の産業界との連携を進め、研究・教育の競争力を強めるとともに、地方経済の活性化に貢献させる。さらに大学の再編・淘汰も促進する。国公私立大学の統合、経営難で引受けのない地方大学の撤退、特色のない地方私大の他大学への譲渡、人気のない学部の切離し、強みのある学部への資金、人員の集中で競争力を高める。さらに、外部教員登用、法律家、ＩＴ技術者など実務家の教員増大、理論ではなく実学重視のカリキュラムへの転換、社会人のリカレント教育の推進等を推進する（『日本経済新聞』同上）。

教育費無償化は学生のためというより、国策に即した大学「改革」推進のテコにしようとしている。

国家と財界の要求に応じた教育—大学・研究機関の国策利用の行きつく先は、軍産学提携である（この点は本章第三節で述べる）。

③　財界—資本家的企業に即利用しうる人材形成の場として、企業が、大学等の教育・研究に介入する背景には、企業内教育・技術研修が十分行なわれなくなったことがある。企業が雇用した労働者に、自らの負担で教育・研修を行な

わず、大学・研究機関を利用しようとする傾向が進んでいる。

厚生労働省の調査（就労条件総合調査報告二〇一七年一二月、『日本経済新聞』一七年一二月一七日）によると、企業が毎月支出する従業員一人当りの教育訓練費は、二〇一六年一一一二円。ピーク時の一九九一年では一六七〇円だったから五〇〇円減少（三割減少）した。従業員の雇用で生じる現金給与以外の費用（労働費用）に占める比率は、一・四％（ピークは八八年の二・四％）に低下した。

経済産業省によると、非正規雇用の増大を「人への投資」が薄くなっている理由として挙げた（『日本経済新聞』同上）。「戦後の日本企業は長期雇用を前提に年功序列賃金で正社員に報いた。福利厚生に費用をかけてもメリットは大きかった。正社員信仰は薄れ、いまや労働人口の四割弱は非正規だ」（同上）。厚労省の能力開発基本調査によると、正社員に計画的な職場内訓練（ＯＪＴ）を行なう事業は六〇％、正社員以外では三〇％、社外研修（ｏｆｆ－ＪＴ）は正社員七四％、正社員以外三七％となっている。

正社員にかかる社会保険料等社会保障負担を企業は免れようとして正社員を縮小し、非正規雇用を増やしている。「企業が負担する社会保険料などの費用と時給を考慮すると、正社員にかかる一時間当りの人件費は非正規の二・四倍に達する」（ニッセイ基礎研究所）。使い捨ての非正規労働者の増大―労働者の教育研修など負担を削減してコストを低下し、競争力強化を図ろうとする日本企業の行動が、労働者の技術力の形成を奪っている。

勤務先企業が費用を負担して、労働者の再教育・スキルアップ支援を行なう研修などの状況を国際的に比較した調査が出されている（人材サービスの「ランスタッド」による世界三三カ国・地域の労働者の調査、『日本経済新聞』一八年一月一〇日夕刊）。

この調査は週二四時間以上勤務する一八～六五歳の労働者一万三〇〇〇人以上を対象に二〇一七年七～八月に行なわれた。勤務先企業の負担で研修を受けている労働者の割合は、三三カ国・地域平均で六六％、もっとも高かったのはインド八五％、以下中国八二％、ルクセンブルグ八〇％、マレーシア七九％、メキシコ七六％となっている。西欧ではオランダ・ポーランド六八％、ドイツ六六％、アメリカでは六二％である。日本は四一・二％と最低であった。

日本では男女の格差も大きい。勤務先から支援を受けていない割合は、男性五三・六％に対し、女性は六五・九％である。世界の男女差平均が四・四％なのに、日本では一二・三％である。

「日本企業が国際競争力を高めるためには〈性別を問わ

ず公正なスキルアップの機会を提供すべきだ〉とランスタッド・リサーチインスティテュートの中山悟朗所長は指摘する。」(『日本経済新聞』同上)。安倍政権の「人づくり革命」はこれに対応し、企業外の大学・専門学校等に企業の必要とする即効的な人材形成を求めることになる―まさに資本による人材形成工場化であるが、それは本来の教育の解体となる。

なお職場における労働者の共同による生産する生産物の品質向上やそのための労働の改善をめざすQC(品質管理)サークル活動は、六〇年代に開始され、日本型企業の「現場力」向上、生産性上昇に寄与してきたが、「九〇年代に製造業のリストラ、コストダウン、海外シフトなどが続き、国内のQCサークル数は二〇〇〇年以降に大幅に減少し、現場での改善力の低下につながっている」(長田洋・文教大教授、『日本経済新聞』一七年一一月二九日)。これが製品品質低下、品質偽装とともに、職場における労働者の技術継承を不可能にし、労働生産性低下をもたらすことになっている。

(三) 国家と資本による学校乗取り

資本と国家による教育・学校に対する介入の状況をみてきたが、いまや国家は、国家目標に即して学校を作り、あるいは優遇して設立し、資本は明らかに利潤獲得目的で資本が求める人材形成工場としての学校を設立するという動きが現われている。その現実の現われをとらえておこう。

国家目的実現を図る学校の設立―その直接の事例は防衛大学校である。この大学は、自衛隊設置に伴い、将来の幹部自衛官の養成を目的として設立された。この大学は、教養ある人格・識見の培養・おおむね大学理工学部卒業者と同等程度の学力の涵養を目的とするとされているが、「自衛」の名目による海外出動、安保法制設定による戦争のできる自衛隊(軍隊)化の下で、今日の「国家」目的の学校としての性格が明確になっている。

① 森友学園設立に関わる国有地の安値売却問題は、公金私物化に焦点が当てられているが、明らかにすべき問題は、国家(直接は安倍政権)のかかげる教育理念、端的にいえば教育勅語を理念とし、これを教え込むことを目的とした学校設立が図られていること、である。明らかに安倍首相の教育理念を教育勅語にあるとし、これを教育目的にかかげるのだから、優遇措置はあってしかるべき、と籠池泰典氏は思っていたであろうし、財務省官僚も安倍首相の意向だと忖度して国有地叩き売りを認めたのであろう。しかし

安倍首相は関与を否定し、罪を籠池氏に全面的に押しつけて結着を図ろう、としている。

しかしこのことによって安倍政権は、教育勅語を理念とする教育を放棄したわけではない。直接ストレートにこの理念をかかげる学校を設立しなくとも、すでに教育勅語を理念とする教育が、道徳教科書等を通し教育現場に浸透させうるので、森友学園はなくてもよい（むしろことを荒立てない方がよい）と判断したのではないか。

第一次安倍政権の下、教育基本法が改定された。国家が定めた教育目標を「伝統と文化を尊重し、それをはぐくんできた我が国と郷土を愛する態度を養うこと」とした。この「伝統」とは何なのか。しかも「我々日本国民は、たゆまぬ努力によって築いてきた民主的で文化的な国家をさらに発展させ」る、としている。いまの国家が、平和的で民主的・文化的国家なのだから、その「発展に寄与する態度を養うこと」が国民の義務なのであり、この「国家」を批判、否定することは国民の義務に反する、としている、といってよい。「社会を批判的に見る目を養う」、「平和的国家・社会の形成者を育成する」という教育目標が破棄されてしまった。（この点に関しては、鎌倉孝夫『国家論の科学』、時潮社二〇〇八年参照）

二〇一八年四月から小学校で「道徳」が教科化される。道徳教科書選定をめぐって全国的にトラブルが発生したが、問題の中心は、教育勅語を「道徳」教育の理念とする教科書（「教育出版」）採択をめぐる問題であった。「教育出版」の道徳教科書の執筆者・貝塚茂樹武蔵野大学教授は、「軍国主義や超国家主義の跋扈（ばっこ）を許したのは、教育勅語に問題があったのではなく、むしろ教育勅語の内容が日本の教育に貫徹しなかったため」といい、田中耕太郎（元文部大臣）の「教育勅語の内容を道徳教育の唯一の淵源にすることは狭きに失するが、教育者は教育勅語を正当に評価しなければならない」という言葉の意味を「咀嚼（そしゃく）すべきだ」という（『現代教育科学』明治図書、二〇一〇年）。〝万が一の時は皇室国家に尽くせ〟という徳目を理念とする教育勅語教育を復活させるべきだ、というのである。

この教育勅語は、主権在君、神話的国体観に基づいているとして、一九四六年制定の教育基本法の趣旨徹底のため、四八年国会で排除失効が決議された。しかし安倍政権は、上述のように教育基本法を改定し、さらに一七年三月教育勅語を「教育の唯一の根本とするような指導を行うことは不適切」だが、「憲法や教育基本法等に反しないような形で教材として用いることまでは否定されない」という見解を閣議決定し、改定教育基本法の「伝統文化」の尊重を義務とする内容にマッチした道徳教科書を浸透させようとしている。

外国（直接には朝鮮民主主義人民共和国）からの侵攻の脅威を大々的に宣伝しながら、この国家目的に国民を統合・動員させ、奉仕させることを道徳の基本とする教育が、浸透していることを認識しなければならない。

② 愛媛県今治市の国家戦略特区での加計学園による獣医学部新設問題は、〃儲かる学校〃づくりを、政府の戦略を利用して実行する具体的一例である。

今治市は、地域活性化のため大学誘致を進めてきたが、当初念頭にあったのは松山大学であった。加計孝太郎氏は、「大学経営で確実に儲かる獣医学部を岡山理科大学が設置するのが念願で、二〇〇四年に松山大学移転が内部事情で中止になった後、加計学園側が今治市に持ちかけた」（ジャーナリスト森功氏、『週刊金曜日』、一八年二月二三日）。「加計学園にとって獣医学部新設の道が開けた最大の転機は、一五年です。同年に、国家戦略特区諮問会議〔議長安倍晋三首相〕が、正式に「愛媛県今治市」を特区として指定しました。その前年の一四年三月に、下村博文（元文科大臣）は東京・赤坂の料亭で加計孝太郎氏本人と会っている。さらに一五年の四月二日、今治市の職員とともに加計孝太郎氏と思われる加計学園関係者が首相官邸に出向して一時間半も打ち合わせをしています」（森氏、同上）。

〃岩盤規制〃をなくし、資本にとって利潤追求・獲得を容易に実現する特別地域を、国家戦略として指定する。加計学園は、規制が緩和された特区を活用して〃儲かる〃学校づくりを進めた―この学校設立に関し安倍政権が便宜供与をしたことは疑いえない。

③ 株式会社大学が設置されている。「リーガルマインド大学院大学」（〇四年設立）、「デジタルハリウッド大学」（〇五年設立）、「ビジネス・ブレークスルー大学」（二〇一〇年）等である。株式に資金を投資した者の利益追求・獲得自体が、学校経営の直接の目的になりかねない。

「高額な学費をとりながら、生徒の卒業・就職には無責任な専門学校が少くない」―「ブラック専門学校」というべき金儲け学校の実例が『週刊金曜日』（一八年二月二三日）に掲載されている（ジャーナリスト、村上恭介氏による）。

高齢者、障がい者、負傷者のリハビリを支援する理学療法士育成の「近畿（きんき）リハビリテーション学院」（三年制専門学校、大阪府摂津市）。

同学院夜間部に通学していた大野さん（三九歳）が、卒業前の最後の臨床実習を受けている最中「もう無理」という遺書を残して自殺した。大野さんは、実習先の指導役である理学療法士から大量のレポート提出などを課され、睡眠時間二〜三時間という日が続き、その上理学療法士からパワハラを受けていた（遺族による大阪地裁への提訴状）。訴状などによると、近畿リハビリテーション学院は、大野さんが在籍していた一〇〜一三年の四年間、定員（四〇人）を上回る五〇人近くの生徒を入学させ、教員は法令以下に抑えられ賃金も削減されていた。これらによって学院は毎年一億円以上の黒字を計上し、これによって同法人が経営する介護施設などの他の部門の赤字を埋めていた。定員オーバーで、入学者の三割以上が成績不振などで卒業できず退学、留年も二〜三割に達し、教員も多忙を極めた。実習先では療法士から大量のレポート、日報等の提出を課せられパワハラを受ける者が多かった。学費は三年間で四〇〇万円、教科書代など含めて約四五〇万円。生徒の半数は教育ローンで奨学金を借りていた。大野さん以外にも自殺者、自殺未遂者が出ている。「実習中の自殺という深刻な前例があり、かつ生徒が苦境を訴えているのに、第二の自殺や未遂事件を防ぐことなく、利益第一の学校運営に走っていたとすれば、同学院は〈ブラック専門学校〉の誹（そしり）を免れない」（村上氏、同上）。

　専門学校は現在全国で約二八〇〇校、入学者数（一七年）は約二七万人。医療分野がもっとも多く、校数、学生数とも全体の四分の一を占めている。非正規雇用が増大する中で、「資格を取って正社員に」と考える者が増えたことの反映である。しかし資格取得に失敗すれば、残るのは多額の借金だけ、ということになる。しかも実習の場では、徒弟的環境の下、指導役などのパワハラが横行している。

　厚労省は、療法士養成の実習カリキュラムの見直しなど一定の見直しを始めているが、今もなお深刻な事態が続いている（村上氏、同上）。

　自らの努力、負担で少しでも安定した仕事につきたいという多くの人たちを、金儲け目的の学校が儲けを実現する素材形成として利用し、しぼり取る。これが資本による学校乗取りの姿である。

(四)　資本と国家による文化破壊

資本は、人間生活の中に直接侵入し、利潤追求・獲得の場にしている。一九八〇年代末の大型店舗規制法の破棄、グローバル商業資本の自由な市場拡大の下で、いまや日本全国どこへ行っても、同じような外国製商品が売られている。地域の地場産業、生産・生活に直結した地場商店は、解体され、地域生活文化も消滅させられている。人間と人間の直接の関わり、コミュニケーションの関係にケータイとかスマホが入り込み、本当かウソか分らない情報が広められ、人間関係がそれによって動かされている。トランプ米大統領得意のツイッターでの発言が、世界的な政治・経済の動きに影響を与えている。

ここでは、資本による文化破壊の現実を、オリンピック（スポーツ文化）に関連して考えておこう。一つは、文字通り資本（金権）によるオリンピック支配、第二に、オリンピックへの政治の介入である。

①資本によるオリンピック支配

『毎日新聞』（一八年二月二七日）は、「五輪壮行会非公開―機運損ねる過剰な抑制」を大きく取上げている。「選手の健闘ぶりを所属先が自由に応援することができない事態が相次いだ。日本オリンピック委員会（ＪＯＣ）が所属先の学校、企業の壮行会やパブリックビューイング（ＰＶ）などが宣伝目的にあたると指導していた。」これを受けて、法政大、高崎健康福祉大でも壮行会を非公開にした。「ＪＯＣの指針はＩＯＣが五輪憲章で定めた〈五輪競技大会はＩＯＣの独占的な資産〉に基づいている。一九八四年ロサンゼルス五輪で商業化路線にかじを切ったＩＯＣが規制を強化した。」東京五輪でも「五輪マークや名称を使用できるのは、ＩＯＣスポンサー一三社と東京五輪・パラリンピックのスポンサー四七社となる。」

こうした規制は、日本オリンピック委員会（ＪＯＣ）の「知的財産保護に関するガイドライン」に基づいている。五輪選手の肖像権使用、スポンサー以外の企業・大学の五輪をイメージさせる広告・ＰＲは「便乗商法」として禁止、壮行会・報告会などの外部への公開禁止、スポンサー（自治体、競技団体）以外の五輪出場、結果に関する情報発信の禁止、等である。明らかにスポンサー＝カネによるオリンピック支配である。これを「知的財産保護」だというのである。「あるトップ選手が所属するスポンサー以外の企業は〈イベントをやりたければスポンサーに、という圧力まで感じる。このままではマイナースポーツの選手を雇用する場はなくなるのでは〉と危惧する」声が出されている（『毎日新聞』同上）。

スポーツジャーナリスト・谷口源太郎氏はいう（『思想運動』一八年二月一五日）。「八四年のロサンゼルス・オリンピックは、商業主義のまったく違う大会になった。オリンピックのオの字もない。大会組織委員長ピーター・ユベロスは実業家で、連邦政府もロス市も公金をオリンピックに使うことを規制したため大会を市場に丸投げした。その結果三億ドルの放送権料とスポンサーシップもここから始まり、一業種一社、一社四〇〇万ドルの契約金を支払う。八四年からつくられたこの流れを、八八年ソウル五輪でＩＯＣそのものがとり入れ、五輪のビジネス化、ＩＯＣの企業化が本格化した。」（同上）

二〇一八年の平昌冬季五輪。「トップスポンサーともなると一社一〇〇〇億円も出すところもあって、〈オリンピック〉という言葉すら知的財産権となり、他には使わせない。五輪マークからオリンピックにかかわるすべてのものを、独占的に使用できる権利を買ったわけだから。…メディアでは、ＮＨＫと民放でつくっているジャパンコンソーシアムという連合体があり、六六〇億円で契約している。ＮＨＫ七対民放三の負担。新聞は『朝日』『毎日』『読売』『日経』が一五億円でスポンサー契約。…『産経』と『北海道新聞』が二億円でオフィシャル・サポーター契約。つまり、報道が全部スポンサーになってしまった。」

さらにオリンピック会場の整備・建設に関わる巨額の資金負担と自然破壊。谷口氏はいう。「もともと冬季競技は、北欧の降雪地帯での起伏に富んだ森林などの自然環境の中で発展してきた。オリンピックを呼び、そのために人工的に環境をつくるなど本末転倒だ」。「平昌」は雪は余り降らない。人工雪でまかなわなければならない。莫大な費用と自然破壊が生じた。「切り開かれたのは、山林保護地域。国際スキー連盟の規定に従い、八〇〇メートル以上の標高差を造るためだ。自然保護団体は猛反対し、造成面積を減らすことになった。…それでも、破壊地域は約七八ヘクタールに及ぶ。江原道は復元を予定するが、四〇〇億ウォン以上の費用と五〇年以上の時間が必要とされている。」（『朝日新聞』一八年一月二九日）。「メイン会場の加里王（カリワン）山では、樹齢五〇〇年くらいの貴重な樹木がおよそ一〇万本も伐採される深刻な生態系破壊をもたらしている。」（谷口氏、前掲）

大会会場建設は、深刻な自然破壊を伴いながら、この建設を担当する資本に巨額の利益をもたらす。しかもその修復には、これまた厖大な費用がかかるし、建設した競技施設を大会後維持管理するにも多額の費用を要する。江原道はこの施設管理に年間一〇一億ウォン（約一〇億円）の赤字が出ると推計している（『朝日新聞』同上）。これらの負担を負うのは、民衆である。

②オリンピックと政治

韓国・平昌で開催される冬季オリンピック。これを「民族の地位を誇示する好ましい契機となる」、「同族の慶事をともに喜び助け合う」場にしようと、高位級会談を開催することを「新年の辞」で提起した朝鮮民主主義人民共和国・金正恩委員長。この提起に即し、南北高位級会談が合意開催され、「北」からの選手団、応援団、芸術団が韓国に行き交流が行われるとともに、金永南最高人民会議委員長・金与正労働党第一副部長が開会式に参加し、文在寅韓国大統領と会談した。金与正氏は金正恩委員長の親書を手渡した。閉会式にも金英哲労働党統一戦線部長が参加し、文大統領と会談した。朝鮮南北の自主・平和統一に向けた対話・交流の動きが再開され、強化されつつある。外国の介入干渉によらない、軍事征圧による統一を排除した南北交流・統一への動きは、アジアの平和確立にとって決定的に重要である。

これに対し、安倍政権は「ほほ笑み外交に目を奪われてはならない。だまされるな」、「対話のための対話はナンセンス」、「北朝鮮の核・ミサイル開発・保有をなくすために、圧力を一層強めなければならない」とし、朝鮮南北の対話・交流の前進をはばむような態度を示した。安倍首相は、開会式に先立って、トランプ政権ペンス副大統領と会談し、「北への圧力を最大限まで高めて行く方針」を確認した。また文大統領との会談では、北への圧力・制裁強化とともにオリンピック開催で中断している米韓合同軍事演習について「予定通り進めることが重要だ」と言った。この安倍首相の発言に対し、文大統領は「これは我々の主権の問題であり、内政問題だ。安倍首相がこの問題を取上げるのは困る」と明確に安倍首相を批判した。

トランプ政権ペンス副大統領は、開会式レセプションなどで朝鮮代表団と話合う機会があったのに逃げ回ったが、帰国の飛行機の中で米紙ワシントンポストの取材に応じ「北朝鮮が対話を望むのなら米国は対話する」と、事実上「前提条件なし対話」を行なう考えを認めた、と同紙は評した（『日本経済新聞』一八年二月一四日）。しかしトランプ大統領は、これを打ち消すかのように、朝鮮に対し「過去最大の制裁措置を行う」ことを発表し、さらに「制裁がうまく行かなければ、われわれは第二段階に移らなくてはならない。第二段階は非常に手荒なものになる」と軍事的手段を含む強硬措置を示唆した。安倍首相の圧力強化、対話拒否の対応に完全同調する姿勢を示した。

平昌冬季オリンピックは、これを契機に対話・交流拡大を進めるか、逆に「北」の〝平和攻勢〟を核問題回避を図る欺瞞だとし制裁強化、さらに軍事力行使で核開発・保有を断念させるかという、もろ政治的に対立した動きをもたらした。

「〈南北統一の平和運動〉という目標は、国際オリンピック委員会ＩＯＣの掲げるオリンピック精神に合うものでした。…一方、二〇一六年のリオ五輪の閉会式で、安倍首相がゲームキャラクターのマリオに扮したのは、自分の人気取りに五輪を利用したものでした。…安倍首相による個人的な政治利用はこれまで例がないことで、恥ずべき行為でした」（スポーツ文化評論家玉木正之氏、『朝日新聞』二〇一八年二月二三日）。

「八〇年のモスクワ・オリンピックは、いわゆる西側の五〇カ国以上がボイコットし八一カ国で開催された。資本主義と社会主義の体制間対立が、露骨に五輪に持ち込まれた。モスクワ・オリンピックボイコットで、国際協調を前提にした理念が根底から崩され、オリンピックは終わったと思った。…オリンピズムの根本原則には、〈オリンピズムの目的は、人間の尊厳の保持に重きを置く平和な社会の推進を目指す〉と規定されている。この根本理念が、歴史的・現実的にどう果たされてきたのかを検証してみると、第一次世界大戦、日中戦争、第二次世界大戦によって三度の大会が中止された。オリンピズムからいえば、人間の尊厳を壊す戦争に対しては抵抗しなければならないわけだが、阻止・抵抗を組織することはまったくできなかった。」（谷口源太郎氏『思想運動』前掲）

オリンピックの理念は「平和」である。それは、社会体制、思想のちがい、人種のちがいから独立した、人間そのもの直接的関係、人間力（それはたんに物理的力ではなく、協力・連帯する力、競い合う相手の力を讃え合う力を含む）を競い讃え合う関係である。人間間の直接の関係は、平和的関係を必要とし、平和的関係を確立させる。しかし現実には、谷口氏が指摘しているように、オリンピックに「体制間対立」が持ち込まれている。現実に存在する体制のちがった社会に制約されている人間の力の競い合い。そこには、上述したカネの力が関わっている。そして同時に、体制間対立が持ち込まれている。

私たちは、オリンピックの平和理念が政治的に制約を受けている現実をとらえるとともに、何が、どういう勢力が、平和理念の実現を妨げているのかを明確に認識しなければならない。今回の平昌五輪を契機とした朝鮮南北の対話・交流拡大は、明らかにオリンピックの平和理念に即している。これを妨げ、対立をあおる―平和的人間関係、国と国の関係を妨害する勢力、それは米日帝国主義勢力であること、これが明確につき出されたことをとらえよう。

第三節　戦争は人間生活・文化の最大の破壊

一　軍産学複合体形成

国家による教育・研究への介入・支配の行き着くところは、軍産学複合体である。日本における大学・研究機関の技術開発への資金援助による兵器・軍事技術開発・利用は、アメリカ政府・軍部の主導で始まった。安倍政権の下で、日本の侵略戦争体制構築が進められる中で、軍産学複合体が本格的に進展している。これに対する学者・研究者、大学機関からの反対運動も行なわれているが、流れを押しとどめるに至っていない。七三一部隊に動員された学者・研究者の悲惨な歴史、原子力発電に流された痛恨の歴史を、くり返してはならない。

㈠　米軍マネーが日本の大学・研究機関に

『長周新聞』(二〇一五年一二月九日)は、「米国防高等研究計画局DARPA(ダーパ)方式」による「最先端科学技術の速やかな軍事技術への転用」を目的とした日本の大学などへの技術研究・開発への資金援助の状況を明らかにしている。

米空軍の下部組織「アジア航空宇宙研究開発事務所(AOARD)」が、一九九二年に開設され、二〇〇〇年以降米軍が日本国内二六大学などの研究者に一五〇万ドル《ドル》(一億八〇〇〇万円)を超える資金を提供したこと、しかしこれは氷山の一角にすぎないこと、が明らかにされている。

『朝日新聞』(二〇一七年二月九日)は、米軍から日本の大学などの学術界に、二〇〇八年から一六年までの九年間で、少くとも一三五件、総額八億八〇〇〇万円に上る米軍からの研究助成が提供されていること、を明らかにしている。

米軍事当局は、空軍・アジア航空宇宙研究開発事務所(AOARD)、海軍・海軍研究事務所東京オフィス(ONRG)、陸軍・国際技術センターパシフィック(ITC・PAC)で、助成対象は大学本体のほか、関連NPO法人、国の研修機関、学会、大学発ベンチャーとなっている。米軍から研究費の助成を受けている主な大学は、大阪大(一九件、三億二〇〇〇万円)、東京工業大学(九件、五〇〇〇万円)、東北大(七件、四五七〇万円)、京都大学(四件、二〇七〇万円)等々である(資料9)。

この研究助成は、「基礎研究」であり、成果も公開可能とされている。しかし「米軍が基礎研究に力を入れるのは、基礎物理学の成果がコンピューターやレーザー、ＧＰＳといった技術を生み出したように、成果が出るまで時間はかかるが応用範囲がはるかに広いからだ。例えば京都大学で行なわれたメタマテリアルの研究。〈光学迷彩（めいさい）〉と呼ばれ、敵から見えなくなるステルス技術の切り札とされている。東京工業大学で行なわれた炭素繊維の研究は、飛躍的に高速で燃費のよい戦闘機の実現につながる技術だ。…米国は軍事技術として培ったＧＰＳやインターネットを民生技術として広く開放し、経済発展を遂げた。だが近年は、民生技術が他国やテロ集団にも行き渡り、軍事面の優位性が失われつつある。／そこで米国防総省の諮問組織〈国防科学委員会〉は一二年、基礎研究推進の提案者を発表した。助成活動の指針にあたり、軍が基礎研究を推進する目的を〈成果を軍備増強に活用することで軍事的優位を保つこと〉と明記。特に米国外での助成の充実を求めた。／国防総省も一四年、国防戦略の改革をめざした〈国防革新イニシアティブ〉を発表。海外の民生分野の研究成果を早く低コストで集めることを国防戦略の柱の一つに据えた。日本の研究者への助成対象に多い〈人と機械の協働〉〈サイバー技術〉といった分野は、米軍の重点項目にも挙げられている。」（『朝日新聞』前掲）

（資料9）

■米軍から研究費の助成を受けている主な大学など（2008〜16米会計年度）

組織名	件数	総額	研究内容
大阪大	19	3億200万円	レーザーや船体に関する研究
東京工業大	9	5880万円	人工知能（機械学習）の研究
物質・材料研究機構	7	7110万円	材料開発に関する研究
東北大	7	4570万円	素材の解析や評価
奈良先端科学技術大学院大学	7	3580万円	センサーの開発など
北陸先端科学技術大学院大学	6	3190万円	ビッグデータ解析
金沢工業大	6	2180万円	船舶に関する研究
京都大	4	2070万円	アンテナ用素材の研究

総額は1ドル＝112円で換算、米政府の支出データベースから作成　『朝日新聞』2017年2月9日

基礎研究、研究対象・公表も自由ということで、日本の大学・研究所の研究者が研究に参加し、加わっているが、米軍の資金による研究であり、民間が研究・開発した民生技術を軍事目的―先端的兵器・兵器技術に利用する目的での研究費供与であることは明白である。

と同時に、大学等がこうした軍主導の研究に参加し加わるのは、上述してきた大学運営費交付金減少をはじめとする国からの研究費の減少、そして国からの研究費が直ちに応用可能な実用的技術開発研究に重点化し、「基礎」研究が行ないえなくなっていることによるところが大きい。こういう状況をふまえ、米軍部は、世界的な軍事力・軍事技術の優位を保つために、日本の大学等の研究者のとり込みを

図っているのである。

(二) 軍産学連携への政府・財界の積極的動き

日本における軍産学連携を進める政府・財界側の動きを確認しておこう。

DARPAを見習って、日本における防衛省と大学・研究機関の研究協力が、二〇〇四年から始まっている。第二次安倍政権成立以前では、防衛庁技術研究本部と大学・研究機関の研究協力は年一～三件であった。東京工大(一〇年)、東洋大学(一一年)、横浜国大(一二年)、慶應大(一二年)が参加している。第二次安倍政権成立後、防衛省と大学・研究機関の提携が進展する。戦争国家体制確立をめざす国家安全保障戦略が閣議決定され、同時に、防衛計画大綱が決定される(一三年一二月)。この中で「産学官の力を結集させて、…大学や研究機関との連携の充実等により、防衛にも応用可能な民生技術(デュアルユース技術)の積極的な活用に努める…」とした。一三年には、内閣府が革新的科学技術イノベーションの創出を目指し、デュアルユース技術をはじめ「革新的研究開発推進プログラム(ImPACT)」を決定する。一四年二月、防衛省は大学・研究機関との共同軍事技術を専門的に担当する「防衛省技術管理部」を新設。同四月、武器・軍事装備輸出を原則自由化する「防衛装備移転三原則」を決定。同六月、防衛省は「防衛生産・技術基盤戦略」を策定する。この中で、①DARPAを見習って、民生技術の軍事技術への転用を進める、②大学・研究機関との連携強化、③デュアルユース技術を含む研究開発プログラムとの連携・活用、④防衛省独自のファンディング制度創出が提起される。このファンディング制度は、一五年度から「安全保障技術研究推進制度」として発足した。

さらに一四年七月政府は「集団的自衛権行使」容認を閣議決定する(一五年九月、安保法制採決)。一五年二月、ODA大綱を「開発協力大綱」に変え、「国際社会の平和と安定、繁栄の確保」を目的とするものとし、開発に携わる邦人の「安全確保…安全対策の実施」—軍隊出動を可能とした。日米新ガイドライン(同四月)では、集団的自衛権行使を確認するとともに、日米の防衛装備・技術協力を、安全保障・防衛協力の基盤として位置づけ、発展・強化させる、とした。

軍需技術・産業の発展を図ろうとする経団連は、一三年「防衛計画の大綱に向けた提言」で防衛と民生の両用技術=デュアルユースの推進を提起したが、一五年九月「防衛産業政策の実行に向けた提言」を出し、安保法制成立によって、自衛隊の役割とともに、防衛技術・防衛産業の役割は一層高まるとし、国家戦略として武器輸出の推進を図るとともに、国内自主技術開発・確立を図るべきことを要求している。

とくに経団連は、デュアルユース技術開発推進の観点から、「総合科学技術・イノベーション会議」との連携で、「革新的研究開発推進プログラム（ImPACT）の拡充・強化」とともに、「基礎研究の中核となる大学との連携を強化すべきである。その際、大学には、情報管理に留意しつつ、安全保障に貢献する研究開発に取組むことが求められる」としている。

一六年一月には「第五期科学技術基本計画」が閣議決定される。ここではじめて安全保障の項目が設けられ、海洋・宇宙・サイバー空間など、「我が国の安全保障の確保に資する技術の研究開発を行う」ことが明記される。

このような国家と財界（経団連）の安全保障確立目的の、軍事技術研究・開発への大学・研究機関への協力・連携要請・推進に対し、大学・研究機関は、どう対応しているか。

(三)　大学・研究機関の対応

大学・研究機関と防衛省の技術研究・開発の提携は、「安全保障技術研究推進制度」によって行なわれている。

二〇一五年度から開始されたこの推進制度は、一五年度予算三億円、一六年度六億円、一七年度一一〇億円に急増、一八年度も一〇一億円が計上された。

一五年度のこの制度による防衛省―大学・研究機関の連携に関しては、『東京新聞』が報道した（一五年九月二三日）。一五年度は、応募一〇九件、採択九件であった。応募一〇九件中、大学五八件、公的研究機関二二件、民間二九件。採択九件中、大学四件（神奈川工科大学、東京電機大学、豊橋技術科学大学、東京工業大学）、研究機関三件（理化学研究所、宇宙航空研究開発機構、海洋研究開発機構）であった。

大学、公的研究機関からの応募が多かった背景には、文科省からの大学等への予算が減少して、研究を維持することが困難になっていること、がある。その上防衛省の「公募要領」は、「依頼する研究内容は、防衛装備品そのものの研究開発ではなく、将来の装備品に適用できる可能性のある基礎技術を想定しています。…研究成果が広く民生分野で活用されることも期待します。…成果の公開を原則としており…」として、必ずしも軍事兵器の開発ではなく、「基礎研究」、デュアルユース目的であることが強調されている。「基礎研究」なのだから、応募しても問題はないとの判断が働いた、といえよう。

しかし、防衛装備庁の「中長期技術見積もり」（一六年度）

によれば、この「推進制度」の「成果は優れた将来の装備品の創製のための研究開発において効果的・効率的に活用していく」と明示しており、公募技術に関しても、電子材料・物性・光波のニューマテリアル分野、機械・制御、情報通信など三〇課題に限定されている。明らかに兵器開発に関わる「基礎研究」なのである。

　このような兵器開発に関わる研究であること、しかも額が年々増大していることから、大学等の研究者から、軍事目的の研究に対する明確な反対、危惧の意思が表明され、日本学術会議においても、会長・大西隆（豊橋技術科学大学学長）が「自衛目的ならば安全保障に関連する研究は容認してよい」としていることに対しても異論が出され、一七年三月には学術会議から、一九五〇年、六七年の「戦争を目的とする科学の研究には絶対従わない」という声明を「継承」するとの声明が出される状況の中で、一七年度にこの「制度」の予算が一一〇億円に激増したけれども、大学からの応募は、一六年度二三件、一七年度二二件にとどまった。（一七年度の公的研究機関の応募二七件、企業からの応募五五件）。しかし件数は減少しても、「分担研究」に大学が関わっている――「企業」が代表研究機関となり、大学・公的研究機関が「分担研究機関」となっていることが明らかにされた。

　『しんぶん赤旗』（一八年一月一五日）は、「進む軍産学共同」と題して「防衛省の委託研究分担機関に六大学」が加わっていることを明らかにした。この「推進制度」に、制度開始以降六大学（研究課題七件）、五国立研究開発法人（六件）が分担研究機関として参加している。（これまでに採択された研究課題三三件のうち、分担研究機関を伴っているのは一八件）。採択された研究の内容をみておこう。（代表研究機関Ⅰ、分担研究機関Ⅱ、研究課題はカッコに入れた。）

〔二〇一五年度〕

①Ⅰ神奈川工科大学―ⅡＮＡＣＴ（株）、（構造軽量化を目指した接着部の信頼性、強度向上）

②Ⅰパナソニック（株）―Ⅱ九州工業大学（海中ワイヤレス電力伝送技術開発）

③Ⅰ海洋研究開発機構（国立研究開発法人―以下「国研」と略記）―Ⅱエス・ユー・エス、島津製作所（光電子増倍管を用いた適応型水中光無線通信）

④Ⅰ東京電機大学―Ⅱ宇宙航空研究開発機構（国研）（無人機搭載ＳＡＲＩのリピートパスインターフェロメトリＭＴＩ）

〔二〇一六年度〕

①Ⅰレーザ技術総合研究所（公益財団法人）―Ⅱ三菱重工

（ゼロフォノンライン励起新型高出力Ｙｂ・ＹＡＧセラミッククレーザ）
②Ｉ東京理科大学—Ⅱ岡山理科大学（フェイルセーフ熱電池開発）
③Ｉ物質・技術研究機構（国研）—Ⅱ日本ペイントマリン（株）（水中移動体高速化バブルコーティング）
〔二〇一七年度〕（大規模研究課題）
①Ｉ宇宙航空研究開発機構（国研）—Ⅱ岡山大学・東海大学（極超音速飛行に向けた流体・燃焼の基盤的研究）
②Ｉ物質・材料研究機構（国研）—Ⅱ東京工科大学（フォトニック結晶による高ビーム品質中赤外量子力スケードレーザ開発）
③ＩＩＨＩ（株）—Ⅱ物質・材料研究機構（国研）、（無冷却タービンを成立させる革新的材料技術開発）
④Ｉ四国総合研究所（株）—Ⅱ電力中央研究所（財団法人）・レーザ技術総合研究所（公益財団法人）（共鳴ラマン効果による大気中微量有害物質遠隔計測技術開発）
⑤Ｉ富士通—Ⅱ東京農工大学・トクヤマ（株）・産業技術総合研究所（国研）（極限量子閉じ込め効果を利用した革新的高出力・高周波デバイス）
⑥Ｉ三菱重工（株）—Ⅱ産業技術総合研究所（国研）（複合材構造における接着信頼性管理技術の向上に関する研究）

（なお二〇一七年度の「小規模研究課題」では、①宇宙航空研究開発機構（国研）—東京農工大学、②情報通信研究機構（国研）—海洋研究開発機構（国研）、③東芝マテリアル（株）—東芝（株）、④パナソニック（株）—五鈴精工硝子（株）、⑤ファインセラミックスセンター（財団法人）—トーカロ（株）の分担研究がある。）

「学術会議の声明や軍学共同に反対する市民の運動が広がるもとで、防衛省関係者からは、企業が前面に立つことで批判を恐れる大学を参加しやすくするとの発言がでています。企業を通じて軍事研究資金が大学や研究所に流れる動きがこのまま進めば、日本に軍産学複合体が形成される恐れが強まります」（『しんぶん赤旗』前掲）。

『長周新聞』（一八年三月一四日）は、この分担研究の状況を示すとともに、この動きに対抗する学者・研究者（「軍学共同反対連絡会」＝池内了・野田隆三郎共同代表）による岡山大学、東京農工大学への研究中止を求める要請行動を取上げている。なお学術会議の「声明」とこれら軍学共同反対運動に関しては、本項㈤で扱う。

㈣　急増する軍事支出

①　日本の防衛予算（軍事費）は、一四年以降増え続け、

資料10　**防衛費と米国製装備品の予算額は共に増加傾向にある**

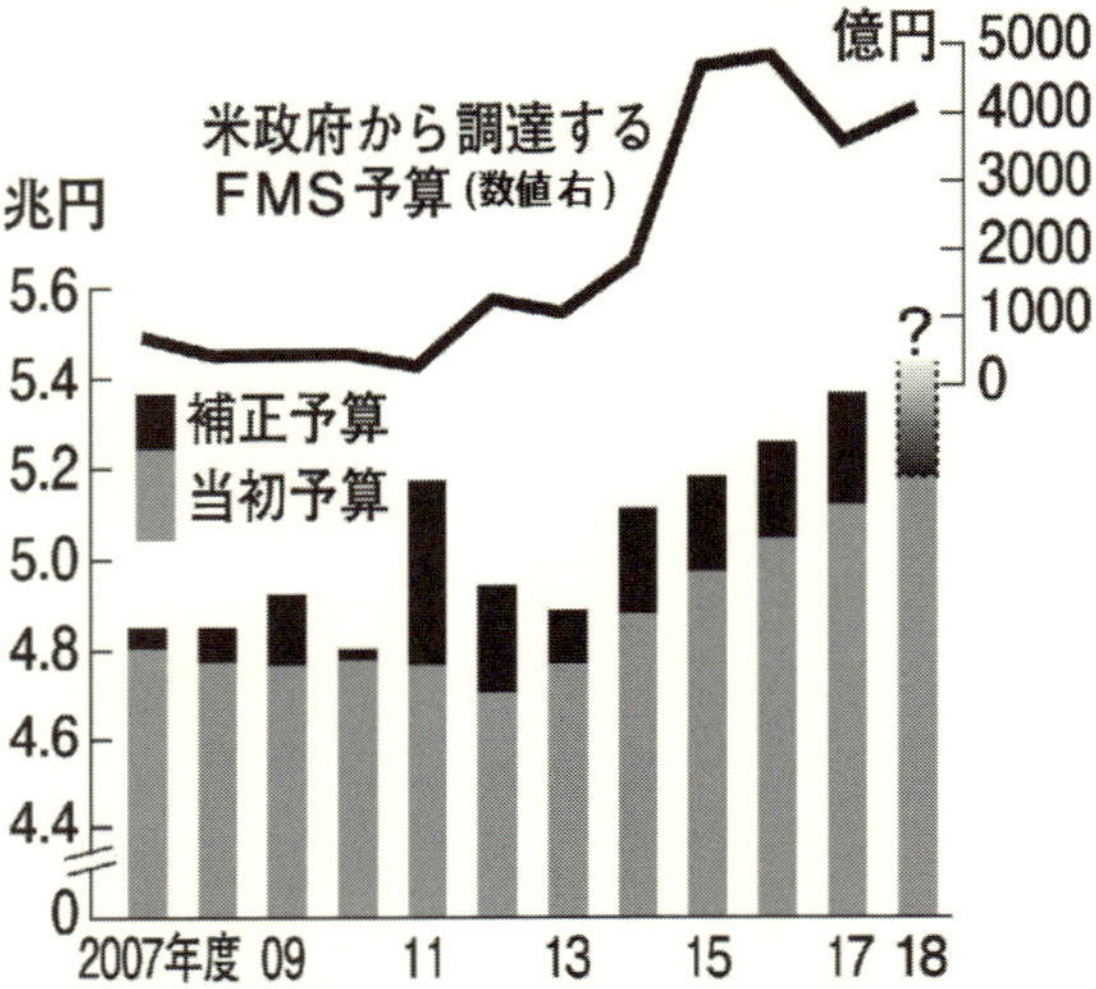

（注）補正は年度ごとの合計額。FMSは契約ベース

『日本経済新聞』2017年12月23日

四年連続で過去最大を更新した。一八年度予算案の防衛費は、五兆一九一一億円、前年度比一・三％増である。さらに一七年度の補正予算での防衛費が二三四五億円ある（資料10）。一一年度の補正予算が多い（約三九〇〇億円）のは、東日本大震災の復旧・復興という要因によるものであったが、これを例外とすると、一七年度の補正予算での防衛費は過去最大である。補正予算を含めた一七年度の防衛費は前年度を二％上回る五兆三五九六億円となる（前年度を二％上回る）。なお一九年度概算要求は五兆三千億円（対前年度2.1％増）。

次年度以降支払う「後年度負担」は、一八年度新規分として二兆四五五二億円計上されている。一七年度比三二五四億円の増加である（一九年度二兆五一四一億円）。

アメリカ製の高額の兵器・装備の購入増大が、日本の防衛予算を増大させ、後年度負担を必要とさせている。資料11で示したように、新型迎撃ミサイル「ＳＭ３ブロック２Ａ」は、四四〇億円、陸上配備型迎撃システム「イージス・アショア」は、一基当り約一〇〇〇億円（高性能レーダーを搭載すればさらに高額となる）と見積られているが、

資料11

2018年度予算案の主な防衛装備品

弾道ミサイル防衛の強化 新型迎撃ミサイル「ＳＭ３ブロック２Ａ」の取得（440億円）
自衛隊の自動警戒管制システムの刷新（47億円）
陸上配備型迎撃システム「イージス・アショア」の基本設計（7億円）
海空装備品の充実 新型護衛艦２隻の建造（1055億円）
戦闘機用の巡航ミサイル「ＪＳＭ」導入（22億円）
イージス艦搭載ミサイル「ＳＭ6」の試験弾薬取得（21億円）

『日本経済新聞』同上

一八年度「基本設計」費七億円が計上されているだけだが、一九年度以降二基導入することを決めている。（一八年7月30日の防衛省発表では、一基一三四〇億円、維持・運用費を加えると二基で四六六四億円）。

ミサイル防衛に関わる費用は、〇四～一七年度までで累計一兆六四三六億円に達している。一八年度の要求一七九一億円を加えると、一兆八〇〇〇億円を超える。これだけ巨額な費用を投下して、朝鮮のミサイル発射に対抗しこれを迎撃しようというのだが、全くの的はずれである。

そこで日本に朝鮮のミサイルがとんで来る前に対処しよう――「危機が生じてからさまざまな装備を導入しようというのはまさに泥縄式」だ（安倍首相、一八年三月二日、予算委員会）ということで、先制攻撃型兵器・装備を配備するところにまで来ている。ヘリコプター搭載護衛艦「いずも」を改修し攻撃型空母にする、対地攻撃を主任務とする最新鋭ステルス戦闘機Ｆ35Ｂを運用可能にする、としている。すでに〃専守防衛〃は実質的に破棄されている。

航空自衛隊のＦ２戦闘機の部隊と米空軍三沢基地のＦ16戦闘機部隊が、戦闘の初期に敵国内のレーダーや対空施設を攻撃・破壊する「敵防空網制圧（ＳＥＡＤ）」の訓練を実施していたことが報道されている（『しんぶん赤旗』一八年三月一九日）。三沢基地配備のＦ16戦闘機二個飛行隊（約四〇機）は、ＳＥＡＤの専門部隊で、イラク、アフガニスタン戦争やシリア空爆に参加している。新日米ガイドライン、安保法制制定の下で、日米共同作戦による〃敵基地攻撃〃の危険性が現実のものとなっている。

防衛費増大に関しては、さらに米軍基地再編成費用も過去最大の二二六一億円となっている（前年度比一五〇億円増）。米軍普天間基地の名護市辺野古への移設に向けて埋立工事を加速させる。沖縄県民の反対の意志を踏みにじって。沖縄に駐留する米海兵隊のグアムへの移転も本格化する。

沖縄基地再編成と関わって、防衛省は、宮古島、石垣島等南西諸島への自衛隊の大増強を進めているが、さらに沖縄本島に陸上自衛隊の地対艦ミサイル部隊を配備する計画である。配備を検討しているのは、12式地対艦誘導弾（射程約二〇〇㌔）で、陸地から洋上の敵艦船（直接には中国の艦船）を攻撃する。鹿児島県奄美大島と沖縄県宮古島に新たな警備部隊を配置するため、奄美大島の施設整備に一五六億円、宮古島の施設整備に二六〇億円を盛り込んでいる。

なおミサイル防衛と関連して、宇宙軍拡が増強されていることを指摘しておこう。一八年度、宇宙監視システムの詳細設計などに四四億円、Ｘバンド衛星通信の整備などに七三〇億円等、宇宙関連経費は八八七億円（一七年度四二七億円)。

② 「日本の防衛費 米がさらう」

これは『日本経済新聞』二〇一八年一月一八日の見出し(二面)である。「〈トランプ大統領はさすがビジネスマンだ〉。日本の防衛産業に携わる大手重工メーカーの関係者は自嘲気味にこう話す。昨年一一月の日米首脳会談。来日したトランプ大統領から防衛装備品の大量購入を迫られた安倍首相は〈最大限努力する〉と二つ返事で応えた。〈これでまた国の防衛予算は米国に吸い取られる〉(重工メーカー関係者)とため息が漏れる。」

「アメリカ第一」とアメリカの国益最優先を掲げるトランプ大統領の下で、日米の軍事兵器・装備品の調達方法も、アメリカの利益優先の方向が明らかになってきた。(以下『日本経済新聞』同上による。)

これまで米国製の兵器・装備品の調達は、ライセンスを受けて生産することが多かった。日本企業はライセンス料を支払うが、組立てなどを担い、日本製部品の採用やコスト管理もしやすいため、国内兵器・装備品産業の生産・技術の強化にも役立った。しかし最近では、対外有償軍事援助(FMS)による取引契約が急増している(資料10参照)。

FMSは、重要な機密を含む装備品を扱う場合、米政府が窓口になって契約を進める政府間取引である。米国外への技術流出への懸念や自国の防衛産業の保護の観点から、米政府はFMS契約を積極的に採用するようになった。FMS契約による調達額は二〇一一年度四三一億円から、一六年度には四八五八億円に、一九年度予算の概算要求では、六九一七億円(契約ベース)に急増している。

FMSでは、価格は米政府が決め、代金は日本政府が前払いする。装備品を提供する時期は決めず、契約内容が変る場合もあるなど、米国側が取引の主導権を握る。ライセンス供与も原則認められない。FMSは、日本にとって最新鋭の装備品を入手できるが、前払いで米政府に払いすぎた費用が清算されない問題が生じているし、米軍需産業企業生産の完成兵器・装備品の丸ごと輸入で防衛費が食われ、国内軍需生産企業への受注が減少する、コスト管理ができないとか、最新技術の維持・蓄積も滞る、などの問題が生じている。

小野寺五典防衛相は、朝鮮半島の緊張が高まる中、「FMSを通じて高性能の米国製装備品の導入は日本の防衛力強化のために重要だ」とし、FMSの急増は止むをえないとしているが、同時に「FMS調達の増加が、国内防衛産業の生産・技術基盤に影響を与えないよう十分な対策をとる必要がある」とし、三菱重工はじめ日本国内の軍需産業企業の兵器・装備品生産、技術研究開発の維持・強化を図らなければならない、としている。—防衛省による産業企業・大学等との技術開発・研究の連携は、この点からもさらに推進されることになろう。

『日本経済新聞』（一八年三月一三日）は、「三菱重、防衛事業も難路」と題し、防衛生産売上高が年約四〇〇〇億円（連結売上高の約一割）と日本の防衛生産企業トップの三菱重工が、世界的な兵器輸出競争戦で敗れ続けていることと（二〇一六年に、豪州向け計四兆円の潜水艦の受注合戦で仏独に敗れた。その後の受注もゼロ）、さらにトランプ政権の「営業攻勢」もあって、米国からの装備品調達が急増し、日本勢のシェアが縮小していることを明らかにしている。「技術流出への懸念や自国産業の保護からライセンス供与を原則認めていない」ＦＭＳ方式の下で、三菱重工はじめ日本防衛産業への装備品発注が減少し、利潤確保が困難になっている。「軍事評論家の竹内修氏は〈この状況が続けば防衛ビジネスから撤退する企業が続出する〉と警鐘を鳴らす。防衛向けは民間向けとは別の世界。安定した収益があればこそ、開発などに人員を割ける。安全保障上の理由で先端品の輸出などが制限されている以上、国が開発を支援するといった配慮も必要かも知れない」と『日経』紙（市原朋大）は主張している（同上）。

ＩＳはじめ世界的テロの脅威の増大、さらに核・ミサイル開発・保有を進める朝鮮をはじめ、中国・ロシアの軍事力強化によって、日本の安全保障環境は厳しくなっているという認識の下、日本の安全保障は、軍事力強化によるほかないとし、しかも日本の安全は核の傘を含めた米軍事力に頼るしかないと日米軍事同盟強化、米軍事力への直接的協力（従属）を進める安倍政権。この安倍政権の軍事力強化・拡大を、米国・米産業企業の利益優先を進めるトランプ政権は、完全に利用して、安倍政権が欲するのだからとして、米国製軍事兵器・装備を大々的に日本に売りつけている。しかも従来のように、日本の軍需産業企業にライセンス生産を認め、生産を分担させるのではなく、丸ごと米製兵器・装備を売りつけて日本の軍需市場の支配を図ろうとしている。しかもライセンス生産でアメリカが開発した技術の一定の取得が可能であった—しかし米軍需産業企業の下請となる形で—のに、技術の取得さえ不可能になっている。このような状況の下で、三菱重工はじめ、日本の軍需産業企業は、アメリカの大軍需産業企業をはじめ、世界的軍需産業企業との競争戦への対処をせまられ、政府の軍事支出の一層の増大とともに、先端的軍事技術開発を強く求めることになる。

(五) 軍産学提携に対する大学・研究機関の対応

① 米軍・日本防衛省主導の軍学提携による兵器・装備の研究開発が推進される中で、これが学問研究の自由、学術の健全な発展を損うことになるのではないか、これに歯どめをかけなければならないのではないかと危惧する大学・研究機関の学者の声・行動が強まった。この声・行動をふまえ、日本学術会議は、「安全保障と学術に関する検討委員会」(委員長・杉田敦法政大学教授)を設定し、論議を重ね、声明を発表した(一七年三月)。

この声明は、①一九五〇年と六七年の二つの声明を「継承する」、と明記した。一九五〇年の声明は、朝鮮戦争が開始され再軍備の動きが強まる中で、「再び戦争の惨禍が到来しないよう切望する」、「戦争を目的とする科学の研究には、今後絶対に従わない」としている。一九六七年の声明は、ベトナム戦争が行なわれている状況と、日本の多くの研究者・学会が米軍から資金を受けていたことに対し、「科学研究の成果は平和のために奉仕すべきだ」「戦争を目的とする科学の研究は絶対に行わない」としている。今回の声明は、戦争目的の科学研究を行なわないと明記してはいないが、二つの声明を「継承する」とした。②防衛省の研究公募制度(「安全保障技術研究推進制度」)は、政府による研究への介入が強まる懸念があるとし「学問の自由及び学術の健全な発展と緊張関係にある」とした。同時に「民生分野の研究資金の一層の充実が必要」とした。③大学などの研究機関は、軍事的安全保障研究の適切性を技術的・倫理的に審査する制度を大学などの研究機関内に設けること、学会がガイドラインを設けること、を提起している。

日本学術会議会長・大西隆(豊橋技術科学大学学長)が主張している「自衛目的ならば安全保障に関連する研究は容認してよい」とする考えは、基本的に否定された。この点、杉田敦委員長は、一九二八年の不戦条約で戦争が違法だとされてから、国際法上ほとんどの戦争が「自衛権の行使」などとされ、「戦争」と呼ばれなくなった―「自衛という概念が非常に拡張され、戦争という概念が縮小している中で、自衛目的ならいいとか、狭い意味での戦争目的でなければいい、とかいう安易な基準では軍事研究の全面解禁につながります。」(『朝日新聞』二〇一七年四月一三日)と明言している。

また防衛省の「研究推進制度」が基礎研究で研究成果公開、研究に介入しない、としている点についても、杉田教授は、「防衛装備庁の職員が研究の進捗(しんちょく)管理をし、助言をするのはかなり強い関与になる。学問の自由から見て著しく問題があります」といい、軍事研究が「学術の健全な発展」を妨げることに関しても、「軍事研究は秘密と結びつきやすく、緊急かつ絶対的なものとされがちで、他の研究分野とは違います。軍事や防衛は予算がつきやすく、ブレーキをかけられなくなり、他の研究予算を圧迫することにもなります」と述べている。また米軍からの資金による研究に関しても、「研究者の意図を離れて攻撃的な目的に使われる懸念も指摘し、研究に入る前に資金の出どころについて、まずは慎重な判断も求めています。…米軍はだめと明示的には書いていなくても、米軍の性格を考えれば、攻撃的に転用される懸念は自衛隊以上に大きいとも考えられる。さまざまな資金について、こうした観点から各大学が判断することになる」、「…米国のように研究費全体の半分ぐらいが軍事的色彩を持つようになると、軍事的研究資金をあてにしないと研究ができなくなり、研究全体に関する軍の発言力が強まります。それでいいのか。今が分れ道なのです。」(『朝日新聞』同上)、と述べている。

戦争目的の、軍事的研究に対する科学者、研究者、そして大学・研究機関の考え方、対応のあり方の基本は示されている、といえよう。しかし戦争＝軍事目的の軍学提携は、現実に進んでいる。この基本的考え、対応のあり方をふまえながら、軍学提携の方向をどう阻止し、本来の学術研究―平和確立を目ざす学術研究を進めうるか。杉田教授は「軍事と学術との関係は、本来、学術会議だけが考えることではなく、さまざまな研究機関、そして個々の科学者が、科学者の社会的責任に関する歴史的な議論をふまえて考えていくべきことです」(同上)と述べているが、まさに科学者・研究者の「社会的責任」が問われている。

② 「軍学共同反対連絡会」共同代表の池内了氏は、今回の学術会議の声明に関して、「大学への丸投げではなく判断基準としての資金の出所、研究目的、公開性という基本線を示している。軍事研究に関与する大学は後ろめたさを感じ、市民が批判することもできる。現状よりは規制強化になり得る」としている(『毎日新聞』二〇一七年三月八日)。

一九五四年、日本学術会議は五〇年の声明の基調に基づき、原子力研究に関して、平和目的への限定と「公開・民主・自主の原則」を明確に求める声明を出している。この「公開・民主・自主の原則」は、「原子力基本法」(一九五五年一二月)に反映された。しかしもっぱら研究を志向していた科学者・研究者に対し、原子力基本法は「開発及び利用を推進する」(第一条)とし、「学術の進歩」だけでなく「産業の振興」に寄与する(第二条)、とした。「研究」だけでなくその「利用」を図る―一体だれが何の目的で「利用」するのか。そのときこの「利用」を、平和目的、人類の福祉増進に明確に限定しうるか、あるいはどうすれば限定しうることになるか。

原子力に関しては、現実には原子力発電に利用されるものであるところから、原発を推進する産業企業に担われ、同時にそれが国家の政策目的として推進されることから、国家の意図に即するものとなった。また原発は、核兵器と直接結びついていることから、秘密を必ず伴うものであった。原子力利用＝原発推進の中で、「自主」技術ではなく技術の対米従属に、「民主」は「人民」ではなく、資本と国家の意思に、「公開」は秘密・隠蔽に、変ってしまった。その中で、資本＝電力会社とその利益を図る国家と、その下で利権にありつく学者・研究者の集団＝原子力村がつくられた。原子力開発・利用の危険性を訴え、その核兵器・軍事兵器との不可分離な性格を明らかにする良心的学者・研究者は、異端者として排除されてきた。(この点については、鎌倉孝夫『帝国主義支配を平和だという倒錯』社会評論社、二〇一五年八月、第I部第二章参照。) この悲惨な現実を忘れてはならない。そしてなぜこのような現実が生じたのか、を明確にとらえなければならない。

今問題にしている学術会議の声明に関しても、次のような反応がある。「…人工知能、ロボット、サイバーなど軍民の線引きが難しい研究分野は増えており、学術会議の議論に冷ややかな視線を送る研究者も少なくない。〈資金の出し手による研究の進行管理が介入なら、民生的資金だって同じ例はある。秘密保持も企業との共同研究の方が厳しい。基礎研究に軍民の違いはなく、現場の声も聞かずに規制されても困る〉。防衛省の制度に採択されたある教授は批判する。」(『毎日新聞』同上)。

現社会体制 — 資本(金融資本)とその利益増進を図る国家が支配する体制の下で、学者・研究者は、研究しなければならない。学者・研究者は、研究・実験施設はじめ研究には費用がかかる。自ら費用を賄いえない学者・研究者にとって、自らの研究を支える費用をどう確保するか。しかも自らの研究が、資本と国家の意図・目的に必ずしもマッチしない、むしろその意図・目的を批判する研究であるとき—技術研究であっても、資本・国家の研究・開発・利用が、人民の福祉に反し、平和を損うことが明確であれば、その開発・利用に関わる研究をやめさせるところに科学者・研究者の基本的任務がある—、どう研究費を確保し研究を維持するか。

少くとも科学者・研究者は、その研究の目的が人類の福祉増進・平和確立に寄与するかどうかを、明確に意識しなければならない。それが科学者・研究者の「社会的責任」

である。と同時に、現体制の下では資本と国家が現実の主体として彼らの目的で経済、政治、教育・文化を支配している状況―しかも資金の余裕を失うばかりか、批判を一定程度受け入れ自らの姿勢・方向を調整するという余裕を全く失ってしまっている状況の下で、福祉解体・平和解体につき進む現体制を批判し、転換させる研究を維持・現実化させなければならない。人類の福祉・平和確立に寄与する研究の維持自体が、この現体制の支配を転換させることによる以外に行ないえなくなっていることを、認識しなければならないのである。

二　なぜ戦争の危機が煽られるのか

トランプ政権・安倍政権の政策の下で、戦争の危機が生じている。戦争は、人間を殺し、自然を破壊し、生産・生産諸条件を破壊し、文化を破壊する。なのに、なぜ戦争をひき起こそうとするのか。戦争・戦争の危機を煽ることによって利益を得る者が存在し、しかもその者の戦争志向が多くの民衆・人民をその方向に巻き込み動員しえているからである。しかしその下で民衆・人民は破滅する。

戦争で利益を得る者はだれなのか。ひと握りの金融資本（家）であり、その利益に与かる政治家・官僚たちである。なぜ戦争という破壊行為で利益を得ようとするのか。戦争によらなければ利益をあげられなくなっているからである。現在の金融資本の支配は、民衆・人民を収奪することによってしか維持しえなくなっている。戦争は民衆収奪の極点である。しかしこのことは、この金融資本の支配が、社会の本来の主体・担い手を破壊する以外に維持できなくなっていること、この支配の終りを意味する。この支配をなくすことによってしか、人間社会は発展しえなくなっていること、民衆・人民が社会の現実の主体となり主体として行動しなければ、人間社会は維持・発展しえない、ということである。以下要点を指摘する。

㈠　安倍政権　―　突出した好戦性、なぜ

ピョンチャン冬季オリンピックを契機に、朝鮮南北の対話・交流が再開・進展し、平和的関係が進展しつつある中で、安倍首相・安倍政権は、「ほほ笑み外交に目を奪われるな、だまされるな」、「対話のための対話はナンセンス」「北朝鮮の核・ミサイル開発・保有をやめさせるには圧力強化以外にない」と朝鮮敵視を唱え、世界各国に圧力・制裁強化に協力するよう働きかけている。

トランプ大統領が、朝鮮との首脳会談を決断し対話の方向を明らかにしたことにショックを受けた安倍首相は、トランプ大統領に電話をかけ圧力強化を訴え続けてきた。朝鮮が米朝首脳会談を提起したのは、制裁圧力の効果だ、制裁強化で経済がガタガタになったので政策転換をせまられているからだ、と強弁し、核廃棄を確認するまで圧力をかけ続けなければならないといい続けている。トランプ大統領自体、対話にふみ切ったけれども、圧力・先制攻撃をやめたとはいえない。しかし彼のディール（取引）感覚とともに、朝鮮の侮（あなど）りがたい実力を認めざるをえなくなっているのではないか。トランプ政権が、安倍首相を無視して対話を決断した中で、安倍首相の突出した好戦性が際立っている。安倍首相・政権はなぜこういう態度をとり続けるのか。

① 確認すべき点は、圧力強化で、核開発・保有をやめさせるという対策は、実質的な戦争行為だ、ということである。

相手に有無をいわさず、相手を「圧力」で屈服させようとするのは、暴力で制圧しようとすることだからである。相手が、なぜ核・ミサイル開発・保有にふみ切ったのか、それは何を目的とするものなのか、全く理解しようとしない。それどころか、相手が開発・所有する核・ミサイルは、米日はじめ全世界の脅威だと一方的に決めつける。とくに日本が狙われているように宣伝する。こうして朝鮮は全く無法・暴力・「ならず者国家」だと断定する。このように朝鮮を無法・暴力国家だとキメつけるから、暴力＝戦争で解体させて当然だとすることになる。

こう断定する根拠を示すため、事実関係を一方的に歪曲する虚偽情報をつくり上げる。朝鮮は「話合い」で時間を稼ぎ核・ミサイルをさらに開発し世界を脅すことになる、と。

朝鮮は、話合いで決めた約束を確実に履行してきている。一九九四年のジュネーブ合意、二〇〇〇年の朝米コミュニケ、〇五年の六者協議合意、日本との関係では〇二年のピョンヤン合意。合意に反したのは米政府であり日本政府であった。事実関係は明確に確認できる。

② 米・日政府が、対話・合意を履行せず、逆に覆（くつ）がえしてきたのはなぜか。合意の進行を不利益とする勢力が、まさに帝国主義的侵略勢力が支配しているからである。帝国主義的侵略勢力は、自らはあたかも平和を求め進めるかのような外観を示す上に、対話し、合意さえとりつけるけれども、現実にこの合意を進め平和関係を形成・確立す

れば、帝国主義勢力の存在根拠、支配の口実がなくなってしまう。だから相手が合意を破ったと虚偽情報をつくり上げ、相手を無法者として力=暴力行為を正当化する。

安倍首相は、戦前のような帝国主義国復活―しかも戦争に敗れた現実の屈辱（くつじょく）をはらい、帝国主義支配を再興確立しようとする夢想をいだき続けている。中国・朝鮮をはじめ、アジア諸国の帝国主義的宗主国たらんとする夢想。全く非現実的な夢想を果そうと、戦争国家体制を再構築してきた。この安倍首相の戦争国家を利用し利益をせしめようとしているのは、日本の金融資本（家）の主力部分であり、日本の極右勢力であり、そして何よりアメリカ帝国主義である。

しかし帝国主義侵略国家の構築には、現実にはアメリカ帝国主義の輩下になるほかない。米帝国主義の世界的軍事戦略に従い、これに協力し、これを補完する役割を果さなければならない。核兵器も保有したいが、これもアメリカ政府の意図によってしか実現しない。

しかしアメリカ帝国主義は、自分の国家的利益、自国金融資本の利益を図ることが第一義であって、日本の国家的利益だとか日本の安全保障を図るのは、この第一義の目的を果す手段でしかない。戦後アメリカの日本における軍事基地がどういう役割を果してきたか―アメリカ帝国主義のアジア・世界の覇権支配維持のために日本を利用してきた。アメリカ政府が、外国（直接には朝鮮・中国の脅威）に対し、日米安保体制によって日本の安全を保障するというのは、日本政府をアメリカの世界覇権支配のために利用し続ける意図による。トランプ政権の自国利益第一主義推進は、このことをさらに徹底させることになろう。

トランプ政権は、安倍政権の中国・朝鮮脅威への対抗のためという日米安保同盟強化の考えを完全に利用して、米製兵器・装備を大量に日本に輸出し、米製兵器・装備体系を日本に築こうとしている。日本はその下で米帝国主義軍事戦略の下での米帝国主義軍隊の一翼として組込まれ、米軍事司令部の指令で動かされることになる。日本独自の帝国主義的意図に基づく軍事戦略は封殺される。

米製兵器を丸ごと輸入する―それによって日本の軍需産業企業にとっては日本政府の軍需支出がアメリカ軍需企業に奪われることになる。そればかりか、中国・朝鮮敵視という日本政府の姿勢・政策は、市場の利益の点でも、日本金融資本の利益を損う。日本金融資本としては、その損失に対する見返りを政府に求める。日本金融資本は軍事支出の一層の増大を求め、金融資本の利己的利潤拡大のための財政・金融政策をさらに求めることになる。その下で民衆・人民の収奪は強まり、生活は破壊される。

③　安倍首相・政権は、戦争の危機を煽りながら、実戦になったらどういう事態になるのか、どこまで真剣に考えているのだろうか。避難訓練を行なったり、シェルターを備えなければとかいっているが、実戦になれば核戦争にならざるをえない以上、どう対処しようと生きられなくなる―そういう事態になることを何もいわない。明らかにしないというより、意図的に明らかにしようとしないのではないか。

朝鮮の核・ミサイルの脅威、日本を狙っているという宣伝を、マスコミを使って執拗に行ないながら、意図的にそこから生じる事態を明らかにしない。民衆に、朝鮮脅威観念をたたき込み、政府に従って対応するしかないと思い込ませることが狙いなのである。

虚偽宣伝だけではなく、朝鮮は、日本・日本人にとって脅威であり、敵であることを全く意図的に現実に作り上げる。何の根拠もないのに朝鮮総聯の犯罪を意図的にデッチ上げ大々的に宣伝する。朝鮮学校への助成も、全く一方的に危険な朝鮮を美化する学校であるように決めつけ、行なわない。朝鮮・朝鮮人は敵・脅威だ、これに国を挙げて対処しなければならないと、民衆の目を誘導する。民衆が抑圧され、収奪され、生活が破壊されているのに、それがどうして生じるのかの問題意識を封じ込め、目を外に向わせる。

朝鮮敵視の観念形成―それを社会的基盤にした国家による民衆統合。明治維新を通した国民国家の形成には、朝鮮敵視―征韓論が唱えられ、利用された。明治維新一五〇年、国家による国民統合の矛盾が噴出し、統合が困難化している中で、いままた大々的に朝鮮敵視―征韓論が唱えられている。

しかしいま唱えられている朝鮮敵視―征韓論は、現実には戦争による朝鮮制圧など全く不可能な状況の下での、ただ民衆の目をそらし、欺瞞し、民衆を国家に従わせ、さらに一層収奪強化を図ろうということだけを目的としたものである。資本と国家の支配体制の終末的危機の中で、これに代る社会体制はない、社会主義体制を唱えている国は、独裁・人権無視・無法な暴力国家なのだと、民衆を欺瞞し、現社会体制に代る社会体制などないのだから現体制の中で生きるしかないと思い込ませるだけのものである。

この欺瞞を暴き、民衆・人民を人間として生きられなくしている真の原因はどこにあるかの認識を確立しなければならない。

(二) トランプ政権と戦争の危機（注）

トランプ大統領は、朝鮮・金正恩委員長と会談し、共同声明に署名した。相互の信頼関係形成を踏まえ朝鮮半島非核化を実現しよう、と合意した。

これに関しては、本書第Ⅳ篇で詳論する。ここでは、トランプ政権の帝国主義的性格に関して、要点を示しておく。

① アメリカ帝国主義こそ戦争の元凶

戦後の戦争は、アメリカ帝国主義の侵略によるものであった。朝鮮戦争、ベトナム戦争、コソボ・中東・アフリカの戦争。現在アメリカ政府は、対テロ戦争ということで、中東・アフリカ・欧州中心に七六カ国に軍事介入を拡大し続けている。米軍基地の展開四四カ国、戦闘部隊派兵一五カ国、ドローン攻撃実施七カ国等。

トランプ政権は、米軍基地を縮小し軍事干渉・介入をやめようとはしていない。同盟国に対し。米軍基地維持負担の増大、見返りの増大を求めている。

軍事支出史上最大七一六〇億ドルで大軍拡を推進している。兵員増強、最新鋭攻撃兵器（ステルス戦闘機F35、攻撃型原潜二隻、イージス駆逐艦二隻等）の増強（一九会計年度）。BMD（弾道ミサイル）予算増額、SM3ブロック2A（新型迎撃ミサイル）六発購入等。

NPR（核戦略見直し、二〇一八年一月）では、中国・ロシア・朝鮮・イランの核の脅威が増大したとして、小型で「使いやすい」核弾頭の開発促進、海洋発射型核巡航ミサイル開発促進を図る、としている。

トランプ政権は、核戦力増強による軍事的な世界覇権支配の維持・強化を図る、としている。

②トランプ政権と朝鮮半島核問題

二〇一八年平昌冬季オリンピックを契機に朝鮮南北の対話・交流・平和的統一への動きが強まり、南北首脳会談、米朝首脳会談が開催され、朝鮮半島の平和確立、核縮小・廃棄が進展しはじめている。これに関連して中朝首脳会談も三度に亘って行われた。

トランプ大統領が米朝首脳会談を行い、相互の信頼関係形成で非核化・平和確立に合意したのは、核・軍事力行使に伴う甚大な被害予測で、アメリカ自体利益を損う―朝鮮の核戦力を含めた侮《あなど》りがたい実力を認めたこと、軍事力行使よりもディール（取引）で市場拡大（米商品輸出と朝鮮鉱物資源輸入の取引）で利得を得る方向を考えてのことと思われる。

しかしトランプ政権は、社会主義・朝鮮の体制解体、そして核を含む軍事侵攻による解体意図を放棄したとはいえない。現にトランプ政権は、大統領補佐官（国家安全保障担当）を、マクマスター（対話路線）からネオ・コン＝軍事強行を主張するボルトンに代えた。さらにティラーソン国務長官を、ＣＩＡ元長官ポンペオ（ティーパーティ）に代えた。朝鮮の非核化が思うように進まなければ、軍事出動もありうるという姿勢を見せつけていると思われる。突出した好戦性を示す安倍首相はここでも制裁圧力強化、軍事制圧をトランプ大統領にけしかけ続けている。

トランプ大統領が、軍事攻撃だけではなく、対話・交流・平和的取引をさぐり始めたこと―そこにはトランプ政権の背後にあるアメリカ金融資本の利得獲得方法をめぐる一定の対立があると思われる。軍事侵攻を有利とする軍産複合体、市場関係拡大―金融取引拡大で利益を得ようとする、産業企業（農業）そして金融証券資本の利害対立である。市場拡大を求めれば、戦争は経済・取引関係を破壊してしまうので、利益にならない。しかし軍産複合体も、実戦で社会の混乱・破壊が拡大すれば需要も消滅する。このような利害損失をトランプ大統領は計算しつつ自らに有利な対応策を模索するという状況といえよう。

③トランプ政権＝アメリカ帝国主義と中国の対立とその性格

中国とアメリカとの経済的、政治・軍事的対立が現出している。この対立は冷戦体制下の対立の復活とはいえない新たな要因を含んでいる。

トランプ大統領のアメリカ国家第一、アメリカ資本第一という公然たるエゴ追求によって、取引相手との貿易・為替・経済戦争が激化している。これは直接には各国の資本＝金融資本による市場争いととらえられる。絶対的対立（相手を倒さなければ解決しえない対立）ではなく、本質的に同質の資本間の利害得失の（相対的な）争いである。

しかし、中国は明確に社会主義強国建設をめざしている。朝鮮、キューバとの協力、南米、中東の社会主義志向の政権と協力・提携している。その点では帝国主義的利害とは本質的に対立する。中国共産党政権が、資本間の相対的利害追求に伴う国内企業の競争力強化―それは労働者・農民の賃金・生活条件抑制を伴う―を、国内労働者・農民の生活・福祉向上目的の経済運営に転換させ、社会主義を現実化させる方向に進むかどうか。この方向に進めば、中国は、米帝国主義中心の帝国主義支配を転換させる主力となるであろう。

と同時に、中国が明確に社会主義確立の方向に政策を転換させたとき（というより中国の労働者・人民が自ら主体として社会主義実現を志向することになれば）、米帝国主義との政治・軍事的対立・緊張関係は深まることになるが、米帝国主義にはもはや戦争でことを決する力はない―米帝国主義支配は絶望となろう。そのとき日本の帝国主義勢力はどう対応するのか。―　問題の解決は、それぞれの国内の労働者・人民の闘いにかかっている。

（注）トランプ政権の性格に関しては、鎌倉孝夫『トランプ政権で進む戦争の危機』（長周新聞社、二〇一七年）を参照。

第三章　現代的賃金奴隷制

崩される八時間労働制 ― 資本主義的奴隷制

第一節　労働規制の自由化

労働時間に規制があること自体が、労働者を縛り、何か自分以外のものに従属させていることではないのか。労働者はもっと自主的に判断し決定できる者にならなければいけない。仮に、不幸なことに過労で病気になったり、自殺するようなことになっても、それは自由の裏に必ずついている自己責任であろう。そんなことで天賦人権たる自由の理念を否定してはならない云々。

新自由主義者の意図する様々な規制緩和策も、たんなる投資分野の拡大ではなく、労働のあり方そのものとなると、労働者の生活を直撃するものとなるので、緩和策自体をある程度緩和するような化粧（健康管理義務や所得制限あるいは休日設定、労働時間の間隔義務など）が施される。それは何度か失敗しながらも、しかし、決して放棄されはしない。世論の反発の風向きを見ているだけだ。その方向は、基本的には二つである。

第一が、個別企業の停滞や全体的な景気の後退局面において、自由に労働者の量的調整が出来るような雇用関係にすること、あたかも景気の悪化の原因が労働者であるかのごとく。派遣社員の分野拡大・期間制約の解除、臨時職員の拡大等で、現在非正規社員の全体に占める割合は、三七パーセントにまで及んでいるが、彼らはそうした調整弁に使われうるわけだ。さらにそれ以上に狙われているのが、正規社員の解雇権である、もっともこのことも実質的に様々な形で現に行われているのだが。

第二は、ここで論じたいのはこちらなのだが、日々の労働時間の規制をより緩和していくことである。裁量労働制（実労働時間ではなく事前に決めた時間分の賃金を支払えばよい）、残業代ゼロ制度（ホワイトカラー・エグゼンプションﾝ、高度プロフェッショナル制度、脱時間給制などといわれている）で労働時間の規制の除外分野が確立され、さらに拡大されようとしている。もっとも現在でも超過勤務を強要しながら手当を支払わない企業が蔓延しているのは、周知のことであるが、まさにそれを法制度上正当とすることが目論まれているのである。こうした諸策は、成果によって賃金を支払うとか、働き方を自由にするとか、労働者の自由のためであるかのごとく宣伝されたりするが、そうした化粧の下の根本動機が「他人を働かす自由」の拡大であることは、隠しようもない。

第二節　八時間労働制は何の否定であったのか

八時間労働制の確立、その歴史的初源のところには、ある制度の否定の運動があった。それはアメリカの南北戦争後の一八六六年、ボルティモアの一般労働者大会で示されたものである。

「この国の労働を資本主義的奴隷制から解放するための現在の第一の急務は、アメリカ連邦のすべての州において、八時間を標準労働日とする法律の制度である」（宣言）

「現在の制度のもとに要求される労働時間の長さは過大であって、労働者に休息と進歩のための時間を残すことなく、むしろ彼をほとんど奴隷制にも等しい隷属状態に、抑圧するものである」（決議）

八時間労働制確立の運動は、アメリカの内戦（南北戦争）の結果奴隷制が崩壊したことを受けて、長時間労働のために生活や健康に害を及ぼす実質的な「奴隷制」として「資本主義的奴隷制」を位置づけ、その否定・廃止運動として展開したものだったのである。睡眠時間が八時間、生活時間が八時間が確保できる八時間労働制が実現されないならば、賃金労働者とはいえ、実質的な奴隷制から解放されない「資本主義的奴隷制」の下にいることになる、というわけである。この課題はきわめて切実なものだった。度重なる暴力的な弾圧をうけながらも二〇世紀になって、八時間労働制が実現されていった。もし八時間労働制が、「資本主義的奴隷制」の否定としての成果であるなら、それの再度の否定は、どのような方向にうごくことになるのか。現代のサラリーマンを文字どおり奴隷に押し戻すことなど不可能だとしても（法的に奴隷制、すなわち人間自体を所有することを正当とすることは出来ないとしても）、過労死や過労自殺の絶えないこの国で、さらにどのような策略が賃金労働者をまっているのか。八時間労働制確立の運動の歴史の初源にあった否定されるべき奴隷制と類比すると、賃金労働者の悪しき方向性について照明をあてることができるのである。忘れてはならないことは、奴隷は物扱いされても人間として労働するものであることだ。彼らは、例えば古代ギリシャでは家政（経済）を支え、ポリスの政治や学問をする一部の人々の余暇を可能にしたし、イギリス植民地アメリカでは、政治権力の基盤としての経済力形成を担い、独立やその後の発展の基盤をつくりだした。こうして賃金労働者と同様に奴隷は労働において社会形成を行っているとしても、もちろん両者には大きな違いがある。それは両者の商品化の成立とその在り方の違いからくるものである。実は賃金労働が労働力の商品化に基づくことを決定的に明らかにした『資本論』は、資本主義的関係とはいえない奴隷制を、対象に含まないにもかかわらず、それについて実に多数の言及がある。その理由は両者の商品化の形態規定の違いにも関わらず、搾取関係の構造的な対応関係があり、いってみれば奴隷制とは誰が見てもよくわかる搾取制度として、賃労働関係に照明を当てることができるものだったことである（実は先の引用も『資本論』からのもの、岡崎次郎訳・国民文庫・資本論二・一三二頁、但し訳文は同じではない、以下同様）。

マルクスは言う、「奴隷売買も、その形態から見れば、商品売買である。しかし奴隷制が存在しなければ、貨幣はこの機能を行いえない。奴隷制が存在すれば、貨幣は奴隷の購入に投ぜられる。逆に買い手の手に貨幣があっても、それだけでは決して奴隷制を可能にするには足りない」（第二巻第一章、同上四・六七頁）。マルクスの議論の要は、商品・貨幣関係によってのみでは人間自体の商品化、すなわち奴隷制は確立しないということである。このことは、もちろん常識で、人狩りや暴力的強制がなければ、奴隷としての商品化もなかったのである。そして賃金労働者も、それが人間自体の商品化ではなくとも、それと類比できるような、自らの創世記があったのであり、そのことが異なった商品化をもたらした。賃金労働者も、「生産手段と労働力との元来の結合を解体した歴史的過程を前提する」（同前）ので、いわゆる「市場経済」によって資本主義経済が確立したわけではない。この解体過程、つまり農奴や小作人や自営農の生産手段であった土地を収奪する暴力過程は、他方ではまた、土地に緊縛された支配服従関係からの「解放」をもたらしたのであり、そのことが商品化のあり方を規定した。さしあたりは、それは流民としての「解放」であったが、ここにはじめて「主人のない人間」が形成されたのである。

奴隷の場合、人間そのものが商品化される。それは主人（たとえば人狩りをする現地商人）から、主人（例えばアメリカへ運ぶ奴隷商人）へ売買される客体であるが、それにたいして「主人のない人間」は、みずからの労働能力を販売する契約主体として近代的産業労働者に転化する。したがって彼らは奴隷と違って、移動の自由、職業選択の自由をもち、何よりも自己の身体の「主人」なわけだ。

『資本論』が奴隷を対象に含まないにもかかわらず、様々に論じたのは、それによって、賃金労働者の規定をあからさまにするためであった。ここではこうした両者の違いと類比を、すなわち奴隷のあからさまなあり方から賃金労働者の基本規定と現状の問題を浮かび上がらせるために、きわめて興味深い奴隷自身だった者が書いた自伝を参照してみたい。

自伝の著者であるフレデリック・ダグラスは、南北戦争前のアメリカ南部に生まれた奴隷で、反抗する知恵をつけるという理由で教育を受けられなかったが、主人に隠れながら文字をおぼえ、奴隷解放後にさまざまに活躍した人物である。この自伝は、邦訳の表題になっているように『数奇なる奴隷の半生』(岡田誠一訳、法政大学出版局、原著は一八四五年刊)が生々しく描かれているものだが、ここでは経済関係にのみかかわる素材として取り上げてみる。

第三節　賃労働者と奴隷の類比

一　生活資料について

奴隷は、自己の賃金で生活資料を買うことが出来ないので、主人から支給を受ける形をとる。「大人の奴隷は男女とも、毎月の食料の割当として、八ポンドの豚肉、あるいはそれに相当する魚、それから一ブッシェルのコーン・ミールを支給された。一年分の衣服とは、目の粗いリンネルのシャツ二枚、同じようなリンネルのズボン一本、上着一着、目の粗い綿布でできた冬用のズボン一本、靴下一足、それに靴一足だった」(同上三一頁)。奴隷労働の産物は、すべて主人の所有とされるので、奴隷が生きるための生活資料を生産するための労働部分も、主人の所有物からの支給という形態で、奴隷の下に戻ってくるのである。この自己のための労働部分が、賃金労働者においては労働力を提供することの代価、賃金の形態をとり、それによって、生活資料が購入されることになる。奴隷と賃金労働者との生活資料の入手の仕方は商品化の違いから異なったものとなるが、共に労働生産物としては自ら生産したものの一部が戻ってくる点は同じである。

二　賃金について

奴隷が賃金を受け取ることもある。それは奴隷が他の主人のもとに貸し出され、労働した場合で、そこで賃金を渡されるのである。「私は今一日一ドル五〇セント手に入れていた。自分で稼ぎ、自分に支払われ、当然自分自身のものだったのだ。だが、毎週土曜日の晩に戻ると、その金は1セント残らずマスター・ヒューーにわたさなければならなかったのである」（同上一三四頁）。奴隷自身がまるごとだれかの財産であることは、たんに法・権利の問題ではなく、まさに暴力的な人身隷属の形態である。主人からすると、「人的資本」の貸し出しとして賃金をむしり取るのは当然ということになる。そして先に述べたように、奴隷は主人から生活資料を支給されるので、主人の利益は、賃金からその分をマイナスしたものということになる。これなどちょうど派遣社員の派遣で派遣社員の受け取る賃金と派遣会社の受け取る利益との関係に類比できる。二〇一五年九月三〇日に施行された改正労働者派遣法では、派遣元が派遣社員を正社員化したうえで派遣させる方式で、無期限に派遣が可能になった。これなど企業が労働者を私有したうえでの貸し出しというべきもので、奴隷の貸し出しに類比できるものである。

三　生活時間について

「彼らはベッドの不足よりも睡眠時間の不足のほうが大変なことだと思うのだ。というのは、畑での一日の仕事が終わると、彼らの大部分は洗濯、縫い物、料理をしなければならないし、それらのどれをするにも、普通の設備がほとんど、あるいは、まったく、整っていないので、翌日の畑の準備をするのに、睡眠時間の非常に多くが使われてしまうからだ」（同上三一頁）。八時間労働制が要求されたのは、まさに睡眠時間及び生活時間の確保が人間の生活条件とみなされたからである。労働時間の生活時間への侵犯は、すでに多くの企業体で通常のこととされており、たとえば、裁量労働制では、さらにそれを正当化した上で超過勤務の費用を節約しようとするものだ。「裁量労働制度の労働時間制度に関する調査結果」（労働政策研究・研究機構、二〇一四年五月）によって一ヶ月の実労働時間をみてみると、一五〇時間から二〇〇時間未満は、通常勤務の場合六一・七パーセント、裁量労働の場合、専門業務型で四二・一、企画業務型で四九・八であるが、しかし二〇〇時間以上となると、通常が三二・六にたいして、専門業務型の裁量労働で五四・八、企画業務型で四四・九と明確な長時間労働が、裁量労働時間制にみてとれる。一日八時間労働を月に二〇日間行うとすれば、一六〇時間となり、二〇〇時間との差の四〇時間以上が毎月残業代もなく、生活時間を奪うものとなっている（裁量労働時間が一日八時間とされた場合）。

四　休日について

奴隷とはいえ休日が全くないわけではない。フレデリック・ダグラスの場合、クリスマスから元日までが休日とされた。休日についてはダグラスの意見が面白い。「この休日は、奴隷にされた人の反抗心を奪い去る避雷針、または、安全弁として役立つのだ。これがなかったら、奴隷は最も荒々しい絶望的な行為へと、駆り立てられるであろう」（同上一〇七頁）。長時間労働を企業が強制し、国家がそれを法的に正当化しても、ある限度を超えて、労働者を「絶望的な行為」に駆り立てるならば、搾取の仕方としても失敗で、この限度内にぎりぎり抑えることが、課題とならざるをえない。過労自殺などは、この「絶望的な行為」が自分自身にむかったものとみなせる。

日本は、先進国のなかで自殺死亡率が一位である（内閣府『自殺対策白書、平成二七年版』参照）。また一五歳から三一歳の若い世代では、死因の第一位が自殺で、男性では四四歳まで一位で、これも先進国では日本だけである。そして二〇歳台の「同居人あり」の有職者の四〇パーセント以上の死因が仕事関係を原因・動機としており、また「同居人なし」では、なんと五二パーセント以上が仕事関連である。ここからは直ちに過労自殺を抽出することは出来ないが、自殺と仕事との強い関連性をうかがうことはできるだろう。仕事と関係ないとされている最大項目の「うつ病」が一七パーセント程度で、その病因も仕事に関係しているかもしれない。新自由主義者の観念からすれば、自殺も自己の責任でおこなったものであり、そこに長時間労働との関連性が見られたとしても、労働時間を管理していたのが労働者本人とされれば、企業としては安心して長時間労働を放置しておくだろう。ここに労働時間規制解除の恐ろしいところがある。

五　資産としての人間

ダグラスも自殺に言及している。「私は、自分がこの世に生きているのを後悔し、死んでしまえばいいと考えるのにしばしば気づいた。自由になる望みがなかったら、私はきっと自殺してしまったか、あるいは、殺されたであろうようなことを何かしでかしたことだろう」（同上六八頁）。奴隷の自殺は、奴隷主の財産として彼らに損害をあたえるものである。では奴隷の値段はどのようにきまるのか。この点はまさに『資本論』の独壇場である。「たとえば奴隷経営をとってみよ。この場合に奴隷の代価として支払われる価格は、奴隷から打ち出されるべき剰余価値または利潤を先取りし、資本還元されたものである」（第三巻第四七章、同上八・三二〇頁）。土地価格が地代の資本還元された価格であるのと同じように（例えば地代二〇年分が土地価格といった関係）、奴隷主にもたらす利潤を資本還元したものということになる。マルクスは他のところで（第一巻第八章、同上三・一七頁）、奴隷は七年間でその生命が消費されると計算されていたことを指摘している。この前提では価格の七分の一、すなわち一四・三パーセントが年々の最低利潤率ということになる。したがって七年以降に奴隷が自殺したり、過労死しても奴隷主に損失が生じないし、それ以上の利潤がコスト以上の純利潤ということになる。恐ろしい計算ではある。

「人的資本」などと言われるが、賃金労働者に賃金を資本還元した（擬制）価格が資本家的な観念として形成されるとしても、労働者自らが自己を丸ごと販売できるわけではない。「無主人の人間」である賃金労働者は、他人の財産となることはないのであり、しかし、それゆえに自殺したとしても企業の責任が明確にされないかぎり、企業財産の喪失はない。まして裁量労働時間制や「残業代ゼロ労働制」の場合では、賃金と交換で一定の仕事量を引き受けたものとされるならば、その仕事にどの程度の労働時間を費やすのかは自己決定とされ、このかぎりでは長時間労働を原因とする自殺も企業側は責任回避の強力な支えをえてしまうであろう。

六　抵抗と逃亡

ダグラスがついに奴隷監督に抵抗する場面がある。「私は闘う決心をしたのだ。そして、行動を決意に合わせるために、私はコヴィ氏の喉をしっかりつかんだ。それから、そうしながら、私は立ち上がったのだ。彼は私につかみかかり、私は彼につかみかかったのである。私の抵抗がまったく思いがけないものだったので、コヴィ氏は不意を打たれたようだった。彼は木の葉のように震えていた」（同上一〇三頁）。興味深いことに、この事件後に奴隷監督によりひどい虐待をうけるかと予想されたが、そのようなことはなかったことである。徹底した抵抗の姿勢が、かれの鞭打ちを控えさせたのである。そしてダグラスはついに「北部自由州」への逃亡に成功する。そしてそこで仕事を得ることになる。「それは、私にとって新しく、汚く、辛い仕事であった。だが、私は喜んでその仕事に取り組んだ。私は今では自分自身の主人だったのだ。それは幸せな時であったが、その時の歓喜は奴隷だった者しか理解できない。それは最初の仕事であり、その報酬はすべて私自身の手に入ることになっていたのだ」(同上一五一頁)。「自分自身の主人」になること、それこそダグラスが夢に見てきたことだ。だが現在の賃金労働者は「自分自身の主人」であることで、しかし「南部奴隷州」に送り返されような悪夢、賃金労働者のあり方のままで奴隷制に近づくような悪夢を見させられているのではないか。

第四節　脱時間給制の「真理」

「自分自身の主人」であることは、基本的に契約主体としての賃金労働者であるかぎりでは実現している。この点は、奴隷と決定的な違いであるにもかかわらず、類比関係が成り立つのは、契約の結果販売したものが人間の能力としての労働力だったからである。つまり仕事現場ではこの労働力の使用の権利が資本の側にあるからである。

労働者は労働の結果を、労働する以前に目的として表象する。この点は、どのような生産関係の下にあろうとも共通したことで、マルクスがそれを人間の特性として描いた理由でもある。労働者を従属させることは、労働者の労働における目的表象をさらに資本家的な目的に従属させることである。この二重性の下に労働者は質的にも量的にも規定された労働を、労働力の使用価値の使用として遂行するわけである。賃金労働者は、自己の賃金で生活資料を購入するという場合（奴隷において支給されるもの）、賃金は資本の側が負担する「労働コスト」であるが、それによって要求される支出労働量（労働密度と労働時間）がそれ以上のものであることが資本の利潤根拠になる。しかも賃金イコール貨幣を媒介しているために、資本の負担する「労働コスト」と労働者の負担する支出労働量とが等置されたものとイメージされることになる。つまり、一定の仕事を自己の賃金と交換で契約したように現れるわけである。したがって同じ「労働コスト」を支払うとすれば、より多くの「労働量支出」を要求するのが「主人資本家」（マルクス『資本論』三、四四八頁）の役割、すなわち資本の価値増殖のための監督者・組織者・権力者の役割である。

厚生労働省によると（二〇一五年一一月調査）、重点監督の対象の五〇三一事業所のうち、四六パーセントに当たる二三一一事業所に違法残業があった。過労死ラインの月一〇〇時間を越すものが七九九事業所（一六パーセント）、賃金不払い残業が五〇九事業所（一〇パーセント）であった。また連合のシンクタンクの「連合総研」の二〇一五年九月における二〇〇〇人の非管理職を対象にした調査で、三五パーセントが不払い残業をしたとのことである。

仮に超過勤務手当がちゃんと支払われているとしよう。それならばその分人を雇えばいいのではないか、という常識は通用しない。超勤の恒常化とは、超過勤務手当を含めての賃金によって労働力の再生産が出来る水準に、賃金単価を低く抑えることが可能なのであり、ここに企業にとっての残業の意義がある。まして超勤手当を支払わない、とすれば一石二鳥だ。また裁量労働制では、例えば一日の賃金を八時間に二時間の残業分とみなすとすれば、あらかじめ残業が基本賃金に含まれており、それが労働力の再生産の賃金水準を形成し、さらにそれ以上働いても超勤手当は付かない仕組みである。

八時間労働の規制が解除されるならば、労働者は、労働力利用を販売したその一定時間の限定性がはずされ（解放され?）、一日すべてを労働日としたのとおなじわけであるが、それだけではない。裁量労働制に様々な「模倣犯」が侵入してくるのだ。今のところその制度には専門的な業務（例えば研究開発やデザイナー、証券アナリスト等）と企画業務という限定があるが、そこには幾分なりとも「出来高賃金」が成り立つような自主性の要素があるが、これに便乗して指揮命令に服す型の業務にも、裁量労働制を不当にも適用することが、平然とおこなわれている。それは超過勤務手当部分もあらかじめ賃金にふくめるかたちをとって長時間労働を強要するのだが、実はこの方が事柄の「真理」を示している。つまり特別な労働種類と思われるような裁量労働制の「真理」は、一般的なサービス残業の法的な正当化であり、自主性が発揮される労働分野などの限定性は、八時間労働制を解除するために「労働改革」という形をとった過渡的な策略に過ぎない。したがって次に財界や政府は、裁量労働制の対象分野の拡大ばかりでなく、年収規制を条件とするいわゆる脱時間給制をめざしている。これも一度法律になれば、年収の最低限度をじょじょに下げていくだろう（最初経団連は、年収額の下限を四〇〇万円とする条件を考えていた）。

第五節　現代の奴隷制

かつて社会主義には自由がないという攻撃に対して、当時の社会主義者は、そう、資本主義には失業する自由があるさ、と皮肉を言ったりしたものである。しかし現在、過労死や過労自殺にまで追い込まれようとしているときには、賃金労働者には会社・企業体をやめる自由があるのだから、そこまで無理をすることはない、と皮肉でなく言えるのかもしれない。この点が賃金労働者と奴隷との決定的な違いとなるからである。

現在、人間そのものを所有することを法的に認めている国はないであろうが、『グローバル経済と現代奴隷制』（ケビン・ベイルズ著、大和田英子訳、凱風社、原書は二〇〇〇年刊）によると、現在でも二七〇〇万人の奴隷がいるとのこと（この数字は、かつてアフリカ大陸からアメリカ大陸に連れられた奴隷の総数が一二〇〇万人と推計されていることからすれば、驚くべきものである。また日本にも八万人いるとされている）。その多くは、いわゆる債務奴隷である。債務奴隷は、単なる債務を負った労働者ではなく、債務の返済が完遂できないように、あらかじめ「制度設計」された人身隷属者である。例えば彼らの住居費等の生活費が彼らの収入以上に設定されていて、先の著書に記録された証言をひくと「いつも借りが稼ぎより先に行くって寸法よ」というわけで、労働をやめることができない。あるいはまた労働者が不利な状況で結ばれた契約によって拘束をうけている。さらに債務奴隷には必ず逃亡を阻止する暴力支配や買収による公権力の利用が必要で、こうした点が単なる債務を負った労働者と違う点だ。だが債務があったり、なかったりの賃金労働者は、彼らが自由な契約主体だといっても、その生活現実において、病気になったり、自殺に追い込まれるまえに、果たして奴隷と違ってぎりぎりのところ、やめる自由を行使できるのだろうか。暴力を含んだ経済外的強制ではなく、法律的・経済的支配力に対して、自己選択できるのだろうか。

逆説的に見えるが、先進国では賃金労働者が自ら自由な主体であると考えるほど、その従属が深まっていく面がある。

企業としては労働者が企業活動において主体的に働き、その成果を配分されるものと見させたいのである。そうすれば労働者は過酷な条件下の労働の過程でも「主人のいない人間」として企業活動に参加している「協力者」ということに思えるからである。しかし労働者は労働力を商品として販売した代価として賃金を得るのであって、労働力の使用の結果としての成果から所得の配分を受けるのではない。労働力は成果に対する手段にすぎない。例えば、現在膨大な額に達した内部留保（三五四兆円）が賃上げに配分されることはない。それは賃金支払い後の成果として、本来株主に分配すべきものを積立てた資金なのである。企業は今日成果主義で労働者を自主性と自己責任とに追い込んでいるが、成果主義とは、一言で言えば、労働者の集団的な交渉力ぬきにも、賃金その他の労働条件を個人的に改善できる（他の労働者と差をつけることができる）という考えであるが、別に成果配分というわけではなく労働コストの枠内部で労働力の価格に差をつけようということである。むしろこのコストの節約にポイントがあることは、不正会計で危機に陥った某大企業が全社員に成果主義を適用しようとしていることにうかがえる。

こうした成果主義も、また裁量労働制や脱時間給制も偽装された主体化の一環である。その実態が労働時間の延長、労働密度の強化による労働コスト、さらに監督コストの企業負担の節約であっても、労働者の自主的な決定であるとすれば、労働者は自由であり、自己責任なのだ、と。そう思ってもらいたいのである。労働者側が仕事量自体を管理することが出来ないかぎり、労働者は契約主体として「自分自身の主人」として、どの程度の労働時間を投入するのかは労働者の自主決定だとしても、労働力を販売した結果として、むしろ徹底的に従属する者以外であることはできない。誰に従属するのか。直接には自由・自主・自己責任が強調される「自分自身」に従属するのであり、それは観念的な他者化として、「主人資本家」を体現し、彼に代わって自己を監督し、また必要に応じて自分自身を鞭打つ者でもあるのだ。

奴隷には自身の権利が一切承認されていないので、労働の命令ばかりでなく，その反面たる私的な生活時間も主人の命令によって崩されてしまう。ただし奴隷にあまりに苛酷な命令をすると、病気になったり、死んだりして、奴隷主自身の財産が失われてしまう。これと似た関係がある。これまで日本資本主義は、子どもを生まないわ、結婚はしないわ、年配者の比率はふえるわ、つまり長期的な意味で労働力の再生産を困難にする体制を作り出してきてしまった。それは賃金水準の問題とは別に、二重の意味での「時間泥棒」の自業自得的な成果というべきものだ。すなわち一方で不当の超過利潤を得ようとする労働時間の「泥棒」ばかりでなく、他方で長時間労働による生活時間の「泥棒」の成果というべきものだ。それはただ労働時間の長さに対応して生活時間が減少するだけではない。週日の睡眠不足のために休日を寝てすごしたり、精神的肉体的な疲労の回復に時間をとられ、人間らしい生活時間がとれなくなったりするのである。あるいはまた本当は残業としてカウントすべき仕事をやむをえず、家に持ち帰るばあいも、まさに生活時間の侵犯を引き起こしている。しかし犯罪と判っても利益追求した方が、そのことから生じる法律がらみの費用のマイナスよりもよいとする悪逆の徒は、ひきもきらない。にもかかわらず政治の側がこれまでの違法行為を法的に正当として扱おうとしているわけだ。

奴隷と違って労働時間に限定があることで販売可能となった労働力が、労働過程において主体化されることにおいて、労働時間の限定や生活時間の確保のいわば自主的な侵犯が強いられるならば、一九世紀の労働運動が宣言したように「資本主義的奴隷制」というほかない。しかしこうした主体化は、その反面として、労働者への「主人資本家」の依存性と同時に、労働者自身が目的表象を目的的に設定するという課題を示すことになるだろう。

第四章　金融政策の迷走と欺瞞

中央銀行による金融政策は資本主義の延命装置たりうるか

はじめに

いわゆる、ソビエト・東欧「社会主義」圏の崩壊以降、国際的な資本主義・帝国主義の支配に対する労働者・民衆の抵抗力の喪失・弱体化傾向のなか、全世界的に資本主義は暴虐の限りを尽くしている。

資本の剥き出しの利潤追求によって、その危機が常態化している国際金融市場を瞥見すれば、かつての金本位制度においては、通貨供給量が当該国の金準備量に制約されていたことにより、主要経済政策として金融による「景気安定化」策が期待されることにならなかったのとはうってかわって、現代の管理フロートによる国際通貨制度の下では、グローバルな景況悪化、その長期化に対応して、「資本主義の体制維持」策の有力ツールとして金融政策が用いられるようになっている。

しかしながら、金融政策と財政政策の負の連鎖関係により、資本主義体制の危機はより深刻なものとなっているのである。

第一節　金融資本の救済

リーマンショクにおける全世界的な当局の対応が典型的として記憶にあるが、政府・中央銀行はパニックによる社会的破綻・国際的な金融危機の伝染（コンテイジョン）の回避のために、直接金融独占企業に資本投入して経営を救済するといったことが、今日では当然のごとく行われるようになっている。

金融危機の深刻化に対して、財政資金（税金）の投入により、不良債権等を抱え込んだ金融機関をはじめ関連する私的資本家的企業を救済する、これを賄う資金は国債増発により財政危機・ソブリン危機、対して中央銀行による財政ファイナンス（マネタイゼーション）＝実質的な国債引き受けといった、結果的に、財政政策と金融政策が負の連鎖関係の様相を呈することになっている。

他方、各国内通貨体制がユーロ圏に象徴されるように「最適通貨圏・地域」に拡大しており、個別の国・通貨圏の中央銀行の金融政策・為替政策（公式見解では米国などに代表されるように強い通貨は国益と唱えながらも、本音ではデフレ対策等を迫られ、当該通貨・為替レートの減価を志向しているのは間違いない・近隣窮乏化政策）が、対外的にスピル・オーバーして予測不能の相乗効果や弊害をもたらすことにもなっている。

そのために、主要中央銀行の国際協調（既に、財務相・中央銀行総裁会議＝Ｇ７は、政治的影響力は形骸化してセレモニー化しているが）による異常な規模での流動性供給策等による、資本主義経済の終わりなき補完が必要不可欠となってもいる。

それは、商品経済的市場競争原理を体現した今日の金融資本の運動（証券・擬制資本の膨張）、ヘッジファンドに代表される投機による自己目的化した値鞘稼ぎが、実体経済を撹乱し次々に金融バブルを招来し、必然的に、金融市場の崩壊をも免れないものになりつつあるのである。だからこそ巨大金融資本の経営危機に際しては、国家資金の直接的投入、不良債権の国家による買い上げ処理による救済が不可欠となる一方で、福祉・公的事業支出削減・増税により、そのもっとも悲惨な被害を蒙る労働者・民衆は窮乏化に追い込まれるばかりである。

第二節　金融資本の国家利用・社会支配

多国籍化した金融資本（産業資本と銀行・証券等の固有金融領域を支配する資本が癒着し一体化した）は、新自由主義徹底化のもとで、各国の政治・政策を都合良く利用しつくしている。

この金融資本は株式・証券等（債券・金融デリバティブ）の擬制資本と利潤（剰余価値の現象形態・労働者の労働搾取によるもの）を生産している現実資本に二重化しているが、現実資本部門が当該資本運動の基礎であることを見失ってはならない。とは言っても、今日においては、一段と株式・証券等の擬制資本の側面が現実資本の運動（実体経済）を左右するようになっているのである。

各種証券の価格は、例えば株式価格（それぞれ定式化した算出等で理由付けし）であれば、現実資本による利潤形成がその根拠となるが、これから遊離した、市場での価格発見こそが圧倒的に優勢、絶対視され、あたかも株式の「市場価格」はそれ自体自立したかのように運動し、「犬の尻尾（金融部門）が頭（雇用・生産部門）を振り回している」たとえ話しのごとく、現実資本の運動を動かしていると言えるまでになってしまっている。まさに、絵空事の株価至上主義と言えなくは無いだろうか。

それ自体に根拠を持っていない収入がその収入を（利子とみなして）生み出す源泉（元本）があるかのように擬制されて、金融工学により作り出され（価格算出の理由付けがはなはだ疑わしいものまである）擬制資本化された各種膨大な証券類（金融デリバティブ）が実需の価格変動リスクのヘッジの要請を引き受けているとは全く言えない。ヘッジファンドに代表される投資ファンド等による投機の対象として組成・市場内外で売買されている。それら証券類他、株式・国債・外国為替投資によって利潤を獲得する投資資本が、今日の金融市場の主役として存在を誇示ししているのである（年金勘定等の莫大な資金が格好の餌食となるのは合点がいくことである）。

第三節　金融資本による収奪

そもそも、擬制資本の市場は、労働・生産過程とは関わり無くその外部に形成されており、投資ファンド等の投機の期待収益は、あくまで再生産過程の外部でのキャピタル・ゲインの獲得でしかない。

よって、その収益に資金供給力は無く、現実資本（産業資本）の剰余価値生産を社会的に増進するための資金形成をもたらさないどころか、投資ファンドの短期金融市場からの投機資金の調達（レバレッジを効かせて短期調達して長期国債購入、それを担保に再び短期資金を調達し、それをまた投資するといったことで重層的に値鞘稼ぎをする）は、放置しておけば貨幣供給逼迫を促し、利子率の上昇が不可避となる。

まさに、「バブル経済」そのものであるが、中央銀行による、実体価値から乖離した資産価格高騰に対する予防策の可否に関して、グリーンスパン元FRB議長と国際決済銀行の間では介入時期についての見解の相違・議論があったにせよ、金融バブル崩壊後の対処・沈静化のためには無制限の流動性の供給策しかないというのがコンセンサスとなったことからも分かるように、いつの時点であっても過剰流動性の吸収は（日銀の資金吸収オペが行われたのはいったいいつのことだったただろうか）、即バブル崩壊の引き金を引くことになるのが明らかなため、金融緩和（資金「量」の供給）の出口政策が見えなくなっているのが現状である。

第四節　現代の景気対策の中心は、財政政策よりも金融政策となっている

主要国当局（財政・金融・通貨）は、前例のない規模と手段で金融政策を発動しているものの、所詮は対症療法に過ぎず、現代資本主義経済体制の脆弱性が一段と際立つばかりで、政治の混迷とも相俟って国家的統合の危機、商品経済的統合の軋みは社会不安をも醸成している。

余談で指摘しておきたいのは、格差社会拡大等の今日の社会状況を見るにつけ、さすがに体制内リベラル派からも、対する異議申し立てとして「牧歌的な産業資本主義」をイメージしているフシのある、二一世紀型の「資本主義」といった主張も散見されるが、資本主義を前提とする以上、展望が無いのは言うまでも無い。

改良・構造調整に頼っても、根本的な解決・事態の好転は望むべくもないのは明らかであり、止め処なく噴出する不安定要因への対応は後手に廻るばかりとなっている。

にもかかわらず、中央銀行の金融政策（本来、中央銀行による金融政策は景気安定化に過ぎず、潜在的な経済活動や長期的な雇用の水準をコントロールすることは出来ないというのが、アカデミックなコンセンサスであるはずなのだが）に依拠せざるを得ない手詰まり状況を、日銀の論理的整合性を失っている金融政策の決定から見てみたい。

第五節　資本主義国における中央銀行

今般のグローバルな金融危機を背景にして、日本においては日銀による景気浮揚とデフレ脱却を意図した金融政策について、その問題点を簡潔に指摘してみたい。

前置きとして、金融政策のテキスト的な解釈として、主要資本主義国における「中央銀行制度」が、現代の銀行システムの完成型・先進的制度とみなされているものの、反面で、中央銀行の意思決定機関（日本銀行では政策委員会・金融政策決定会合での合議）は、政治権力から独立したテクノクラートの集団を自他共に自認しており、選挙や国民審査による選任・信任の手続きを経ることもないままに（日銀の政策委員会メンバー＝総裁、副総裁・審議委員は、

衆参両院の同意を経て内閣が任命する、国会同意人事ではあるが）、極めて高度な政治的領域の判断にまで踏み込んでいるのが、主要国の中央銀行の実態であり、まさに中央銀行の第四権力化とも言える。

日本銀行法では、「通貨及び金融調節の理念」として、「日本銀行は、通貨及び金融の調節を行うに当たっては、物価の安定を図ることを通じて国民経済の健全な発展に資することをもって、その理念とする。」（法第二条）と定められている。

しかしながらそれは、安保法制でにわかに俎上に載った「近代立憲民主制」に、「市民社会」「市場経済」を基盤にしての市民社会的関係が、階級関係を隠蔽するところの非階級的商品形態による一元的な包摂により統合される範囲において支配階級内での政治的な中立性を中央銀行に付託したところの責務に過ぎないのである。

日銀に限らず、米国の連邦準備制度、ユーロ圏の欧州中央銀行、英国のイングランド銀行といった世界資本主義を領導する国・地域を管轄する中央銀行にとっての本質的・究極的使命は、先ずもってして資本主義経済体制の維持・その崩壊を阻止すべく（今日では一日でも崩壊の先送り）人類前史から次期社会・経済体制を隔てる扉の前に立ち塞がる門番としての役割を担っているのが本音であり、その意味では、断末魔の叫びを上げる現代資本主義の存亡に命を賭しているのが実際のところである。

資本家と労働者の関係に立ち返って、労働者の視座からみれば、中央銀行が「近代立憲民主制」「市民社会」「市場経済」の三点セットに立脚したブルジョア民主主義を隠れ蓑として中立性を装い、インフレ率とGDPギャップの安定化を政策目標にし、マクロ経済の健全な発展と社会的経済厚生の改善といった美辞麗句をもっともらしくかかげようとも、労働者の利益に敵対的であるのは明白である。

今日的にはデフレ対策であるが、過去の歴史を見るならば、例えば物価の安定といったところで、資本家・支配階級にとってのそれは、インフレ政策による実質賃金切り下げ策動であった。

一　主要資本主義国・日本の中央銀行

ひるがえって、日本銀行において合議制の政策委員会・金融政策決定会合のメンバーである、総裁、副総裁及び審議委員（六名＝産業界枠三名、女性や邦銀業務経験者からの選任等々のこれまでの慣例も今般の安倍政権によって政府の意向に忠実な新任・恣意壟断人事が際立っているが）には、労働者の代表など元よりおらず、彼らの日頃の言動（立ち居振る舞いや性格も含めて）・会見コメント、論文等をつぶさにウォッチすることで（あくまで人間が思考して決定している）金利操作等については、ある程度予見できるというのが経験則に適っているし、マーケットとの対話といった観点からしても重大な政策変更の前には市場参加者に対して地均しがなされるのが通常なのだが、この間の日銀の黒田総裁（元財務官・アジア開発銀行総裁歴任）・岩田副総裁（キャンパスエコノミスト）、審議委員の一部は（個人的見解であっても、とんでもない経済理論を開示するなど）、それまでの意見表明を容易に反故にし、論理的に矛盾・破綻しているとしか言えない発言・議論を繰り返しており、その不見識には呆れ果ててしまうというのが実情である（ロジカルな指摘・批判は空しいのでひかえるが、二〇一六年二月二三日の衆院財務金融委員会の黒田総裁の答弁では、マネタリーベースの積み上げイコール物価上昇とはならないと取れる発言もしており、異次元の量的金融緩和策の理由付けはいったいどうなっているのか）。

二　日銀によるマイナス金利政策導入とその後の日銀オペと債券価格状況

ここで直近のサプライズ感のあった、日銀の金融政策の「変更」、「マイナス金利付き量的・質的金融緩和」の導入の決定（二〇一六年一月二八・二九日）と、それでも相変わらず実体経済・景気の安定成長経路からの下方乖離は止まず、金融市場の制御・操作が不可能であるのに変わりがない。

一月二八・二九日における、金融政策決定会合での決定内容を改めて確認する（『』が公表文から抜粋）。

『二％の「物価安定の目標」を出来るだけ早期に実現するため』として、『「マイナス金利付き量的・質的金融緩和」を導入』が決定され、『今後は、「量」・「質」・「金利」の三つの次元で緩和手段を駆使して、金融緩和を進めていく』というものである。

そもそも、黒田日銀総裁が就任早々の二〇一三年四月四日の金融政策決定会合（以下、「会合」）当時の公表文での『消費者物価の前年比上昇率二％の「物価安定の目標」を、二年程度の期間を念頭に置いて、できるだけ早期に実現する」』といった文言が四年経っても未だに残っていることが何をかいわんやでもあるが、ついには「マイナス金利付きの量的緩和」策だということである。

マイナス金利の導入とは、『日本銀行当座預金に▲〇・一％のマイナス金利を適用…当座預金を三段階の階層構造に応じてプラス金利、ゼロ金利、マイナス金利を適用』ということである。

三つの次元というのは、「金利」＝マイナス金利、「量」

＝マネタリーベースが、年間八〇兆円相当のペースで増加するよう、市場調節を行うということで、この部分が「会合」決定のいわゆるディレクティブ部分（執行部から実務担当者・事務方への指示）として、日々の金融市場において金融政策の操作目標になる。「質」＝資産買入れ（長期国債・ＥＴＦ・Ｊ-ＲＥＩＴ・ＣＰ等）である。

　さらに、「マイナス金利」の導入について、『…当座預金金利をマイナス化することでイールドカーブ（1）の起点を引き下げ、大規模な長期国債買入れとあわせて、金利全般により強い下押し圧力を加えていく。また、この枠組みは、従来の「量」と「質」に「マイナス金利」を加えた三つの次元で、追加的な緩和が可能なスキームである…「マイナス金利付き量的・質的金融緩和」のもと、二％の「物価安定の目標」の早期実現を図る。』と説明している。

注

（1）利回り曲線、償還までの残存期間と最終利回りを横軸と縦軸にグラフを描いたもの。残存期間が長期ほど利回りが高いのが通常であるので右上がりになる。

　ここで、二％の「物価安定の目標」の達成時期について、これまでの日銀の見解を振り返っておけば、一三年四月「会合」での「異次元緩和」導入時の『消費者物価の前年比上昇率二％の「物価安定の目標」を、二年程度の期間を念頭に置いて、できるだけ早期に実現する』から、一五年四月、一五年一〇月、一六年一月、一六年四月と、物価安定の目標達成時期の目処を先延ばしにして、現在は一七年度中としており、量的緩和の副作用（大量の長期国債の買入れの出口政策も不透明であり）を看過したまま、いつまで「早期」と強弁すれば気が済むのであろうか。

　唐突感のある今般のマイナス金利の導入については、賛成五反対四の僅差の票決であったが、総裁、副総裁二名の三票が執行部側として一致するのが当然とすれば、審議委員では、在任期間が短い二人が賛成、これまでの議論を踏まえてそれなりに意思を貫ける四人が反対という見方も出来なくもないだろう。

　「公表文」の付記及びその後に公表された「会合」議事録要旨から、「マイナス金利」導入に限定して、賛成と反対の意見はどのようなものであったかというと、

［反対意見］

　「量的・質的金融緩和」の補完措置導入直後（2）のマイナス金利の導入は資産買入の限界と誤解されるおそれがあるほか、複雑な仕組みが混乱・不安を招くおそれがある、

一段のマイナス金利の引き下げへの期待を煽る催促相場に陥ること、金融機関や預金者の混乱・不安を高めること…」（白井委員）

注

（2）二〇一五年一二月一八日の前回の「会合」で「量的・質的金融緩和」を補完するための諸措置の導入を決定。

「マイナス金利の導入により、国債のイールドカーブを引き下げても、民間の調達金利の低下余地は限られ、設備投資の増加も期待し難い…」（石田委員）

「マイナス金利の導入は、マネタリーベースの増加ペースの縮小とあわせて実施すべきである…」（佐藤委員）

「マイナス金利の導入は、国債買入れ策の安定性を損ねたり、金融システムの不安定性を高めたりする問題があるため、危機時の対応策のみとして妥当である…」（木内委員）

［賛成意見（多くの委員の意見として）］

「マイナス金利付き量的・質的金融緩和」の導入について、物価の基調に悪影響が及ぶリスクの顕現化を未然に防ぎ、二％の「物価安定の目標」に向けたモメンタムを維持するため、その導入が望ましい…「量」・「質」・「金利」の三つの次元で、追加的な金融緩和措置を講じることが可能となるほか、マイナス金利を導入することにより、イールドカーブの起点を引き下げ、大規模な長期国債買入れを継続することとあわせて、金利全般により強い下押し圧力を加えることができるとの見解を示した。このうちマイナス金利の導入に当たっては、当座預金の付利金利を当初はマイナス〇・一％とし、今後、必要な場合、さらに引き下げることが望ましいと述べた。

どうやら「マイナス金利」導入ありきで、執行部側がなり振りかまわず押し切った模様であり、そこまで追い詰められているのかといった印象が否めないばかりか、まだまだやる、マイナス付利幅の拡大もあると読み取れるのであるが、反対意見も入口の議論では当然な疑義であり、賛成側の説明はその裏付けが判然としないのではないだろうか。

因みに、日銀公表「業態別の日銀当座預金残高」（積み期間一六年四月一六日～五月一五日）速報値によると、補完当座預金制度（日銀当座預金等で、それぞれの階層に応じてプラス金利、ゼロ金利、マイナス金利を適用する制度）適用先金融機関合計の、マイナス金利適用残高は、二一・二三兆円、ゼロ金利適用残高四五二・三二兆円、プラス金利適用残高二〇九・三六八兆円となっている。

そもそも、マイナス金利の導入により、デフレ均衡からの脱出・物価安定の目標二％上昇を「早期に」達成する効果が強まるのであろうか。さらには、民間貸し出しが促進されることになるのであろうか。

そこであえて、マイナス金利導入を了承する民間銀行の収益をおもんばかってみるならば、ここは「量」である長期国債購入の削減（佐藤審議委員の反対意見にもあったテーパリング＝量的金融緩和の縮小）と併せての政策変更が妥当となるのではないだろうか。テーパリングが市場取り引きで織り込まれれば、さすがに短期金利は力技で下押ししたとしても、長期金利は上昇することになり、イールドカーブの形状をフラットからスティープニングと（右上がりに立ってくる）した方が、貸付け金利での利鞘稼ぎには好むべく方向であろうし、ましてや、民間企業に銀行が新規融資を実行したところで、先ずは当該銀行内での勘定の付け替えでしかないので当座預金残高の削減にはならず、超過残高削減のため貸し出しに積極的になるインセンティブは無いと考えられるのである。

そもそも個別の民間銀行としては当座預金残高削減のためには（日々の資金需給の手当てにおいて、有担保・無担保別とか無視しても、超短期貨幣市場での貸し借りで、マクロ加算残高に余裕がある銀行は、超過残高でマイナス金利が架せられる銀行からの資金の取り手としてマイナス〇・一％より高い金利を受け取り、資金の出し手はマイナスでも金利支払が日銀のマイナス幅よりは有利となるといった裁定取引きも散見できるが）、財務省発行の国債等に応札・購入（保有分の償還でも当座預金残高は嵩むので、再投資が迫られる）、民間企業の社債・ＣＰの買い入れ保有（民間銀行間での当座預金残高の移行でしかないだろうが）に積極的になるしかないということである。それはまさしく、債券需要過大・債券価格上昇・金利低下圧力による債権バブルの醸成、それも日銀の金融政策に起因しての、債券市場でのことである。

一月「会合」直前、黒田日銀総裁の国会答弁（「現時点ではマイナス金利を具体的に考えていない」一月二一日の参院決算委員会、一週間で政策変更にたる知見に達したということか）もあり、マーケットとの対話（今更言うまでもないことだが、政策効果の思惑からサプライズを意図したとすればこの場合は、中銀のトップの言動・振る舞いとしてはあまりにもお粗末）という観点からしても拙速であり、別段の急迫的要因・心理的焦りがあったのではないかと推察するところである。

そもそも論として、マイナス金利付き「量的・質的金融緩和」導入によって、どのような政策波及経路（パス）で、二％の「物価安定の目標」を「出来るだけ早期に実現する」ことになるのかの説明が公表文からは容易に了解出来るものでもない。

他方、これまでの「量」＝マネタリーベース（日銀の定義では「日本銀行券発行高」＋「貨幣流通高」＋「日銀当座預金〔二八一・一兆円〕」・五月二日現在三八二・八九兆円）が、年間約八〇兆円に相当するペースで増加するよう金融市場調節を行う、という政策の効果測定もどうなっているのであろうかというところであるが、岩田副総裁の就任（二〇一三年三月二〇日）当初から主張の理論モデルによれば、既に年率二％の物価上昇を達成しているはずではないのか。

岩田副総裁の主張はこうであった。長期国債、他の買入れによる資金供給により、名目金利は低下し、「量」＝マネタリーベースの増加は銀行貸出しの増加、貨幣流通量増加の予想は期待インフレ率上昇、名目金利低下・期待インフレ率上昇により実質利子率が下落することで実体経済に好影響（収益率に満足のいく投資案件が無くてもそうなるのであるか疑問があるが）となる、インフレ期待上昇により、安全資産よりインフレに強いリスク資産・不動産等々に資金が移動するとして（ポートフォリオリバランス）株価等が上昇、さらには円安、輸出増ということであった（岩田日銀副総裁・二〇一三年一〇月一八日・講演「量的質的金融緩和の目的とその達成メカニズム」テキスト参照）。今日の株価至上主義・円安誘導は、まさにその通り達成していると言えそうであるが、インフレ期待は思惑通りに操作出来ないのが明らかとなっている。

単純に考えても、日銀に当座預金を保有する金融機関が金融政策の言いなりになるがごとく「量」の増加に応じて、資金量を当座預金に積み上げてきたのに（これまでのプラス〇・一％付利から、逆に一定限度を超過すると）マイナス金利を架せられる（当然ながら一日平均六・八二兆円程度＝同時・後積み混合方式で算出の所要準備は〇％、基礎残高＝従来の超過準備残高にはプラス〇・一％、さらにマクロ加算残高は〇％、それを上回る政策金利残高があればマイナス〇・一％）という、政策的な整合性に疑問があるばかりでなく、迷走してさえいる。

それは、公表文をそのまま読めば、金融政策の操作目標はあくまで「量」＝マネタリーベースの積み上げ年間八〇兆円ペースは維持せねばならず、一方でその「量」に、マイナスの政策金利残高設定という措置が追加されたことからすると、マイナス金利政策の追加は矛盾が否めず、窮地の奇策の様にも思えなくないが、将来の「量」の政策の取り下げ、手のひら返しのような「量」の政策の放棄（誰が責任をとるのだろうか）のための前触れといった解釈が成り立つ余地もあるとすると邪推だろうか。

さらには、二%の「物価安定の目標」を出来るだけ早期に実現する、と今般公表文でも宣言しておきながら、現行の資金供給の増強（国債、リスク性証券の買いオペ額の増加は無く）がなされなかったということも、「量」の政策では満足な効果が得られないとの認識が潜在的にはあり、その見方からも「金利」政策へのシフトと先読みされても仕方ないのではないかと思えてならない（そのためには総裁、副総裁は辞任して責任を取るしかないかもしれないが）。

三　マイナス金利の戯画化による想定

ここで、マイナス金利が文字通り庶民の生活で実施されるようなことを戯画化して想定してみよう。

そもそも、マイナス金利ということは、お金の借り手が貸し手から利子を受け取るということになる。莫大な累積債務のある日本国政府は今後は借金をすればするほど利子収入があるということになるのである。それは、民間から政府への所得移転に他ならない。

また、個人の預金金利もマイナスとなるかどうかであるが、現実可能性は極めて低いだろう、何故ならば個人預金者の行動を考えれば、マイナス金利分目減りするのであれば、止むを得ない決済用の残高以外は銀行預金口座から引き出されてしまうだろうし、民間の商業銀行として預金流出を避けるために預金へのマイナス付利は躊躇せざるを得ないのではないだろうか。

他方、銀行からお金を借りられるとすると、貸出金利もマイナスとなったとするならば、例えば一億円借りられれば（預金してマイナス付利にならないように保管しなくてはならないが、預金金利≪貸出金利）、マイナス金利が○・一%であれば、そのまま持っているだけでも期限が来て元金一億円返済しても一〇万円の収益となる訳で、ただ現金保管するのでなく、借りた現金・円を、ドルやユーロといった流動性の高い通貨からリスクの高い高金利通貨等々、いわゆる円投（キャリートレード）をすれば、さらに収益機会があることにもなり、単純な思考実験だけでもこのようなことを皆がこぞってはじめたらどうなるのかといった不可思議な風景が思い浮び、非現実的なのは明らかのようだ。

仮に、貸付資金もマイナス付利で実行されたとしても、実体経済の新規の資金需要が低い以上、現実資本にとっては、たとえ（設備等）投資資金融資であっても、債務（過去の投資需要）の借換えとなるに過ぎないのではないだろうか。

四　黒田日銀の迷走

黒田日銀総裁就任直後からの金融政策を単純明快に概括すれば、「異次元緩和」「黒田バズーカ」のかけ声で勇ましいのだが、デフレ均衡からの脱却に結果の出ないなかで登場し、経済を安定成長経路に復帰させねばならないと切羽詰ったあげくの妙案が、マネタリストの理論に依拠してのリフレ政策であり、マネタリーベースを膨張させ、期待インフレにはたらきかけ上昇させるというものであった。放っておけばデフレ均衡からデフレスパイラル突入必至の状況において、経済の安定成長経路への復帰を目論むにしては、実体経済に対する通貨供給の効果を根本的に見誤った「とんでもマネタリスト論理であった」と言って差し支えないであろう。

長期国債大規模購入・円通貨供給、大幅な円安、輸出ドライブがかかり輸出増加・輸出企業の業績好転、景気好転、半面で円安により輸入物価上昇、国内物価上昇、国内企業の業績上昇・賃金上昇といった好循環シナリオであったが、そうはなっていないのは明らかである。

そこで、マイナス金利の導入によって、円と対外金利差拡大によって一段と円安圧力が強まれば、輸出増・輸入物価上昇による国内物価押し上げ圧力といった想定をしているのであろうが、効果があっても一時的であろうし、さらなる失策の上塗りは免れないであろう。

五　マイナス金利となっている国債市場

さすがに個人の預金金利はマイナスにはなっていないが、短期金融市場から国債市場まで、マイナス金利取引対応モード（システム的・値付けとして）となっている。

特に、国庫短期証券の価格変動は荒っぽくなっている印象であり、日銀オペにおける当該証券の買入での基準利回り（3）との関連もあり、直近の例として、財務省の国庫短期証券入札結果（4）と日銀の国庫短期証券買入オペの結果について確認する。

注

（3）国庫短期証券の日銀オペ入札では、売買希望利回り格差分が差益となる。

（4）国庫短期証券は、割引債（ゼロクーポン債）であり、利息ゼロの債券である。本来ならば発行時に払い込んだ購入額と償還額（額面一〇〇円）で償還差益が発生するはずであるが、現状では満期保有では差損となるので、日銀オペ応札への思惑は当然である。

財務省・国庫短期証券（六〇二回）・発行日二〇一六年四月二〇日（一ヶ年）の入札結果（四月一八日）は、募入決定額二兆二八二一億九〇〇〇万円で、募入最低価格一〇〇円二〇銭五厘（募入最高利回りマイナス〇・二〇四五％）、募入平均価格一〇〇円二一銭六厘（募入平均利回りマイナス〇・二一五五％）であり、同（六〇三回）・発行日二〇一六年四月二五日（三ヶ月）の入札結果（四月二一日）は、募入決定額 四兆一六四億八〇〇〇万円で、募入最低価格一〇〇円〇四銭八厘〇毛（募入最高利回りマイナス〇・一九二四％）、募入平均価一〇〇円〇五銭一厘〇毛（募入平均利回りマイナス〇・二〇四四％）。

対して、直後の日銀の国庫短期証券買入オペ落札結果（四月二二日）は、オファー額一兆五〇〇〇億円（スタート日四月二六日）では、応札額の一兆七六二七億円、落札総額はオファー同額の一兆五〇〇〇億円、按分レート・利回り格差マイナス〇・二五〇％、按分比率七八・七％、平均落札レートは、利回り格差マイナス〇・〇六二％であった。

この間の六〇〇回債前後の銘柄が日銀オペに持ち込まれるので、債券市場での足許参照レート＆日銀基準レートを勘案すると、金利レートにマイナス〇・二五％～マイナス〇・四五％程度を上乗せ（金利は低下・価格上昇）して、日銀は買入れている（売り戻し条件は付けず）のである。財務省が最近では高価格（オーバーパー＝額面金額以上で落札されている）で国庫短期証券のみならず長期国債（利付債であるが）も市中消化しているにもかかわらず、直後に同銘柄を、入札（コンベンショナル方式によるオークション）によるとは言っても、日銀が足許のマイナス金利レート以上の高価格（基準利回り＋希望利回り格差の利回りで）で、次々に買い入れているのが実際のところである。

国の債務残高対ＧＤＰ比二三二・四％（二〇一六年）と言うことからすると、庶民感覚的には財務省の国債金利負担分が軽減（それどころか償還金額以上の額を確保）されたところで、その裏では、日銀がそのプラス分以上を吐き出しているといったからくりとなっているのである。

新自由主義の徹底により、資本に利用尽くされる国家が資本に奉仕するための政府資金調達のための国債増発（労働者には増税）を、不換紙幣の発行権を背景とした日銀による、歯止め無き政府証券と紙幣の交換（銀行券ルール停止）に頼らざるを得ない、財政政策の限界・行き詰まりの露呈、それを過剰マネー供給で下支えする中央銀行と国家・政府の構図が如実となっている。

第六節　中央銀行の本質

見てきたように、日銀のありようを通して（主要通貨圏を管轄する中央銀行が全てそうであると言えるが）、中央銀行が形式的には政治からの独立性を付与されることで、階級的な利害に関与しながらも、あたかも中立・公正を装い金融政策を企画・立案・実施している欺瞞と、そこに潜む、マクロ経済学・金融政策論のテキストでは決して議論されることのない、中央銀行家の本来的な使命が暴露されている。

それは、現代の金融資本が支配する経済過程において長期停滞から脱却しようもなく、激発する（循環的な恐慌は回避しても）金融危機、経済の疲弊・衰微をどうにか補完し、資本主義経済体制そのものを維持せんがために寄与する姿でもある。

中央銀行は、依拠する現代経済理論・金融政策論によって、資本主義経済を総合的に規定することに、もはや失敗しており、事態の本質を論理的に理解出来ないばかりか（イデオロギー的には資本主義が超歴史的な理想状態であるとして、その自覚は無いのが当然であろうが）、目先の危機に逐次投入の金融政策が、かえって危機を深刻化させていることにも無自覚・気付くすべも持ち合わせていないのではないかとさえ言える。それはまさに、現代資本主義の本質を捉えられない資本の論理の限界であろう。

おわりに

資本の最高の発展形態である株式資本・直接には擬制的価格を持って売買の対象とされ、その所有自体が配当（利得）を生むという物化した資本・擬制資本（その現実化しての金融資本）は、本来流通形態である資本がその形態として自立を達成したものであり、株式・各種証券・金融デリバティブ等々は形態の自立化を極限的に発展させたと言えるのである。

しかしながら、たしかにそれ自体として利子を生む資本として自立したように現れ膨張し続けているが、その自立は擬制としてのものであるにすぎない株式・各種証券・金融デリバティブ等々は所有するだけで利得を生むとされても、その利得を生み出す根拠はそれ自体には無いのである。

株式・各種証券・金融デリバティブ等々の売買によって利益を得る（キャピタルゲイン）のも、その利益の源泉は、その売買過程に無いのであり、結局のところ、非自立的であり、実質的根拠を持った利得・収入からの収奪によるものでしかないのである。

利潤形成根拠に基づかない、株式・(特に市場取引されている)各種証券類価格の上昇は、心理ゲームによる博打と言っても言い過ぎではない。

あらゆる社会の存立(人間生活の実体をなす経済生活の原則において)の根拠である労働・生産過程において、価値増殖は労働力の商品化に基づきながら、利潤(剰余価値)は、生産過程の担い手である労働者が形成する価値生産物と資本により労働力の買い入れのための支払われた価値(労働者に支払う賃金)との差額ということになるのはいまさら言うまでもないのである。

所与の市場価格で、個別の資本が獲得しうる利潤率を増大させようとすれば、生産技術の水準、実質賃金率、労働時間、資本の回転期間を変化させるしかない(競合する資本の利潤率を圧迫しないとして)。

よって、労働強化によらないならば、労働生産性の上昇において労働力の再生産に要する生活資料の価値の切り下げが推し進められることにもなるのである。

資本論体系での純粋資本主義の運動としての原理論、そして段階論を基準として、現代の金融資本の運行の危機、労働者の窮乏化を考察するならば、労働生産性の上昇は労働力の価値の切り下げであり、資本の最高の発展形態たる株式形態による金融資本が経済過程を支配することによるその体系的・持続的な諸力は、資本の絶対的過剰、長期的な景気停滞、資本の有機的構成の高度化等を通して矛盾を孕みつつ発揮されることになるのであって、なによりも、労働者は常態的にあらゆる面での耐乏を強いられるばかりか、窮乏化(非正規・派遣労働者の実情が象徴的であるように、労働力の再生産のための生活資料を長期的・持続的に買い戻すことさえ出来ない労働条件に置かれている)に追い込まれるばかりである。

資本は相対的過剰人口のコスト(現代経済学では労働力プールの維持のための失業手当等)の負担も(国家による増税で賄う)拒絶し、いわれのない体制維持のコスト負担にいたるまで労働者に転嫁しており、その体制延命装置として中央銀行の金融政策が前面に押し出されてきているのが、今日のあり様である。

まさに、現代資本主義の寄生性、不朽性を改めて確認するものであり、資本主義的生産関係に対して体制変革が急がれる所以である。

第五章　市場化と商品化に蝕まれる教育

第一節　教育の市場化と資本の論理
―「教育幻想」からの自由を―

一　教育とカネ

新卒の大学生が、就職する時点で、すでに六〇〇万円の負債を抱えているという。大学で有用な資格を獲得し正規雇用で就職しても、有利子の奨学金への返済は厳しい。もっとも、これはまだましなほうであって、返還の見通しが立たず自己破産した者、すでに資金難で大学進学を断念した若者もある。

これに対して、「貧困の連鎖」を断ち切るべく、「奨学金を無利子に」「貸与でなく給付」という主張が起きるのは当然であろう。その一方で、「あまやかし」「税金の無駄遣い」という声を後ろだてに、「財政に響かない範囲で」として限定的政策がとられ、社会全体での解決にはほど遠くなることも、またことの成り行きというものであろう。

たしかに奨学金問題は、「いまの若者」の抱える課題として緊急の対処を要する。しかし、「教育と金」の問題が、このようなやりとりで解消されるわけではない。それどころか「教育には金がかかる」という「常識」がいっそう強化されることになっていないか。

「よい学校、よい資格、よい企業」指向の背景には、「金をかけて学歴や資格を得れば、高い報酬を安定して得られる」という常識（イデオロギー）がある。そこで、「教育価値」や「教育市場」を、「資本の論理」から検証し、その常識の幻想性を明らかにしたい。

二　資本主義における教育の「常識」を疑う

第一の「常識」は、「労働」を外見的形態でとらえる観点から、「労働の価値」に差異があるとする。そして高度な技術・専門性の労働は好待遇・高賃金をえられる、またそうした技術・専門性は教育によって身につけられる、さらにそれらは雇用前に職場以外の教育機関で習得すべきである、とする。こうして、資格・技術の修得証明書や教育機関の終了証明書が外見上商品の形態をとり、それを「交換関係」を通じて取得しうる、とする。ここに資格取得のための「教育」が二次的に商品価値を持つことになる。この「教育」の場は生産過程に擬せられるが、人間形成の教育そのものは人間の生活過程に位置する。

労働者は自らの生活領域において、自費でこれらを習得・取得するが、需要は流動的であって、その便益は永続的ではない。新規参入者が増加すれば、漸次に「価値」低下は避けられない。しかも現代のテクノロジーは、「専門性の壁」を崩すことに大きなビジネスチャンスを見る。実際に、多くの資格が平準化・陳腐化してきた。そうした商品価値低下というリスクも、労働者は個人負担する。経済外の力（例えば圧力団体などの政治力）で新規参入を排除しうる技術・資格を除けば、商品価値低下の不安を免れない。

第二の「イノベーションを生む教育」という「常識」は、ほんらい多くの人に関わらない。イノベーションは、生産技術の革新だけでなく、新商品の導入、新市場・新資源の開拓、新しい経営組織の実施などを含む（広辞苑）が、提唱したシュンペーターは、これらをもたらすのが企業家であり、それをリスク覚悟の銀行家が支えると考えた。それが、景気停滞のこんにち「経済成長」のために待望され、その創造のための教育に個別企業だけでなく政府の資金が投入される。イノベーションを担う「社員」の育成と確保が重視され、そのためには、子どもたちを早期に分離し資金を集中したいところであるが、その一方で「万人起業家論」という大衆的幻想も必要であって、結局多くの子どもたちが巻き込まれる。そして、不適格と見なされれば、早期に「コース」から廃棄される。成長したのちは、「非正規雇用」か「社畜」かの選択を迫られることになる。

第三の「学力は職業を適正に配分する基準である」という「常識」は、上述二つの土台でもある。たしかに、教育者が学習指導のために生徒の既得の知識や作業能力を測る「教育的な学力」は有用であり、指導の検証のためにも必要である。これに対して、社会的な人物評価としての「学力」は、まったく別物であり、その評価は教育者の力量を越える。たしかに、特定の職業に就くための特定な能力の習得状況を受け容れ側は特定の基準で測定しうる。しかし、一般的な「学力」というものが存在して、それによってあらゆる職業への適性が判定できるなどいうことはありえない。人間の能力は、多様な方向へ発達しうるのであって、一律の基準によって序列化できないのである。まして、その「学力」に応じた職業配分が、社会の公正・公平の実現であるとするのはまったくの「幻想」である。

そもそも「学力」とは、それ自身として存在するような「実体」でないだけでなく、個人の「属性」でもない。一定の時期に、一定の方法で測定され、その方法に即してえられた結果にすぎない。体重計で生涯の身長は測れないのである。にもかかわらず「教育的な学力」が人物の社会的評価としての「学力」と混同され実体化されれば、それが「宿る」ところの個人自体が物のように扱われる。そのラベルである学歴、大学歴、入学歴の不都合が露呈するたびに「真の学力」をめぐる「入試改革」などの制度いじりによって、教育は振り回される。しかし、ほんらい教育は人格形成に資するものであって、「学力」に収斂するものではない。まして資本の用意する鋳型に人間を溶かし込むものではない。

これら三つの「常識」は、「職業選択の自由や教育の自由が保障される社会において、その選択の結果は各自の責任である」とする主張となる。これに対して、「教育市場、労働市場が適正な環境にない」と反論もできるが、改善志向が続く間に「幻想」がいっそう強化されることにならないか。そこで、ここでは別の問いが必要となる。まず、教育の「価値」はなにか、そして「教育市場」なるものはどういうものか。資本主義の全体像からとらえてみよう。

三　教育の「価値」を疑う

「教育市場」における教育の「価値」とは何か。経済学者の宇野弘蔵は、「例えば教育者がその労務をもって価値を形成するとなすのは、人を物とする卑俗の考えというほかはない」とした(1)。教育は、人間の生活過程においてその能力を育成・発展することを目的とし、そのために社会的に有用な営為であるが、「売り物」ではない。生産過程での労働ではないのであって、いわゆる「価値」を形成するものではない、ということである。

では、現に市場で取引されている教育をどう考えるか。「卑俗」であるが、かりに「教育の労務」が、対象となる人間を加工し、他者（第三者）の目的にかなう「人材」へと変えるものとして、その第三者によって有用であると評価されるなら、その労務は商品価値を形成するものとして商品化されうる（後に見るようにその主体は資本となる）。本人がそうしたに教育を自ら受けるという場合も同様である。他人をも自分自身をも道具のように加工して「労働市場」を通じて職業ポストに適合させることを当然とするイデオロギーで生活するなら、そのような「教育」を取引する市場が成立することになるのである(2)。この「人を物として扱う」教育の難点は、まず、人を対象とする限り教育者の思い通りの成果が得られるとは限らないこと、また、製品のなかの「欠陥品」といえども安易な廃棄はできないこと、さらに、教育の選択の「自由」は既定のオプション内に限定されており、自らの能力の充実と発現の願いを封印したものであることなど多々ある。これらを踏まえて、この教育がいかなるものか、「資本の生産」に見立てて、いくつかの局面を見よう。

第一に、対象に働きかける「教育主体」とは何か。公教育では、組織的・系統的な教育を直接的には専門家としての教育者が、保護者からあるいは共同体からの委託によって担う。しかし、ここ「教育市場」においては、教育の「商品価値」が需給調整の機能を果たすわけであるから、この「教育」の供給主体としては、労働力形成「工場」を操業する「教育資本」を想定せざるをえない。もちろんそれは、のちに見るように教育活動全体から見れば部分的存在にとどまるのではあるが。

第二に、教育によって、どのような「商品価値」が人間に付加されるのか(3)。社会的に有用な技術の習得に寄与する教育は、もちろん社会的に有用な労働であり、その有用性は労働市場を経て労働力が売却され資本のもとで消費されるときに示されるが(4)、さしあたって物的には、資格、技術、学歴などの形態をとる(5)。その「商品価値」の量は、それらが付加されない場合の生涯賃金を、付加されることによってえられる生涯賃金がどれほど超過するかで現れる。もちろんこれは教育前に測りようもなく、教育の取引では期待しうる「見込み量」でしかない。この数値と「教育を受けるための代価」との差額が市場での選択の際に不可欠な判断材料となろう。さまざまな数値がネット上にも示されているが、合理的な判断を支えるほどに信頼しうる情報ではない。結局、本人がリスク覚悟で「生涯に一、二度の賭に出る」ということになる。労働力を売るというW—Gの「商品の命がけの飛躍」は、のちに労働市場で労働者によって行われるものであって、それ以前に決済される教育市場では、「教育の商品価値」が「教育の代価」を上回るであろうという期待が、もちろん過大となり、時に幻想となる。そして「教育の商品価値」は、経済外の要因がないなら、一定期限ののちに解消される。一般の労働者も教育者も、その労働力の価値は市場競争を経て平準化・平均化されたものとして現れるのである。

第三に、教育対象者に直接的に働きかける教育者はどういう存在か。ここでは、資本との間で労働契約を結んだ労働者である。この教育労働は、二面的性格で現れる。すなわち、一面ではその使用価値の実現であり、上記のように対象の人間にいかほどの「付加価値」をもたらすかである（ここでは不変資本を除外しておく）。もう一面では、交換価値で現れる。すなわち、この教育に要した時間の費用を教育者の再生産費用（生活費用）から算出した数値で現れる。そして、前者と後者との差が「教育資本」がえる剰余価値となる。個別資本としては、その最大化を図ることが自らの存在理由であって、一方で不確定な「付加価値」が過大に唱えられ、それを根拠に「教育の代価」が高めにされるが、その一方で教育労働に関してもその労働力は安く抑えられる。産業革命で機械の登場により手工業的労働が駆逐されても、なお熟練を要する労働分野ではその機械化に一定の制約があったが、現代のテクノロジーは教育労働における「マニュアル」「既成ソフト」を普及させ、労働を単純化させる(6)。これは教育現場の統制を強化し、またより安価な労働力の確保を可能とする。さらに、「経営難」の資本が最後に頼りにするのが労働者からの搾取であるということは、教育資本の「ブラック」化にも通じる。

第四に、総資本の再生産過程のなかで教育資本の再生産がいかに展開されるか。総資本は、諸々の産業部門の間で利潤率の均衡が実現するような規制の下に置かれる。しかし、教育資本部門に関しては、そのような利潤率の勘案によって資本が増減するわけではない。教育資本の参入は、過大評価されがちな「教育幻想」からの高収益を見込んで、またそのほかにも優遇税制や補助金など経済外の根拠によって、利潤を十分に確保できる場合に、すなわち、利潤をえやすい領域に限って、また公教育でないことで制約を免れる領域に限定してでのことである。さらに教育資本のほかに、非「資本」形態の私教育も、残余の公教育も存在する。教育活動の全体を「市場」の働きが効率化するわけではない(7)。むしろ、教育資本は、「教育幻想」による過大な「商品価値」を目当てに活動するのであって、その際に公共部門をつまみ食いしたり、顧客を「優良層」に限定したりすることで「特別利潤」を確保する。こうして、公教育が縮小され、格差が拡大されるのにともなって、教育のいわば二重構造が形成される。

以上のように、教育の「商品価値」は、人間にそれを「付加」しうるというイデオロギーから派生し、また過剰な期待で膨らみ流通するのであるが、けっして教育活動全体を覆うものでも、永続的なものでない。まして教育に関する資源の適正配分に貢献するわけでもない。ただ、ほんらい人間を育成しその能力を発達させる場であった生活領域までが、生産領域を支配する資本と、さらに教育の「商品価値」によって浸食され続ければ(8)、ついには資本に労働力を供給するという機能まで脅かされることになるであろう。では、その教育の「商品価値」が現れるとされる「教育市場」とはいかなるものか。

四　「教育市場」を疑う

古代ギリシアにも報酬をえる教育はあったが、それは社会の存立に関わらない「ひま(スコレ)」の領域であった。ここで考察するのは、あらゆる物、とくに労働力をも商品化しようという「資本の論理」のなかの教育である。

たとえば、空気はいつでも誰でも自分で吸うことができるので商品価値を持たず、市場が成立しない。しかし、すべての大気が汚染されれば、「稀少な清い空気」の市場が成立し、そこに必要とされる労働力の売買からあらたに剰余価値を引き出すことができる。教育に関しても同様である。日常の言語能力にせよ、伝統的社会での生計能力にせよ、それらの伝承に商品としての「価値」はなかった。共同体が文化遺産を無償で継承させたのである。この共同体の枠を越えた言語や職業能力などの習得が必要であると思う者、思わされた者は、有償の「教育商品」を市場で購入することになる。そして、共同体の教育機能そのものが喪失したり破壊されたりすれば、共同体成員の全員が「教育市場」に向かうように強いられる。こうして教育の「商品価値」の条件が生まれる。「未教育」の者は、労働市場において「教育商品」を受けた者から何らかの方法で区別され、ハンディを負うといわれる。実際にこの差異がどれほどなものか、どれほど持続するか、はたして「価値」と呼ぶべきかなどは、ここで問題とされない。肝要は、本人がこのことを受け入れ、このイデオロギーで生きるという事実である。こうした過程は、共同体の枠からの自由(フリー)が、同時に「価値ある資格・技術を持ち合わせない」というフリーでもあるという点で、「幻想」についてのことではあるが、資本の原始的蓄積にも似る(9)。なお、共同体の教育機能のこの破壊は、一度限りの出来事でなく、繰り返し生起するものであり、現在もなお進行しつつある(10)。

ところで、資本主義が成立しても、労働力を資本自身が生産するわけではない。労働力は社会における労働者の生活過程を通じて供給されるのである。そして資本は、一面では、市場化の及んでいない社会領域(たとえば公共分野)を見いだし、それを蝕むことで利潤をえる競争を行い、他面では、資本の自由な活動を継続して維持するための社会関係を再生産する。教育も、この資本の二面性のなかに置かれる。

歴史的に、資本にとって教育とは第一義的には「国民教育」であった。アダム・スミスは、教育を不生産的であるとしているが、『国富論』の「国家の収入」のところで、おおよそ次のように述べる。すなわち、「身分と財産のある人々」は、「国家が必要とする労力と徳を、政府のなんの配慮もなしに形成する」という。これに対して、「一般民衆、労働貧民」は、一生を単純な作業に限定され諸困難を除去する機会を持たないため愚かで無知になり、精神が麻痺して理性的な会話に参加し楽しむことができなくなるばかりでなく、寛大、高貴、優しい感情を持つことができなくなり、私生活の普通の義務についても、彼の国の重大な利害関係についても判断できなくなる、という。そこで、人民の全体の腐敗と堕落を阻止するために「政府の配慮」が必要となって、しかもそれが「たいへん小さな費用でなし得る」というのである。

道徳哲学者でもあった一八世紀のスミスの唱えたこの「国民教育」に対して、マルクスによれば、一九世紀にフランスのG・ガルニエという『国富論』の翻訳者は、「国民教育は分業の原則に反するものであって、それをやればわれわれの全社会制度を廃止することになる」と批判した。すなわち、社会が豊かになるにつれて、手の労働と頭の労働との分業が明瞭になるのであって、この分業は過去の進歩の結果であり、将来の進歩の原因であるのに、政府がこの分業を財政を使って妨害してよいものか、というのである(11)。

スミスが、政治上・道徳上の必要性から、すなわち市場の枠外から教育を論じているのに対して、ガルニエは教育が分業の進展を妨げ、財政の負担になるというのである。当時の財政負担者（納税者）が「富裕階級」であったことに留意すると、一方でスミスが、経済活動の基盤を維持・安定化するため「労働貧民」に最小限の支出が必要であるといい、他方でガルニエが、それはむしろ進歩の邪魔になり迷惑だというのである。教育は、この二面性のなかで揺さぶられる(12)。

歴史的には一九世紀末から二〇世紀にかけて、いったん、国民教育の思想に児童労働への制約要求が加わり、やがて国民大衆の教育権・学習権思想が推進力となって、諸国で普通教育が普及することになった。ただし、スミスの「政府の配慮」は帝国主義時代では「兵士」と「銃後」を作るための教育へと容易に変質する。また、大衆が参政権を獲得するとともに課税負担を引き受ける。そして、この時期は経済の拡張期で職業ポストが増加しつつあり、需要される労働力に見合って「職業のための教育」が機能し労働力を供給した。そのなかで上述の「教育イデオロギー」が形成され、教育の大衆化が進んだ。

しかし、スタグフレーションが顕著になった一九七〇年代頃から、この関係に逆風が吹き、一九八〇年代末からは先進諸国で財政負担の過重を理由に財政（特に社会福祉と教育への支出）が縮小され、「市場化」と「民営化」が導入された。また、国家収入が大衆課税（国家負債を含む）で補給され、課税の累進性が大きく緩和された。日本でも、一方で普遍性のための国民教育の予算が縮小され、他方で国家イデオロギーによる統制を伴った「国際化」などの標語とともに、「個性化」「多様化」「専門化」などの名目で教育内に市場的な競争を促すための「細分化」「分業化」に選別的に財政が投入された。

こうして国民教育が市場原理に浸食され「新産業用人材の育成教育」に主導権を奪われると同時に、「分業」の細分化によって人々は相互に分断され、また個人としても自らの一貫性を失って断片的存在となる。教育制度は、こうした分断を克服する社会関係の形成を促すのでなく、この分断を合理化する役割を担う。すなわち、「自由な教育市場においては、それぞれの「学力」に応じた教育が適正に配分され、さらに労働市場においては、教育成果を基準として職業が適正に配分される」というイデオロギーが結晶し「成功神話」となって、「労働と所得の二極分化による貧困問題の原因は、各人の能力と努力の欠如にあって、社会制度の問題ではない」とするのである。

現代では、諸産業の目まぐるしい変化に対応して、労働需要も激しく変化する。資本の移動と同時に大量の労働者群が移動させられるのである。もちろん、階級関係の基礎となる社会的分化は維持されるのであって、こうした変化に翻弄され犠牲となるのはもっぱら労働者階級である。そして、その犠牲をそっと覆い隠すのが「労働市場」である。労働者は自らの「自由な」意思で契約先を希望できる。あとは「能力」次第であって、「教育市場」で頑張れば、社会的地位を這い上がることができる、というわけである。成功の道が狭ければ狭いほど光り輝くのは、多くの労働者が「自分には能力と運がなかった」と、上記の教育幻想によって「納得させられる」からである。

それだけでない。市場原理の効率性と公正さが適正な職業配分を実現させる、とするイデオロギーは、資産とともに社会的地位（事実上の身分）を相続することを保障する現代の階級制を覆い隠すヴェールとなっている(13)。

日本の現状は、普通教育・職業教育を国民に保障すべき公的教育が、イデオロギー教育に傾斜しながら政策的機能不全に陥って、教育「商品価値」の「創造」を加速し、教育と職業をめぐるビジネスを繁盛させている。「教育市場」で露呈したのは、教育そのものを置き去りにしその本性的行動として利潤拡大を追求する強欲な資本のニヒリズムである。

五　教育幻想からの自由

こうした時代においてこそ、教育の「商品価値」とは異なる原則によって、多様な人格の間をとり結ぶものとしての社会関係の形成に貢献する教育が構想されねばならない。そして、この構想のもとに人格形成のための学び合いが国民から託された教育者の媒介で営まれるのと並行して、その教育を支えるための経済理論も整えられなくてはならない。

また、大学教育に関して、いま恣意的政策により特定分野の「専門化」が進められ、またあまりにも極端な実学・実利重視の政策がとられている。これに対して、「リベラルアーツ」の重要さが主張されるが、その根拠を「学問の伝統」だけに頼ってはいられない。上述のような資本主義のなかに位置する教育の問題として捉えることが必要であろう。

さらに、改憲問題で注目を集めた学生たちにも、上述のような教育状況下にあるものとして、自らの社会的存在を問い直すことが必要であろう。たしかに政治的無関心が広がるなか、積極的で活動的な若者に世代を超えて大きな期待が寄せられる。しかしその先行きが気に懸かる。学生という社会的存在は時期的に限定されているからである。皆が政治の専門家になるわけではない。極端にいえば、これから大企業の正社員となったり、非正規雇用となったりと別々の道に分かれることになるが、いずれの生活においても、政治的・社会的問題に学生として直面し、共有した貴重な体験をどこまで活かしていけるのか。

五〇年ほど前、学生運動のさなか、若者たちの心をとらえた言葉があった。「僕は二十歳だった。それが人生でもっとも美しいときだとは誰にも言わせない」（ポール・ニザン『アデンアラビア』）。人は年齢に合わせて考えを変えるものだ、という老成した声に誘われ、いま真剣に考えていることが、いずれ「若く未熟なときに考えたこと」と思い出すだけのものになるというなら、いま考えるすべてはむなしい。しかし、どの年代であっても、どの社会的位置にあっても、良いものは良い、誤りは誤り、と納得しうることは厳然と存在する。政治的、階級的制約から自由に、そうした普遍的真理を探究しうる場が大学であろう。そしてその探究を妨げる何かがあれば、それと正面から対峙する学生たちが連帯しうる場でもある。そうするためには、何よりもまず「教育幻想」をときほぐさなければならない。

注

(1) 宇野弘蔵『経済原論』岩波全書219頁

(2) これは、「労働者を仕事に適合させるべきで、仕事を労働者に適合させるべきではない」とするプラトンの身分論と相似形である。マルクスによれば、プラトンは分業を諸身分の社会的区分の基礎として取り扱い、「社会的諸生産部門の区分の結果として、諸商品はよりよく作られ、人間のいろいろな性向や才能は自分に適した活動部門を選び、そして制限(限定)のないところではどこでもたいしたことはなされなくなる。こうして、生産物も生産者も分業によって改善される」としている(『資本論第一巻』大月書店479頁)。この分業論に、「性向や才能」が「自分に適した活動部門」を選ぶ前に「自分の意思」で「自費で自らを教育しておくこと」を追加すれば、上記の教育イデオロギーとなる。

(3)「財」から区別される「サービス」について価値を論ずることには異論が予想されるが、その多くは「個人のサービス労働」と「資本の支配下で資本が消費するサービス労働」との混同に基づく。ここでは「資本と労働者」、「資本と資本」、「資本と消費者」の関係が問題となっている。

(4) 一般的に社会的に有用な新技術が導入されるとき、その技術の習得は社会的負担となる。しかし資本主義においては、その新技術を習得した労働者を特定の個別資本のみが使用し、他の資本に対して優位にたてば、さしあたってはそれを導入した個別資本に特別利潤が発生する。これを新技術の社会的普及のための費用と見なせば、新技術の習得費用はその個別資本の負担する費用となる。しかし個別資本は、その習得費用を新設備のための研究・開発費用などと同様に特別利潤実現のための要素とする。そしてこれを労働者の負担に、あるいは社会的負担に転嫁しようとするのである。

(5) 本論文では「職業のための教育」を話題とし、「教育の労務」を「生産」に関わるものに限定しているが、もう一面では、「消費」にも関わる。「消費としての教育」は別途考察されなければならない。

(6) マニュファクチュア的分業では、熟練労働者が優位であって、資本は絶えずこの労働者の不従順と戦っている。しかし、マニュファクチュア的分業が自身で生み出した機械が手工業的活動を廃棄して、資本は労働者支配への制限を解除される(『資本論第一巻』482~4頁)。現代では、医療、教育、福祉など、とくに人間を対象とする労働分野における機械導入への対応が十分でなく、直接に関わる労働者の肉体的・精神的負担が過重となっている。

(7) 教育「価値」の広がりが非可逆的である、とする根拠はない。むしろ教育資本は、部分的存在であることによって、公教育との差異を確保し、「特別利潤」を享受する。

（8）たとえば教育の「商品価値」が幼少期からの受験競争を激化させ、子ども時代を奪うだけでなく、地域生活からの隔離、さらには社会的亀裂を促進する。

（9）資本の原始的蓄積の場合、溢れる失業者によって労働者の生活費用が最低限になるだけであったが、この場合は労働市場に登場する前に自費で「教育」を購入しておくものとされ、ときに負債を抱えて労働市場に出ることになる。

（10）日本では、一九八〇年代に「市場原理」が導入され「教育の自由化」、「民営化」が推進されたが、「人材化」そのものは、それ以前に始まっている。たとえば戦後の「新教育」も、発足まもなくその目標が産業界のための「人材」育成に圧倒されてしまった。

（11）『資本論　第一巻』４７５頁　マルクスの引用

（12）スミス自体がこの二面性をもった。また、スミス時代の手工業的な労働の細分化は、次の大工業の時代には単純な労働によって駆逐されることに留意しておく。

（13）公正を求めて教育格差を是正することは、たしかに貧困層からエスタブリッシュメントに近づく者も生み出すであろうが、それはごく一部であって、かえってそのことがいっそうヴェールを強化することにもなりうる。そうなっては本末転倒であろう。

第二節　教育の市場化と財政の腐蝕
― 憲法に基づく教育を創る ―

一　教育行政と私学の「不祥事」

教育財政に関する問題が続発する。まずは、文科省官僚の長年にわたる組織的な天下りである。文科省は、私立大学に対して許認可権を持ち補助金を交付する立場にあって、天下りの見返りに、私立大学へ補助金受給のノウハウを伝授したり、補助金支給にあたって優遇したのではないかと疑われている。これは倫理的規制などで解決しうる問題ではない。

つぎに、大阪府の私立小学校設立問題では、公有地売却に関して政治家の関与が疑われたり、設立者の不法行為や教育に関する政治的イデオロギーが注目されるが、それらとは別に、次々に登場する「補助金」「減税措置」が一般の人々に強い違和感を与える。

さらに、今治市への獣医学部新設に際する政府の介入疑惑と疑惑隠し問題とが加わる。

これらは、いずれも個別的な不祥事では済まされない。公的資金と私学との関係として、また「教育の市場化」の成れの果として、問題の根源が明らかにされなければならない。

二　私学補助と憲法

一般にはあまり知られていないが、そもそも「私教育」への財政支出は、国であっても地方政府であっても、憲法から見ると重大な問題である。憲法は次のように定める。

> 公金その他の公の財産は、宗教上の組織若しくは団体の使用、便益若しくは維持のため、又は公の支配に属しない慈善、教育若しくは博愛の事業に対し、これを支出し、またはその利用に供してはならない。
>
> （日本国憲法第八九条）

慈善、教育、博愛の事業をおこなう組織・団体は、必ずしも資金にゆとりがあるわけではない。補助金を出して支援してもよいのではないか、むしろ支援すべきではないか。そのような声を支えに、種々の立法措置がはかられてきた。しかし、憲法は、これを禁止する。政府や自治体の私的事業への干渉を防ぎ、あるいは公の財産の濫費を防ぐためである。

ところが、一九七五年に「私立学校振興助成法」が議員立法で成立した。その背景として、憲法第二六条において、すべて国民は「教育を受ける権利」を均等に保障され、また第二五条で「生存権」を保障されているにもかかわらず、財政面の制約によって保障は十分でなかった。そのうえ、国民の教育に対する期待が高まって「教育の大衆化」が進み、大学教育、高校教育の需要が増大したために、国立大学、公立校だけでは国民の教育権を十分に保障しえなかった。そこで、この教育需要の一端を引き受けた私学への公的助成が要請され、また公立と私学との授業料等の格差問題が注目されて、私学への助成が正当化されたのである。現在、私学在学者の割合は、大学・短大で約七割、高校で約三割、幼稚園で約八割、専修・各種学校で九割以上であり、私学の担う役割は大きい（『文部科学白書二〇一五』）。

しかし、憲法を差し置いてのこのような対処は矛盾をはらむ(1)。一方で、憲法は、思想、良心及び学問について、国家の公正、中立を規定しているので、補助金を出しても私学の主義・主張を規制したり助長したりはできない(2)。他方で、公的補助を出すために私学が「公の支配に属するもの」と見なされるので、私学の自主性・独立性が損なわれる可能性が生まれる。この矛盾に私的教育資本が付け込むことで、私学による恣意的な教育（3）、放漫な経営、行政による「忖度」という恣意的補助、官僚の天下り、政治家の関与による利益供与などの問題が発生する。構造的な欠陥の状態なのである。

とくに、教育では公正、中立であるべき国家自身が、政党的イデオロギーに傾斜した教育策を推進するときに、補助金に依存する私学が自主性・独立性を維持するのは難しい。また、研究・学問が補助金供与によって特定方向へと誘導されやすい。もちろんこれには、私学だけでなく、予算削減に苦しむ公立大学・研究機関なども巻き込まれる（4）。

このように、憲法第八九条の機能不全によって、私学と財政との関係が腐蝕の温床となっているのである。では、この両者を取り巻く教育事情はいかなるものか。私学は学生募集の競争のなかに置かれ、教育財政は、私学補助や奨学金の増額を期待される一方で、主に公教育を財政面で担っている。「教育の市場化」を公共領域との関係から考えよう（5）。

三　教育財政と教育の市場化

日本の学校教育費は、他のＯＥＣＤ諸国と比較して、公的支出が低く、私費支出が相対的に高い（6）。これに、初等中等教育段階からの学校教育費以外の支出（塾、習い事など）が加わる。過重ともいえる負担を、どうして各家庭が引き受けるのであろうか。

日本に限らず、かつて親たちは自分の子どもたちが大学を経由してやがて年金と健康保険の備わった正規雇用者となることを期待した。さらにその子どもたちの機会はいっそう広がって、企業家や弁護士や、医者にもなりうる、という希望を持った。開放的で階層間流動性が高い社会において、能力が正当に評価されるなら、努力次第で社会的地位を高めることができる、と思ったのである。これは「各自が教育市場で自らの教育を自由に選ぶことで、それぞれの学力に応じた教育が適正に配分される、さらに労働市場において、その教育成果を基準として職業が適正に配分される」という期待である（7）。

このような期待は、実現しそうで、なかなか実現しないことで、いっそう根強い「幻想」となる。そして「学歴から実力へ」、「一般でなく専門（8）」、「知識よりも実技」などの「改良」の動きは、この「学力ヒエラルキー」を疑うものではなかった。むしろ「労働市場」に対応する人材育成のために有用な教育を、「教育市場」へ「商品」として供給しやすくした。すなわち、教育を規格化・標準化・モノ化することで、商品としていっそう扱いやすくする役割を果たしたのである。こうして、教育はどの階層にあってもお金を出せば購入しうるものになるが、その教育商品の効用を知るときには、すでに支払いが済んでいて、取引のやり直しはまず不可能である。しかしそのような「教育市場」であっても、「子どもの将来への不安」を煽られれば、親としては無理をすることになる。

もっとも、一九七〇年代初め頃までの経済成長期には、大学が新卒者を企業に供給する機能は有効とされていた。新規学卒者が就職するポストも拡張していたのである。

しかし、大学の大衆化が進み新卒者数が増大したころ、ちょうど経済の低成長・停滞の時期となった。そのうえ産業構造の変化や新自由主義政策によって大卒者の増加に見合うポストが確保されず、さらに正規雇用の割合が減らされた。企業は「経営効率化」や「市場競争」を強いられ、正規雇用を二～三割、残りはいつでも減員できる非正規雇用とせざるをえなかった。新規大卒者の就職内定率が高まったとしても、それは以前に高卒者が担っていた職種を大卒者が担うようになったためであったり、人材派遣会社への「就職」であったりする。こうして、いわゆる「学歴インフレ」とも呼ばれる状況となって、教育へ「投資」してもその成果は確実でなくなった。しかし、それでもなお過剰な期待は続く。

こうしたなかで注目されたのが格差問題である。親の資産と社会的地位によって、子どもの将来が限定されることに対して、社会的公正の観点から無償奨学金などが求められた。これに正面から異論は出にくいが、実際には財政難を理由に対策は部分的になって全体の解決策でなく、しかも継続性が保証されない。もちろん、公正さを追求する姿勢が示されることは教育的には意義をもつが、国民の教育権の保障にも格差の解消にも至らない。

それればかりではない。「公的資金の増額」を求めるだけでは、いまの雇用と教育の制度を容認したうえで、その制度の補強を求めることになる。すなわち、「学力に応じた社会階層が形成されること」が目標とされ、そのために公正な競争となるように経済的条件を整えよ、と主張するに等しいのである。

さらに、奨学金にせよ私学補助金にせよ、現行制度ではいずれも「市場」に流れる。それが直接的に教育のために使われるとは限らない。たとえば、私学は生き残り競争のため学部・学科の目新しい名前を創造したり、広告会社に依頼したりするための資金を欲する。

こうして全体を振り返れば、教育への過剰な期待によって、家計も財政も身の丈を越えた無理な支出をしているにもかかわらず、それに見合った成果をえられない（ここでは教育された労働力を市場で購入する資本がその負担を免れている）。カネをかければ「市場」は拡大するが、それで教育が充実するわけではない。にもかかわらず、いま「教育費をいかに捻出するか」が問われる。すなわち、政府が負担すべきか、本人・家庭が負担すべきか。しかも、これが「国家か市場か」の二者択一にすり替えられる。巧妙な陥穽である。

　これを避けるための道は、「教育には金がかかる」とする根拠はなにか、と問うことである。諸問題の根源である「教育の市場化」とそれがもたらす荒廃を顧みずに財政投入を増やすならば、いまの制度的欠陥を温存させたまま、教育を利潤獲得の手段とする「教育資本」や「教育政商」を助長し、教育財政を腐蝕させるだけになる。

四　教育の市場化と国家の策動

　市場と国家との関係について、イギリスの人類学者デヴイッド・グレーバー（9）は、「二〇世紀の大いなる罠」として、次のように述べている。

> 一方には市場の論理がある。たがいになにも負うことのない個人の出会う場であると好んで想定されているのが市場である。他方には国家の論理がある。だれもが決して返済しえない負債を背負って出発する場所である。そして市場と国家は正反対のものであり、それらのあいだにこそ人間の唯一の真の可能性があると、わたしたちはたえまなく教えられてきた。しかしこれは誤った二分法である。国家は市場を創造する。市場は国家を必要とする。どちらも互いなくしては存続しえないし、少なくとも今日知られているようなかたちでは存続しえないのである。
>
> （『負債論』以文社一〇七頁）

　ここでグレーバーのいう「市場の論理」とは、「非人格的なものであり、そして商品交換によって負債は解消されうる」とする論理である。また、「国家の論理」とは、個々人の存在基盤となった自然や社会の連続性と持続性に対して負っているものを「国家への負債」と僭称する論理である。グレーバーは、人類学の見地から人間の取引行為の論理を考察することを通じて、人々が「自明の理」と見なししがみついている論理を解きほぐそうとする。そうして「負債とは何か」と問うわけである（10）。

　もちろん本論では、グレーバーの問いとは別に、「教育はカネで買うものなのか」と問うのであるが、「大いなる罠」という警告は重要である。

一九八〇年代に先進資本主義諸国は、「国家か市場か」の二者択一を迫られた。そして「国家の退場」と宣言されながら、実際には国家による凄惨な暴力によって「市場化」が進められた。その際に、「小さな政府」「規制緩和」「市場原理」「民営化」などの標語のなかに「教育の市場化」「教育の自由化」が仕掛けられていたのである。

「国家」と「市場」との対決というのは、巧みな見せかけである。たとえば、財政縮小と大衆課税とで生み出される原資が、「自由な市場への財政投入」と「法人税減税」とを通じて、巨大資本に流し込まれるというマッチポンプの手法がとられる。

政治過程の文脈でいうなら、A政権が「行政改革」と「大衆課税」で財源を掘り起こし、交替したB政権がこの財源に国家負債による原資を加え、企業への減税策と補助金とによる逆進的再分配に充当する。この政権キャッチボールのなかで、格差拡大が極限に達することになる（現実の政治過程は、もう少し捻れた形で現れ、上手に粉飾される）。

「経済成長」「市場の効率性」を前提としたうえで、この「国家」と「市場」との対立という舞台が設定され、その上で「両者の適正配分」が演じられる。しかし実際のところは、国家によって市場が創造され、市場によって国家の強制力が紛れるのである。教育に関しては、たびたびの「入試制度の変更」によって市場にビジネスチャンスが与えられ教育産業が活性化されたり、「教員免許の更新」のために受講する教員の負担で大学の講座が増やされたりする。また、グローバル化、小学校の英語授業、アクティブラーニングなどでは、市場経由の多種多様な教材・教育機器が用いられるが、その内容や教育方法は、画一的統制的に現場に一方的に与えられるのである。こうした財政投入による制度化とその再編成(11)のなかで、「教育の市場化」がいっそう進行し、「国家のイデオロギー統制」が強化されながら、市場と国家の保身がともにはかられる。この「大いなる罠」を脱却する道が、あらためて「教育はカネで買うものなのか」と問うことなのである。

教育は、たしかに歴史過程のなかで市場で売買されるようになった。しかし、教育の商品化は、商品経済の発展としての「必然的過程」なのであろうか。このことを、労働力の商品化をベースとして解明しよう。

労働力という商品は、資本自身が生産できないものであって、労働者の生活過程で維持される。その労働力が商品として現れ始めるのは、商品経済の内的発展としてでなく、原始的蓄積の過程のなかである。労働力の担い手は、中世的身分制から「自由」となり、同時に一切の生産手段から「自由」となった（生産手段のない）労働者である。彼らは、たとえばイギリスの「囲い込み運動」のように、暴力的手段あるいは議会決議を経た法的強制力によって土地を追い出された農民たちが、都市に集中したことを契機に出現した。労働力の市場は、「自らの論理にそっておのずと発展する」わけではないのである。

教育に関しては、もともと生活過程や労働・生産過程における共同を通して、言語や生活様式などの文化の継承、生計能力の習得などを、家族や共同体が担ったのであって、もちろん市場で取引されてはいなかった。資本主義社会に至って、資本は、資本の生産過程に適応する安価な単純労働力を求めた。それでも「労働貧民の腐敗と堕落を阻止するために」政府による最小限の教育が必要であるという主張が出てきた。また、労働者をはじめとする国民大衆からは、人間らしく生きるために教育を受ける権利が求められた。こうして実現した公教育は、近代産業に対応した労働力を資本に供給する機能を果たしたが、教育自体はまだ市場化されてはいない。

しかし、この公教育の成立と拡張によって、共同体の教育機能と社会的比重は著しく縮小されてしまう（資本主義化の影響力は労働過程だけでなく労働者の生活領域まで及ぶのである）。このため、いったん拡張された公教育がそのち縮小に転じたとしても、教育機能が共同体に回帰することはない（共同体は縮小・解体されている）。資本は、労働者がその生活過程で資格や技術を習得する教育を受けるように仕向けるが、その費用も労働者の自己負担に、あるいは社会的負担に転嫁しようとする。市場は、この教育需要を好機として取り込む。労働者は、「教育市場」で一定の教育を受けなければ、その教育を受けた者からは労働市場において一定期限内で区別される。こうして労働者は、規格化された教育を市場で購入することを余儀なくされる(12)。

この「教育市場」には、一定の基準・規格が必要であり、その設定には国家が関わる。それだけではない。そもそも、公教育の拡張とその縮小の過程は、国家自身の積極的な作為によるものである。上記の過程は、「市場の論理」自身によるものではないのである。

「教育の市場化」は、それぞれの国々のあり方そしてその変化のあり方によって、「資本の論理」が異なった展開を遂げるものとして捉えることができる(13)。すなわち、「教育の市場化」が資本主義の歴史的展開として必然的だとはいえない。にもかかわらず、教育を市場で売買することが既定の前提とされて、その費用を国家が担うのか、市場の効率性に委ねるか、との選択を迫られる。これは、市場へと巧みに誘う詐術であり、そこには恣意的に設定された市場と結託した強権国家が待ち受けている。それゆえに、この問題設定自体の妥当性を問うことを経てこそ、教育に託する願いを新たにすることができる。

五 憲法が定める「能力に応じて」

憲法第二六条は「すべて国民は、法律の定めるところにより、その能力に応じて、ひとしく教育を受ける権利を有する」としている。この「能力に応じて」とは、「学力偏差値」に比例して、という意味ではない。「学力が高い者」と「学力が低い者」とが異なった教育を受ける、ということではないのである。そのような基準となりうる「学力」など存在しえない。にもかかわらず、これまでの各種の「入試改革」は、実質的に「人間をその能力によって一律の基準で並べることができる」という観点で、いかに「公正な」審判ができるかを考えてきた。不可能を可能のごとくいい、失敗を平然と繰り返してきたのである。

「能力に応じて」は、英語ではcorrespondent to their abilityである。いいかえれば「能力に対応して」「能力に呼応して」であろう。これが「権利」としての規定であることを踏まえると、各自が持つさまざまな能力のうちで、とくにどの能力を伸ばすか、本人の希望する能力に対応して、教育をうける権利がある、ということである。しかも「ひとしく教育を受ける権利を有する」というのである(14)。

この「能力に応じて」教育を受ける権利は、「能力に応じて働くこと」、「能力に応じて生活すること」を保障するためでもある。先ほどの第二六条の解釈を「教育」だけに限定せずに、広く他の人間関係のなかに置いてみよう。市場の「価値」関係の縛りをほどき、人間社会の将来を想像するものとして、たとえば「各人はその能力に応じて、各人にはその必要に応じて！」(15)という伝説的な言葉がある。

この場合の「能力」は、数量で上下垂直方向に社会的地位として配置されるものではない。マルクスの表現によれば、「個人が分業に奴隷的な従属をすることがなくなり」、「精神労働と肉体労働との対立がなくなったのち」のことだからである。そこでは、各人がいかなる能力によって社会に対して貢献しうるのか、何をどのようにすればもっとも効果的になるのか、ということが、市場の「価値」関係から解放されたうえで自由に構想されるであろう。各人の間の競争はほぼ意味をもたない。むしろ、競争に勝ち残りそうな「有能な人」は、特定の職に固執する必要はなく、容易に（別の新たな教育を受け）次の困難な職に向かうことができる。それに対して、ごく普通の人々は時間をかけて一定の職にようやく慣れる。両者は互いにそれぞれの選択を承認し合う。互いの職業の違いに「価値」は関わりがないのである。

その際に大切になってくることは、各人の能力を高めるために、「いつでも、だれでも、何度でも」職業のための教育を受けられる機会と環境が整えられているということである。そうすることは、「市場の教育」でみられるような、過度に競争的で無理・無駄な消耗を減ずることになって、結果として社会全体の効率を高めることになる。

こうした社会では、各人のもっとも適切な貢献が社会にもたらされ、そして各人はその労働において自らの能力を発展させることで生命活動を充実する、したがって各人と社会との信頼関係が確証される。教育によって、各人が主体的に自らの能力を発展させそれを労働・生産活動において発揮することが同時に社会への自発的な貢献となるのである。これが社会的に保障されるのは、市場の呪縛のなかではけっして到達しえない地平である。

六　教育を解明する経済理論と日本国憲法

たしかにアダム・スミスがいうように、「だれひとりとして二匹の犬が骨を交換するのをみた者はいない」のであろう。しかし、そこにいる二匹は、大きすぎる骨をもてあます小型犬と、小さすぎる骨に不満な大型犬とであって、両者は「価値が等しい物を交換せよ」とする「正義」のもとに置かれているために、ともに困っているのかもしれない。このとき、「賢い人」は、骨の分割の仕方をアドバイスする。起業家なら、電動ノコギリを有償で貸し出すことを思いつく。ところが普通の生活者は問う。「取りかえない理由でもあるのか」。

このような生活者の問いが特別なのではない。むしろ日常生活が「時の常識」という形式の特別なイデオロギーの枠内に収められている。たとえば「教育にはお金がかかる」という常識は、「お金を払わないと教育を受けられない」「お金を払わないなら教育をしない」、「お金がない人は教育を受けられない」と展開される。そして、その「お金」は各家庭の負担か、国の負担かという話に誘導される。一方では、「格差が拡大しても治安問題を深刻化させない程度であれば、むしろ賃金を抑え経済を活性化させる」との思惑で「金を出すのも出さないのも各家庭の自由でよい」とする。

他方では、安定した財源を長期的に確保する見通しがないままに、国が負担すべきとする。この両者の間での「適度な配分」は政治勢力どうしの合意の適度さにすぎず、問題解決の適度さではない。こうして「家庭か国か」という枠組みの窮屈さが露呈したときに、あらためて自然な問いが生まれる。そもそも「どうして教育に金がかかるのか」。もちろん、コスト論での応答は方角違いの笑い話になる。

教育世界を対象とする経済理論は、このような問いに対して、問いの根源まで掘り起こす。「いかにして教育に金がかかる仕組みが成り立っているか」を解明するのである。それによって、「教育に金がかかる社会」を克服した姿が視野に入ることになる。

本論文も、これまでの『資本論』考察の蓄積で整序されれた「資本の論理」に依拠して、教育をめぐる混迷に光をあてようとした。その結果、「教育の商品化」への疑いは「労働力の商品化」への問いに溯り、さらに「商品化」そのものを問うことになったわけである。

また本論文は、教育の市場化と財政との関係の解明を試みたが、社会的公正の実現のために財政投入の強化を求めることに対し、それが「教育の市場化」とその問題をむしろ拡張するのではないか、と憲法第八九条を引き合いに出して疑問を投げかけた。

ところが現実の政治過程として、「教育無償化」のために第二六条を改正しようという動きがある。国民から歓迎されやすい条項でまず改憲の実績をあげようという「お試し改憲」である。しかし第二六条は、教育無償化を禁止しているわけではないので、改憲の必要性にはまったく根拠がない。そこで、むしろ第八九条の改定の方が利用されてしまうのではないか、という懸念が生まれるかもしれない。しかし、その変更は、財政の恣意的配分を慢性化させ、政治の歪みを制度的に公認することになるだけでなく、「市民社会の原理」の根幹となる「神聖な」財産権を脅かすことになるため、敬遠されるのである。

こうして本論文は、第八九条が「教育の市場化」「私物化」に対して一定の歯止めとなりうるとしたのであるが、じつはそれだけではない。この条項を含めて日本国憲法の全体には、教育権の本質的意義に即して、教育の中立性、機会均等、公正さ、自由が規定されているにもかかわらず、いまだ十分に活用されていない。憲法の可能性が積極的に開かれるのはこれからのことなのである。そして、「教育の市場化」とその腐敗の解明に並行して、社会を構成する主体の形成を促す公的教育が再構築されるのもまたこれからである、とする。

注

（1）第八九条は第一九条、第二〇条、第二三条、第二六条と相関する。一つのみ変えるのは不整合を来す。

（2）この条項の「公の支配」は、国家（政府）が思想、良心および学問に対して、公正、中立性を遵守することを大前提とするが、こんにち政府が公教育の内容にイデオロギー的に干渉するだけでなく、私教育にも、家庭教育にも介入しつつある。憲法制定の時期に、およそ想定しえなかった状況である。

（3）従来の日本の私学は、西欧諸国に比べ、特定の信念、主義、思想とあまり結びついてはいなかったが、こんにち、異なった事情が生じている。『教育勅語』による教育を掲げる学校も現れるのである。

（4）補助金は文科省だけではない。特に懸念されるのは、軍事技術開発への誘惑である。米軍によってもまた防衛省によっても、潤沢な資金提供が呼びかけられる。

（5）教育には、職業のための教育と、最終的な消費としての教育とがある。本論文は前者の考察に限定しているが、両者それぞれの独自性やその関係性、また両者の歴史的経緯は別途に考察を要する。

（6）二〇一二年の教育費支出を対GDP比でみると、特に高等教育で日本は、公的支出〇・五％、私費支出一・〇％である。OECD諸国では、それぞれの支出が、イギリスで一・二％、〇・六％、ドイツで一・二％、〇・〇％、フランス一・三％、〇・二％、アメリカ一・四％、一・四％となっている。（OECD「図で見る教育二〇一五」）

（7）前節「教育の市場化と資本の論理」において、「教育に投資して、よい学校、よい資格、よい企業を経て、学歴や資格を取れば、高い報酬を安定してえられる」という常識を「教育幻想」と名付け、そのイデオロギー性を「教育価値」「教育市場」の検証を通じて解明しようと試みた。

（8）資格、技術が多様となったといわれるが、多様な資格、多様な技術が水平的な位置関係をとるとは限らない。資格世界のピラミッド構造を形成しその裾野が広がることにもなる。

（9）ロンドン・スクール・オブ・エコノミクス大学教授。文化人類学者。活動家として二〇一一年のウォール街占拠運動に参加し、「我々は九九％だ」というスローガンを生み出した。著書『アナーキスト人類学のための断章』『資本主義後の世界のために』『負債論』。

（10）グレーバーは「だれであれ借りた金は返さないと」という「自明な理」に立ち向かうことから『負債論』を説き起こしている。たとえば、第三世界の独裁者への（返済不能の可能性があると知ったうえでの）融資金がスイスの銀行に残されながら、政権交代後の政府が債務返還のための財政緊縮策をIMFから迫られ衛生費を確保できずにマラリアで国民一万人を死なせる結果を招くとしても、「やはり返さなければならない」のだろうか。その一方で、「大きすぎて潰せない」とされ、支払いの義務を免れる富裕者たちもいる。そこで、根源的な問いが生まれる。「負債とは何か」。

(11) 教育行政の打ち出す「方針」が、教育資本を活況づける。とくに「変更」はビジネスチャンスとされる。一方、行政は「反省」することがない。定期的に「改革」を打ち出し、打ち出して財政を支出すること自体が業績となるので、その結果を見ることなく責任者は別の部門に栄転する。

(12) 教育で得る資格・技術の「価値」については、前節の「教育の市場化と資本の論理」を参照。資本主義生産では元来機械化に対応する単純労働が想定されるが、同時に個別資本は特別利潤を目指し新生産技術や新生産物を採用する。そのために要する労働者への一定程度の訓練費用は新技術導入の費用と同様、特別利潤の形成要素となる。新技術は、特許や著作権で他資本の市場参入を阻めるあいだ特別利潤をえる。その一部が労働者の訓練費用に充当される。個別資本はこの費用を労働者の自己負担に（労働者が生活過程で自費で習得）、または社会的負担に（公教育に）転嫁しようとする。さらに資本は労働の単純化で賃金抑制をはかるので専門的技術も陳腐化し賃金も平均的労働者と違いがなくなる。

(13) もともと公教育の割合が少なく、その縮小も容易に進行する国もあれば、こんにちでも公教育の充実が維持され高等教育まで無償で保障されるという国もある。

(14) 実際には、多くの希望が高所得の職業につながる教育に集中したり、あるいは経済状態によって希望を出せない人があったりする。特定の職業の圧力団体が高所得の維持のため教育を受ける人数を政治力で制限するのをやめたり、あるいは教育費を社会的負担にしたりするなどの条件が必要となる。

(15) マルクス『ゴータ綱領批判』（国民文庫版）四五頁。

第六章　天皇制のとらえ方

制度としての天皇と人間天皇の裂け目
―明仁天皇の「お言葉」から遡及して―

第一節　天皇の「お言葉」の波紋

明仁天皇が二〇一六年八月八日に発した、退位をめぐる「お言葉」は、昭和天皇の「人間宣言」（一九四六年一月）に続く第二の「人間宣言」だったのではないか。何故ならば、それが戦前から生き延びた皇室典範の規定に対して、生きているうちは天皇を退位できないという天皇の継承規定の苛酷さ、その非人間性を表明したものだったからである。「次第に進む身体の衰えを考慮するとき、これまでのように、全身全霊をもって象徴の務めを果たしていくことが、難しくなるのではないかと案じています」。

なぜこれが「人間宣言」と言えるのか。かつて哲学者のヘーゲルは、その宗教哲学講義において、ダライ・ラマなどを念頭において、あらゆる人間的欲求を持った人間存在を神とすることの無理を指摘していたが、老齢や健康上の問題は、「現人神」とは言わないまでも天皇を神聖化したい思潮に対して、身体上のマイナスを考慮するという人間としての欲求を対置させるものだったからである。

この表明が大きな波紋を描いたことは言うまでもないが、多くの国民がおおむね共感をもって受け入れたのに対して、保守的な人々は困惑を隠しきれなかった。保守的な人々―おおざっぱに言って，改憲して天皇を元首（宣戦布告等を発する職務）にしたいと考えている人々―は、生前退位によって「崩御」後の霊の移動の神秘を弱めてしまうと心配したのかもしれないが、根本的には、大日本帝国憲法（明治憲法）と同時に定められた旧皇室典範の基本を保存している昭和二二年の皇室典範を守りたかったのだろう。結果は特例法による生前退位ということになった。しかし天皇の意志を必ずしも尊重しない保守派・天皇崇拝者とは何だろうか。ここに制度としての天皇を担ごうとする勢力の思惑という戦前からの問題が再現しているのである。

明治憲法の起草者である伊藤博文・井上毅などはまた皇室典範（明治二二年）を起草し、その解説・解釈書（『義解』）も用意した。その目的は、皇位継承を天皇個人の意志や判断に依存させないものとするということであった。「皇室典範義解」の前文で、典範は天皇家が「自ら其の家法を條定する」としながらも「君主の任意に制作する所に非ず」（『憲法義解』岩波文庫所収一二八頁）としている。ここに天皇（家）を拘束する規範を構成する規範起草者の実質的な権力性を見ることができる。天皇の「お言葉」は、こうした制度が強いる拘束に対して「個人」としての天皇を明るみに出す。次の「お言葉」にそれを聞くことができる。

「天皇という立場上、現行の皇室制度に具体的に触れることは控えながら、私が個人として、これまで考えて来たことを話したいと思います」。

その「個人」が制度に対置させているものが人間的身体（高齢・健康）で、それが本来的には制度に収めることが無理な要因だったのである。ここで明るみにだされた制度と個人との裂け目の問題は、伝記的な事柄としては自明なのに、必ずしも政治理論上の事柄として扱われてこなかった。簡単にでも歴史を振り返って、まず保守派が望む天皇を担ぐことの意味を確認し、そのうえで二つの「人間宣言」が示してしまった裂け目によって、今確認すべきと思われる天皇なるものの意味を把握してみよう。

第二節　天皇の権威と権力

マルクスに次のような言葉がある。「例えば、この人が王であるのは、ただ、他の人々が彼に対して臣下として振る舞うからでしかない」（『資本論』一、国民文庫一一一頁）。

天皇がそれまでの権威付与の役割から権力者に復位したのは、幕末期の幕府側が「日米修好通商条約」の締結について、攘夷派への対抗と有力大名の説得のために、天皇の勅許を得ようとして、天皇に対して「臣下」の立場に立ってしまってからである。それまでの天皇（朝廷）は、その役割が徳川の将軍職及び官位による権威付与によって徳川体制の正統性の確立に利用される立場にあった。しかしこの時は徳川の政治的意向に形式上の権威を与えればいいという状況ではなかった。外国勢力に対して開国か攘夷かの政治選択が迫られていたばかりでなく、天皇を中心にしてそうした勢力に対抗していこうという思想形成（ナショナリズム）が勃興して，天皇を政治行動に導く条件が成立していたのである。この時は攘夷の立場に立つ孝明天皇は同意を与えないばかりでなく、条約締結後には「禁中並公家諸法度」によって行動が規制されていたにもかかわらず、幕府の頭越しに水戸藩に秘密文書をおくり、条約締結の張本人である井伊直弼の排除などを要請するという政治活動を行なった。さらにその後は幕府に攘夷を強要したり、長州征伐を命令したり、明らかに権力者の相貌を持ってくることになる。

将軍職が武士の棟梁であるとすれば、必然的に将軍以下の武士層が、天皇の「臣下」の位に転じてしまうことになるわけである。幕末から明治期の廃藩置県や秩禄処分に至る過程は、天皇と「臣下」との間にある封建的諸権力の解体過程、すなわち「臣下」としての形式的同質性の形成過程とみることができる。いわゆる「一君万民」であるが、それは、「市民社会」の形成の不十分さによる国家統合の困難を別の形で補完しようとする同質化の運動であったが、運動当事者としては天皇と自己との間にある権力者を排除して、実質的な権力を握ろうとする運動であった。

反幕府運動の実質的推進力であった中下級武士や下級公家などは、大政奉還後生き残りを図った徳川幕府に対して、幕府の廃止を宣言する朝廷による「王政復古の大号令」を演出する。それは名目的には「王政」すなわち天皇の政治の復権であるが、実際にはいったん権力者化した天皇を再度、権力の正当性を付与する権威者の役割に押し戻す過程であった。「錦の御旗」が象徴するように天皇を権威として利用する関係が再建されようとしていたのである。

第三節　天皇の代理者

ユダヤ人社会からも排除されたユダヤ人である哲学者のスピノザは、次のような「言ってはいけないこと」を言ってしまっている。

聖書の実際の著者だった人たちは、大抵の場合、万人共通の自然の光ではなく彼らの独自の何らかの〈超自然の〉光に基づいて教えを説き、そして教えの語り手として神を持ち出した。（『神学・政治論』下、光文社文庫七八頁）

信仰の有無でこの文の評価は分かれるだろうが、スピノザにとっては神とは実際の聖書の著者によって「想定された主体」であり、それは神の意志を意味しない。これと類比できる関係が、明治期に形成された国家規範、「五箇条の御誓文」「大日本帝国憲法」「軍人勅諭」「教育勅語」における天皇とその起草者との関係である。維新政府を構成する反幕府運動のメンバー（名前をあげれば木戸孝允、岩倉具視、大久保利通、山県有朋、そして伊藤博文などの薩長及び公家を出自とする者）が天皇を「想定された主体」、権威として担ぎながら、実際的な権力を形成・維持することを目的意識的に追求したのである。

有名な箇所を見てみよう。明治一四年に天皇から軍部に手渡された「軍人勅諭」では、日本軍が古代から天皇の軍だったとしたうえで「朕は汝等軍人の大元帥なるぞ。されば、朕は汝等を股肱と頼み汝等は朕を頭首と仰ぎてその親しみは特に深かるべき」としている。また明治二三年に公布された「教育勅語」では、「朕」すなわち天皇自身が「一旦緩急アレハ義勇公ニ奉仕シ、以テ天壌無窮ノ皇運ヲ扶翼スヘシ」と語っていることになっている。前者は山県有朋の指示で西周らが起草し、後者もまた山県・井上毅らが起草した。彼らはたんに天皇のゴーストライターというわけではない。自分たち実権を掌握している首脳や幹部の考え・意向を「想定された主体」としての天皇に語らせているのである。ちょうど宗教団体のトップや幹部が自分たちの神についての理解と自分自身の意向を、神の意志として表明するように。ここに意志の二重性を見るべきであろう。一つは、あるべき天皇像すなわち具体的には天皇の神格化によって、国家意志を天皇の意志として権威づけることであり、もうひとつが、天皇の意志の形をとりながら実質的な統治行為を執り行うことである。

こうした二重性は、天皇が国民に与えたものとされる「大日本帝国憲法」（明治二二年）によく見ることができる。一方で「第一条　大日本帝国は万世一系の天皇之を統治す」「第三条　天皇は神聖にして侵すべからず」とされ、天皇の神格化が憲法の規定においてなされているが、同時に「第四条　天皇は国の元首にして統治権を総攬し此の憲法の条規に依りこれを行う」を間において、具体的な政策や法律形成は国務大臣等の補佐や議会の「協賛」を経なければならないことになっている。憲法は国民の権利義務の領域を度外視すれば、基本的に国家の権力機構についての規定である。憲法起草者の伊藤博文は、議会での国民の政治進出を抑制しながら行政権優位の国家機構を構想した。この構想にとって、伊藤自身が信じてもいない天皇の神格化が有効性を持つものと考えたのである。

君主（天皇）・議会・行政の関係を大きく捉えておけば、次のようになる。議会は国家意志形成が国民的共通利害に基づくものという観念を創り出す国家機構であるが、それは形式的には広く国民の意志を代表し、内容的には国民の利害を反映していることによる。しかし、その基盤として市民社会、すなわち私有財産の交換社会の形成が不十分である場合には、それに対応して、また国民の政治進出を抑え、行政の支配力を強化させようとする目的意識をもってする場合には、市民としての共通性のもとでの市民の自己立法（法に従うことは自分自身に従属することである）という正当性のメカニズムが働かない。こうした正当性の欠落に対して、伝統的な観念である天皇を至上化・神格化することによって、国家意志の正当性・統一性そして強制力が補完されるわけである。したがって、明治憲法における王政復古といった古代的な意匠や神話的な内容は、そうした内容それ自体が有意義だったのではなく、そうした内容によって法的規範としての正当性の形式を確保し、市民社会の不備を補完しながら統治の貫徹を可能にさせる点に意義があったのである。市民ではなく、神国臣民の共通利害という観念の下で特殊利害にもとづく意志を貫徹させようとする体制と言っていいだろう。

行政権の優位は、首相・国務大臣が天皇の選任とされ、また議会と別に天皇の諮問をうける枢密院の存在、さらに憲法に規定のない元老・元勲の政治的影響力そして天皇に直属するとされる軍の独立性、こうしたことで確保された。憲法形成の過程で、伊藤らは、憲法案の各条項の議論については容認したが、それを伊藤らがかってにつくったものだとする主張については弾圧した（1）。そうした主張は、憲法は天皇が国民に与えたものという建前との矛盾を突くもの、つまりスピノザの引用部分と同じで「言ってはいけないこと」だったからである。また天皇に「進講」を行って「立憲君主制」を理解させたりしており、まさに彼らは天皇の代理者として、国家の根本規範を設定したのである。

天皇の代理者は彼らだけではない。国家機構の内部では議会が法律の実質的内容を決定した後に、天皇の裁可を経て法律になるわけであるが、それは国家機構における最終の意志形成過程であると同時に、国家意志への転成を媒介するものである。その結果、法律は天皇の意志という形をとった国家意志になるわけである。また天皇の大権に属する勅命・勅令も、天皇の意志ということになり、さらに上で触れた勅語や勅諭も起草者の意志を表現したものであるが、天皇が語り、軍人や臣民に与えたものとされる。こうして国家意志として国民に強制する国家規範はことごとく天皇の名で提示されるが、その名を確保するために様々な抗争があり、その結果において主導力を掌握したものが天皇の代理者ということになるわけである。

かつて明治憲法は立憲君主制の外観の下で天皇親政・絶対主義を打ちたてたとする理解があったが、これはむしろ逆で、天皇親政の方が外観であり、そのことは例えば税が天皇のもとに収められるわけでもないし、天皇自身の個人的判断で予算配分ができるわけでもないことをみれば、明白である。天皇親政が国家意志へ国民を隷属させる名目形式であり、国家機構内部では、天皇の恣意的判断を排除する制約があり（歳入・歳出については、議会の協賛を経なければならないことになっている）、それはまた皇室典範が作成された理由と共通であった。

しかし天皇は、神の創作者の「想定された主体」とは違って、まさに生身で自ら意志する存在である。憲法の神格規定や統治権者規定を盾にして天皇自らが「決断する主体」として権力者化することもできたのではないか。これは近代日本政治史における最大の問題でもあって、ここで議論するわけにはいかない。

一つだけ例をあげて、私自身の理解の方向を示しておこう。その例とは、時代が一挙に下るが、ポツダム宣言受諾をめぐる終戦の年の八月九日に行われた最高戦争指導会議での「聖断」とされる天皇の決断である。ポツダム宣言そのものは七月二七日に日本政府に受け取られていたが、壊滅的な状態になっていても、受託の条件をめぐって、方針の一致を見ない状態であった。その会議においても、軍部とそれ以外の受諾派が対立し、最終的に天皇が受諾の決断を行ったものである。これは当然にも、単なる権威者としての天皇の振る舞いとは言えない。他の人々の意見を受け入れたものだとしても、これは明白に権力者としての意志の発現として政治決定がなされたわけである。

天皇が権力者化するのは、方針の統一がなされない政治勢力の抗争に対して、国家機構内部での意志統一という秩序を回復するために自らが決定者となる場合である。天皇の代理者たるためには、国家機構内部で絶え間ない抗争が継続しながら特定の勢力が権力を掌握しなければならない。抗争がなく、あるいは抗争の結果、代理者としての実質的意志統一が確立すれば、上の例では軍部とその他の勢力の方針が一致していれば、天皇自身の権力者化は極めて困難であったであろう。それまで天皇の代理者としての地位を確保していた軍部が、敗戦をめぐってはその地位が維持できなくなって、勢力の均衡が生じ、天皇が自ら権力者として現れざるをえなくなったのである。

張作霖の謀殺事件をめぐって天皇が田中義一首相を辞任に追い込んだ件（2）は、それなりに方針の一本化がなされたのに生じたものとして、絶対主義天皇観を持つ者には主張の正しさを証明するものと映るであろう。のちに天皇自身が誤った行為とした事例であるが、その政治的行為は波紋を呼び、国家機構内に不信をおこし、また中国での戦争拡大に批判的な姿勢と共に、天皇に対する批判まで生じたのである。つまり政治的実権者や勢力の抗争や混乱時に、彼らが天皇に依存する関係（決定を仰ぐ関係）が生じない限り、天皇の権力者化は特定の政治的立場に立つものとして自らを危険にさらすのである。こうしてみれば、天皇が中国の戦線拡大を認めていく過程も、天皇の絶対主義の現れとしてではなく、むしろ天皇に専制的権力といえるほどのものがなく、状況と実権勢力にひきずられたこと、むしろその「不決断」の方が問題であったことを示しているのではないか。軍国主義化を進展させた国体明徴運動においても、国家機構における天皇が専制君主になって、天皇の意志がそのまま国家意志に転じうる権力者になったわけではなく、軍部勢力を中心とした国民支配のために現人神天皇の親政という虚構が作り出されたものにすぎなかった。

とすれば、例外的に天皇自らが権力者となることもありうるが、それは天皇の代理者たちが弱体化し、国家機構内の意志統一が困難になった時に、天皇がいわば代理者の代理者となって権力者化したのである。天皇親政を真実とする理解は、こうした回り道とその条件を直接性へと短絡するものではなかったか。

注

（1）川口暁弘『ふたつの憲法と日本人』（吉川弘文堂）三二一頁参照

（2）伊藤之雄『昭和天皇と立憲君主制の崩壊』（名古屋大学出版会）第三章参照

第四節　天皇のイデオロギー効果

以上の戦前期の国家規範を中心として天皇をめぐる関係をまとめてみれば次のようになる。第一に、天皇は神格化され、親政を司るような外観を創り出す（現人神としての外観）。第二に、しかし国家機構内部では、天皇は最終的な裁可・承認を行うにすぎない（機関としての天皇の名前）。第三に、実質的な意志決定は、基本的に国家機構内部で権力を掌握したものが行う（天皇の代理者）。

さらにこうした基本構造の結果、国家意志が天皇の意志として現れるイデオロギー上の効果は、次の二点にまとめられる。第一に、先に見た反幕運動時の「尊王」が天皇以外の人間をすべて「臣下」とし、その結果として封建的諸権力を潰していく効果を有したが、明治期に国家規範にまで「尊王」を位置付けた段階では、実質的な権力者は、同じ「臣下」として従属する姿勢をとることで権力性を隠蔽する形をとりながら、権力支配を行うことができる。権力者が天皇を賛美することは、結果として自分自身を賛美し、絶対化することなのである。第二に、天皇のもとでの「臣下」としての同質性は、天皇という回り道を経由しないで共同性を作ろうとするものを排除することになる。諸宗教から諸思想まで、人々の団結から社会活動まで、それらは天皇の意志に逆らうものとして、排除される。非権力者は、天皇を賛美しないだけで、「非国民」にされてしまうのである。

第五節　天皇の「人間宣言」の意義

「人間宣言」（正確には「年頭の詔書」一九四六年一月）という形をとった独自なもの、それは天皇自らが天皇について解釈したことである。その時、制度としての天皇が対象として限定されることになった。その最も重要な箇所を見てみよう。

朕ト爾等国民トノ間ノ紐帯ハ、終始相互ノ信頼ト敬愛トニ依リテ結バレ、単ナル神話ト伝説トニ依リテ生ゼルモノニ非ズ。天皇ヲ以テ現御神トシ、且日本国民ヲ以テ他ノ民族ニ優越セル民族ニシテ、延テ世界ヲ支配スベキ運命ヲ有ストス架空ナル観念ニ基クモノニ非ズ

（鶴見俊輔・中川六平編『天皇百話』下の巻 筑摩文庫一九三頁）。

自分（天皇）と国民との紐帯は、相互の信頼と敬愛によって作られてきたのであって、たんに神話と伝説に基づいたものではない。天皇が神であり、日本国民は他の民族に優越し、世界を支配すべき運命にあるという架空の観念に基づくものではない——。ここで明確に天皇を神とすることは否定され、かつまた国民との相互信頼と敬愛が強調されている。微妙なのは、神話と伝説である。「単ナル」とした限定的な否定だから、神話と伝説だけに基づくわけではないという言い方で、実は端的に否定されているわけではないのである

この「宣言」は、占領者であるアメリカ側が、天皇の責任問題を不問に付すと同時に、天皇を利用しようとする占領政策の一環として発せられたもので、そこには天皇自らがその神性を否定すれば反発も起きないだろうという判断があった。したがって、それにはアメリカ側に原文案がある。その原文案から削除された箇所をみると、天皇あるいはその側近が天皇の存立にとって何が否定されてはならない死守すべきものだったかがわかる。

「天皇と国民とは非常に強く結ばれている。しかしかかる結合は、神話、伝説のみによるものではなく、また日本人は神の子孫であり、他の国民よりすぐれ他を支配する運命を有するという誤れる観念に基づくものではない」（同上二〇二頁）。

直ちに解るが「日本人は神の子孫であり」という箇所が削除されていることである。日本人全体はともかく、天皇が「神の子孫」であることは、皇統の連続性において必ず想定されていることである。もし天皇の地位が、ただ国民の「信頼ト敬愛」のみによるとすれば、天皇とはひとつの称号以上のものではない。天皇が特別の血統に基づくもの、神話的な天皇を介して神にまで遡りうる皇統であること、このことが端的に否定されるならば天皇は天皇ではなくなる、そういった核心に関わるために、神孫の否定は「人間宣言」には取り入れられず、さらに神話と伝説に基づく点が全面的には否定されないことになったと思われる。このことはアメリカ軍の爆撃さらに上陸で、天皇が三種の神器が焼失してしまうことを何よりも恐れたこととも整合的である。こうして昭和天皇は「人間宣言」によって「現人神」については否定したものの、神孫として続く皇統については維持しようとしたのである。

第六節　天皇が抱えるもの

昭和憲法によって、戦前の天皇なるものを構築した三面の規範構造、すなわち現人神――機関――代理者の構造が否定されたが、皇統という観念は象徴天皇制になっても継続したとみなせる。つまり憲法第二条（「皇位は、世襲のものであって、国会の議決した皇室典範の定めるところにより、これを継承する」）と皇室典範が根拠となって、国家規範の解釈において神話的観念が生き延びたのである。

皇統、それは個人としての天皇とは遊離した、種としての一般性そのものである（3）。しかしそれがそれ自体としては一般性であるにもかかわらず、血統という観念に基づいているために、普段我々は、こうした遊離性を把握しないまま、当の人物をその生まれゆえに天皇と感受したりしている。それは神話的観念に囚われていることを意味する。天皇の神話的な世界は、『古事記』『日本書紀』に基づくが、それらは目的をもった政治文書である。ここでの神話的観念は、こうした文書に内容上規定されながら、事実と虚構、歴史と神話、現実と非現実、との間に差異を設けまいとする規範的意志である。天皇について確認すればそれは二重だ。第一に、皇統・神孫の連続性において血統観念が成立しているとする内容上の神話的観念（種の一般性）。第二に、そうした一般性が現存する身体において受肉しているとする虚実の神話的観念（種の個人化）。かつて昭和天皇自身がその身体の神聖視のために、的確な医療が受けられないのではないか、と恐れたという経緯があったが、極端に言えば個人としての天皇はただ天皇という種の一般性の担い手であればいい、ということになる。ここに保守派が天皇を実質的な権力の支えとする際に期待する天皇像がある。彼らにとって、天皇自らが積極的に人間存在を示してもらっても困るのである。

さらに昭和憲法においてもたらされた困難は、人間が象徴を担わねばならないことである。例えばハトが平和の象徴であるとした時、ハトが平和のために何かをすることはない。それに対して天皇が「日本国の象徴であり日本国民統合の象徴」（憲法第一条）とされる時、抽象的な規定である「象徴」を自らの行動で具体化しなければならないのである。一体、国や国民統合の「象徴」である天皇の具体的な「象徴」行為とは何なのか。これに適切な答えがあるはずもない。明仁天皇の「お言葉」を聞いたある保守的な論客は、天皇は宮中奥深くにあって、御祈りだけをなさってくれればいい、と述べていたが、これが答えになるはずもない。要するに天皇は、制度上、皇統の担い手であることと「象徴」を生きることとの二重の無理を抱えてしまっている。さらに皇統の観念からすれば、人間的存在は消極的であらねばならないが、「象徴」の具体化では、まさに行動において積極的に人間性を示さねばならないという両立困難な課題を天皇は負わなければならなかった。ここに明仁天皇が「個人」として立ち現われねばならなかった制度上の背景があったのである。

注

（3）水林彪『天皇制史論』（岩波書店）は律令天皇制に関わって次のような規定を与えている。「天皇は、独立の一主体なのではなく、血の繋がりのある一つの種の中にあって、その種を絶やさないために今一時的に生を受けている部分的手段的存在にすぎない。」（一七三頁）

第七節　天皇の再度の利用意図と別の方向性

平成二四年に作成された「自由民主党　日本国憲法改正草案」は、文字どおりの天皇神格化は提案されてはないが、先に述べたイデオロギー効果を狙ったものである。ここでは明治憲法の天皇の最も有名な条項への対応箇所のみを見てみる。「第一条　大日本帝国は万世一系の天皇之を統治す」の対応に、現憲法の第一条の天皇の象徴規定の前に、「天皇は、日本国の元首であり」を挿入している。元首としての意義が明確には規定されていないので、法律でさまざまに具体化するつもりなのだろう。それは戦争になったときに役に立つであろうし、また不敬罪を制定する理由にもなるし、教育の場での神国イデオロギー注入の正当化にもなるであろう。すくなくとも象徴以上の天皇の「主体化」へと改定案は提起しているのである。

「第三条　天皇は神聖にして侵すべからず」は、伊藤らの説明では天皇に法律上の責任を問わないことを意味していた。これに対応しているのは、現憲法の第九九条の憲法尊重擁護の義務から改正案では天皇を除いたことである。すなわち現憲法で「天皇または摂政及び国務大臣、国会議員、裁判官その他の公務委員は、この憲法を尊重し擁護する義務を負う」とあるのを、国民には尊重を主張しながら、「二国会議員、国務大臣、裁判官その他の公務員は、この憲法を擁護する義務を負う」に限定したのである。明治憲法の大きな問題は、憲法の規定において超憲法的な天皇像を設定したことだったが、この改定案でも、こうして天皇は憲法を尊重しないでよいということで法規定を超えたものを設定したことになる。法によって法としての規定性を「超越」するものを作り出すことは、天皇の超法規的権威の利用による専制の道を開くものである。

法治国家にとって外的な天皇の「主体化」「超越化」によって、復古的な「従属する臣民」を創り出そうとする実質的な権力者の目論見が、どのように破滅的な惨事をもたらすのかは、我々はすでに知っているところではないのか。それは資本主義的な支配・被支配を基軸とする悪しき現実（格差・過剰労働・過労死・政治の私的利用・戦争等）に対していつまでも耐えさせようとするもので、国家のための国民をより一層産出しようと狙っているのである。

天皇の「お言葉」に多くの国民が天皇の現状に同情心をもったようであるが、しかしこれには、キリスト教信仰においてイエスの刑死に同情するのに似た奇妙さがある。つまりイエスが単なる人間ではなく「神人」であるとすれば、刑死も神の意図の体現であり、同様にまた天皇も単なる人間ではなく、国民でもない特別の身分をもった存在であるとすれば、そしてそのことが正当なものだと承認されているならば、同情は余計なこと、矛盾したものである。逆にもし同情心が、天皇をただ人間としてみる視線のもとに生じているものとすれば、「象徴」や皇室典範に拘束される天皇なるものが、本来的に人間に無理を強いるものと理解しなければならないであろう。

もし天皇への「尊王心」が、私事の方向へと導かれるならば、それはただ各人の心情として、より積極的な者には天皇教への信仰として、各市民が責任をもつ生き方の問題となって市民社会の領域を越えず、国家権力へ向かわないものとなる。とすれば、相も変わらず制度としての天皇の「主体化」「超越化」によって国家統治を無責任に我有化しようとする権力が、いわば素朴な尊王心を利用し、自らの基盤にしようとする動向に対して、徹底的に否を示さなければならないであろう。それが欠けるならば、やはり戦前と同様な天皇の政治的利用に行きついてしまうであろう。

第Ⅲ篇　『世界史の構造』と『国体論』批判

第一章　柄谷行人の「世界史の構造」

労働＝実体を捉えられない柄谷・交換様式論の陥穽

はじめに

現代のグローバリズムが各国において、それに関与し利益をひきだしうる国民と、それに関与できずに従属するしかない国民との間に引かれた分割線を可視化するに及んで、富の偏在と事実上の無権利状態にたいして不満と怒りとが噴出している。そうした反発は、排外主義を含んだ経済ナショナリズムと容易に結びつき、国家統合のあり方に変更をもたらそうとしている。国家はいまや、たんに資本と既成権力層の道具ではなく、「真の」利益共同体の体現者であることを要求されているようにも見える。それは経済に規定された「上部構造」といったものではなく、自己に固有の領分を発見しようとしているもののようである。こうした世界情勢に呼応するかのように、国家（そして国民）が自立的なものとして、それ自体「下部構造」とする理論をひっさげて登場したのが、柄谷行人である。

柄谷は、これまでの歴史・社会認識に厳然と存在していた「生産様式」論にかえて、「交換様式」論という、誰も思いつかなかった世界観を提起した。彼は歴史的な社会構造の変遷、いわゆる社会的構成体を、交換様式の区別として位置づける大著を発表したのである。柄谷はもともと斬新な切れ味で著名な文芸評論家であったが、その後じょじょに哲学分野に乗り出し、『トランスクリティーク　カントとマルクス』（批評空間社刊、二〇〇一年）で哲学上の主著を完成、その終章で交換様式論を提起し、さらにそれを具体化したものが『世界史の構造』（岩波書店刊、二〇一〇年）である。特徴的な理解の仕方をまず見てみよう。

「商品交換は合意によるにもかかわらず、階級関係をもたらす。しかし、それは強奪にもとづく階級関係とは別のものである。資本制経済における階級関係は、商品（所有者）と貨幣（所有者）の関係に由来する。」（『トランスクリティーク』定本柄谷行人集3、岩波書店、三一九～三二〇

頁）

つまり「階級関係」は生産関係でも政治的権力関係でもなく、交換部面にこそ見出されるべきだと言われている。これは確かに社会や変革のイメージの変更を要求する。この変更の依って来る原因が、柄谷のいう交換様式という考えなのである。だから、交換様式論によって社会構成体を分析・構成すること、あるいは諸社会における特殊歴史性を浮き彫りにすることが出来るのかどうか、ということが、この論考の課題となる。

あらかじめここで批判的に吟味しなければならないと思われる点を提示しておきたい。第一に、人間の歴史を交換関係によって特徴づけることが出来るか、ということである。それはいわば「人間、この交換するもの」という狭い人間観・社会観をもたらすのではないか。第二に、資本—賃労働関係を「商品交換」という枠組みでとらえるならば、労働の実体存立が脱落し、流通形態の観念的な自立化をもたらすのではないか。第三に、国家—被支配階級関係を、交換の相互関係とすることはできるのか。国家を交換様式として規定することは、方法的無理が最も露呈するところである。

第一節　広義の交換概念

「世界史の構造」の対象は、氏族社会、世界帝国、近代世界システム、さらに将来社会への変革の展望といった壮大なもので、これがそれぞれ交換様式の種別性において位置づけられる。氏族的構成体が互酬制（交換様式A）、アジア的・古典古代的・封建的構成体が略取—再分配（交換様式B）、資本主義的構成体が商品交換（交換様式C）、そして将来社会については、高い次元での互酬制の復活（交換様式D）と規定されている。しかしすべての社会構成体は、実は三つの交換様式（互酬制、略取—再配分、商品交換）の組み合わせである。上に見た特定の構成体を種別的に規定するものとしての交換様式は、特に支配的なものを取り出したものだったのである。それぞれの交換様式は自立的な要素をなし、その組み合わされたものとして構造をなす。「世界史の構造」とは、組み合わされた諸交換様式それ自体であって、全ての構成体がこの組み合わせからなるという意味では、構造それ自体は世界史の恒常性をなし、各構成体はその変異体として、具体化されたものとなる。例として近代世界をとりあげれば、それは「商品交換」を支配的な交換様式として、国家が「略取—再配分」、ネーションが「互酬制」に根ざす独立的な要素をなし、これらの接合として成立するとされる。

結論的な言い方になるが、交換が財や人の相互移転を意味するとすれば、それだけでは社会の存立条件を満たすことはできない。人々の生活を再生産するための社会的生産に、交換は直接には関わらないからである。生産様式が生産過程に不可欠な実体要素である労働および土地に代表される自然と、特殊歴史的あり方すなわち社会的形態との区別と連関において成立するとすれば、交換は、社会的形態に、しかも部分的に関わるものにすぎない。もちろん柄谷は諸社会の社会学的解明をめざしているのではなく、社会構成体に全体としての歴史的特徴を与えなければならないはずである。ただ柄谷が挙げている「商品交換」だけは商品経済として一元化が実現しているようにみえるが、またそれゆえに「商品交換」の交換様式によって、社会構成体を特徴づけることが可能と思われるかもしれない。しかしそれは実体要因としての人間労働力をも商品に包摂したことで、社会的生産との対応関係（交換価値と労働量との対応関係）が成立したからである。もちろんこのことによって労働自体が交換関係に解消されてしまうわけではない。労働は人間の対自然関係における対象化行為であり、特定の歴史的・社会的形態ではないから、交換様式に還元されようがない。そこでむしろ柄谷は、労働をも交換に解消することを余儀なくされる。そうすれば、交換様式が社会の存立条件をも構成できるかのように。しかしここに自らが創りだした陥穽がある。柄谷の交換様式論は、この陥穽をめぐって回転しているようにみえる。

柄谷は自己の交換概念を広義のものとしており、マルクスとエンゲルスが『ドイツ・イデオロギー』において使った「交通Verkehr」概念と重なると主張している。それは交換Austausch様式として包括される対象を諸社会構成体および労働にまで拡張するためと言っていい。

「私は『交換』を広い意味で考えている。実は、マルクスも若いとき、同様に『交通』という概念を広い意味で用いていたのである。」（二三頁）「のちに生産様式と呼んだものを、彼はこの時期、交通形態と呼んでいたといってよい。」（二四頁）

交通概念は、戦争を交通形態とみているように、収奪や捕虜の奴隷化などの一方的な財貨や人の移動・移転を含むものであり、相互性を前提する交換、すなわち相互に相手に何らかのコストを要求する関係には還元されない。柄谷も交換様式とする際、何らかの形で相互の関係にしているし、「純粋贈与」を交換とは見ていない（六三頁）。だから交通は交換を包摂するが、交換概念を広義にしても、交通概念とは重ならないのである。だから課税という一方的な交通形態を交換視するために、無理やり「再配分」と相互性があるかのように設定したりしている。また生産様式と交通形態とをマルクスが同一視していたかのようにいっているが、『ドイツ・イデオロギー』での用法は、「生産と交通」（岩波文庫一八三頁）、「生産諸力と交通形態」（同一八二頁）、「生産諸関係・交通諸関係」（同一六七頁）といった形で、生産概念と交通概念とは、むしろ対立的な関係で表現されているので、柄谷が言っていることは成り立たない。だがこのように主張されてくると、交換様式論は事実上生産様式論に接近してしまう、生産を交換様式に解消させることによって。『世界史の構造』でもある程度言われているが、その続編である『帝国の構造』（二〇一四年、青土社刊）では次のような端的な言い方をしている。

「たとえば、生産とは、人間と自然の間の交通である。つまり、それは広い意味での交換です。また、人間と自然の関係としての生産は、実際には、人間と人間の関係（交換関係）の下でなされる。ゆえに、交通＝交換を、基礎的なものとして見るべきです。」（二四頁）

すでに述べたように、マルクスの交通概念に、生産を含ませることはできない。それはアダム・スミスの決定的誤りと同様、自然自体を擬人化することになる。また交通＝交換を「基礎的なもの」としているが、社会存立の条件を考えれば、当然、社会的生産を「基礎的なもの」としなければならず、逆ではない。また「人間と人間の関係（交換関係）」という表現も危うい言い方である（何ら対価を支払わずに財貨を収奪する人間もいるし、提供するものを持たない人間もいる）。広義とされた交換概念の柄谷交換様式論でも、歴史的・社会的形態と関わらない労働生産を包括した議論をすることはできていない。だから交換とされた生産なるものは、どんな交換様式と規定できるか、という疑問に答えることができない。それは事実上生産が特定の社会構成体に関わらないことを認めていることを示しているのである。

第二節　実体の認識不能化

柄谷のいう「商品交換」（正確には、商品・貨幣・資本の流通形態）が、労働実体をカッコにいれてしまう例は、『資本論』剰余価値論を、労働支出量に関与しない形で解釈している点に見ることができる。剰余価値論は、形式上の平等関係のもとに隠されている搾取・被搾取の階級関係を暴露するもので、『資本論』の核心部分をなす。だからここの解釈は柄谷にとっても、重要な意味をもったものであろう。われわれの、この点についての基本的な理解をまず示しておこう。

労働者はその労働力が、資本によって賃金とひきかえに購入されることによって、資本家のもとで労働することになる。この関係の成立が労働力の商品化であり、この限りでは財貨の商品売買とかわらない。したがって、労働力商品にも、商品の二要因である価値（交換価値）と使用価値が成り立ち、賃金が価値であり、労働そのものが使用価値となる。この場合、賃金によって購入される消費財は、労働力を再生産するもので、それ自体が一定量の労働支出によって生産されたものである。資本家は、必ずこれに見合う賃金を支払わなければ、労働力の再生産が継続的には不可能になる。しかし資本家は、こうした資本家のコストを労働者に労働させることによって回収することになる。このコストにあたる労働者の労働量が必要労働（時間）として、賃金価値の根拠をなす。しかし労働者の労働時間は、このコストの時間に限定されるものではない。労働力の使用は、資本の側の権利だからである。必要労働と使用価値の実現としての現実の労働支出量との差が、剰余価値の根拠としての剰余労働を形成するわけである。このように流通部面では平等な商品交換関係の形式のもとで、実質的な階級性が生産部面を根拠に貫徹している点が、資本主義の特性なのであるが、柄谷は、生産部面を抹消するような形で、剰余価値を説明しようとする。

「産業資本とは、労働者に賃金を払って協働させ、さらに、彼らが作った商品を彼ら自身に買いもどさせ、そこに生じる差額（剰余価値）によって増殖するものである。」（二七九頁）

一見すると、上の説明と同じようにみえるが、労働者が「買いもど」す財貨の価値は、資本家側の労働コストにあたるのであって、この部分では「剰余価値」が生じないことははっきりしている。資本家の立場からみれば、この部分のコストは、いわば売り戻す形で回収したうえで、それ以上に労働支出させることから、剰余価値を獲得するのである。こんなことは自明なことなのに、柄谷が何度もこうした議論をかさねているのは、「そこに生じる差額」の根拠を生産部面にもっていきたくないためで、「そこ」とは流通部面を指すのであろう。「産業資本の精髄がある」（二八五頁）とされる「相対的剰余価値」の議論を見てみよう。

「『相対的剰余価値』は、一つの国や地域の価値体系において、技術革新によって生産性を上げ、新たな価値体系を作り出すことから得られる。労働力の価値は、労働者がそれを売って雇用される時点と、彼らの生産物が売り出された時点とでは異なっている。産業資本は、このように価値体系を差異化することによって、その間での交換（等価交換）から差額を得るのである。その意味では、商人資本と同じである。しかし、産業資本はその自己増殖を、労働者が作ったものを労働者自身が買いもどす過程を通して実現するので、商人資本とは違った困難をもつ。」（二八六頁）

これが理解できるだろうか。事柄を極端に単純化して、生産手段がない生産を考えてみよう。一月間に20キログラムの小麦を労働の結果生産する労働者が、もし全て買い戻すことが出来る賃金をえているならば、一月間に20キログラムの小麦を購入することができる。この場合当然ながら、資本家に剰余価値は生じない。そこで生産性が倍になったとしよう。そうすると月に40キログラムの小麦が生産される。さてそうなると、買い戻す関係はどうなるのだろうか。

柄谷は二つの価値体系、二つの市場を時間軸で想定し、剰余価値を根拠付けようとしている。一方の時点、「労働者が雇用される時点」においては、買い戻すことができるが、他方の時点、「労働者の生産物が売りに出された時点」では、どうなるのか。柄谷の議論では労働生産論を回避しようとしているので、実体要因である生産性の上昇がどのような効果を持つものなのか、明確にすることができない。生産性の上昇は、一単位の使用価値の生産に要する労働時間＝労働支出量の低下の効果を有する。もちろん、こんなことは自明なことなのだが、柄谷流の「買いもどし」説が障害になって、「買いもどし」と剰余価値の形成が何か両立できるかのように設定されているのである。「労働者の生産物が売りに出された時点」では、労働力の再生産が可能な使用価値量（20キログラムの小麦）が以前の半分の労働時間によって生産できる。とすれば、残りの時間は剰余労働時間として対象化され（20キログラムの小麦）、剰余価値の根拠をなし、資本家の所有に帰すわけである。もしこの時点でも生産物の「買いもどす」関係が維持され、40キログラムの小麦が入手できるならば、労働力の価値は変化しないだろう。つまり剰余価値の生産はなかったことになる。だから労働者は、生産物の一部のみを買いもどすにすぎず、その限りで剰余価値を生産する。言い換えれば、労働者は、自己を再生産するのに必要な生活資料の生産性の上昇という実体を根拠にした労働力の価値下落をこうむるのであって、それは生産に対して根拠を求めない「価値体系の差異化」によるのではない。この先に生産性の上昇がなくても、資本家は剰余価値を取得できるのであって、柄谷は、相対的剰余価値の基礎をなす絶対的剰余価値の生産を取り上げることができないのである。

一体何故『資本論』を読んで、このような理解になるのか。

資本制社会は、その純粋像においても、単なる交換関係とは異質な要因と関係を含むものとして成り立つものであって、それは生産の質料的な要素である労働と土地（自然）と生活の生産の場である家族の関係である。逆にこうした異質の要因を包摂することで、社会的形態でしかない資本が社会の存立の原理を確立することになる。だから「商品交換」社会すなわち労働力や土地を含めた「私有財産の交換社会」とは、資本制社会の流通形態に基づく表象であるにすぎない。柄谷はむしろそこに立論の根拠を求めたのと同じである。

第三節　表象としての交換

次の箇所は、柄谷が国家を交換様式として立論しているところである。

「征服者（支配者）は、被征服者から収奪する。しかし、それがたんなる略奪であれば、国家を形成しない。国家が成立するのは、被征服者が略奪される分を税（貢納）として納めるときである。そのとき、『交換』が成立する。なぜなら、被征服者はそれによって、自らの所有権を確保することができるからだ。すなわち、彼らは国家から税や賦役を収奪されるとしても、国家以外の誰からも略奪されることを免れる。この結果、被支配者は賦役貢納を、たんに支配者の強制によってではなく、逆に、支配者が与える贈与（恩恵）に対する返礼（義務）としてなすかのように考える。別の観点からいえば、国家は、略奪や暴力的強制を『交換』の形態に変えることによって成立するのである。」（一〇一頁）

ここで「交換」がどの次元で成り立っているのかを注意してほしい。つまりそれは収奪という現実ではなく、被支配者が「考える」次元、すなわち現実ではなく擬制の次元に成り立つとされているのである。交換様式自体がフィクションだというのだ。近代世界ではネーションがそこに「根ざす」とされる互酬―返礼の交換様式も、「想像物」とされている。何かこれが筆がすべったものと誤解されると困るので、もう一箇所引用しておきたい。

「たとえば、封建領主は農村共同体の上にあって、農村共同体から生産物を強奪するが、それを持続するためには、奪いすぎてはならないし、農民を外敵から保護し、彼らにできないような灌漑その他の『公共的』事業を行わねばならない。だから、農民が年貢を納めることは、あたかも返礼または義務であるかのように表象される。すなわち、強奪は互酬性の形態を装うのである。」（『トランスクリティーク』三一六頁）

ここでは「互酬性の形態」にされていることはどうでもいいだろう。問題は交換様式が「表象」あるいは「装う」形態とされていることである。これは一体どのように理解したらいいのか。というのは柄谷は先行する国家＝共同幻想説を突破することも、一つのモティーフとしているように思えるからである。例えば「国家やネーションはイデオロギー、共同幻想、あるいは表象であるから、啓蒙によって解消できるというような考え方」（『帝国の構造』一七頁）が、標的として挙げられている。ここで「共同幻想」と「表象」を同格的に並べることで、自己の立論も標的にしてしまったことになる。ともかくそれに対して何が対置されているのか。

「国家やネーションが資本主義的な経済的構造に還元されない自立性をもつのは、それらが『相対的に自立性をもつイデオロギー的上部構造』としてあるからではない。それらが、それぞれ異なる経済的下部構造、すなわち、異なる交換様式に根ざしているからだ。」（一七頁）

国家は「下部構造」だと言うのだ。それと「表象」としての交換とどう両立するのか。そればかりではない。柄谷は「資本制経済はそれ自体、『観念的上部構造』、すなわち、貨幣と信用にもとづく巨大な体系をもっている。」（七頁）とも言っている。国家が下部構造で、経済が上部構造？これはもう唯物史観の図式とは関わりようがないのである。交換様式が、フィクションあるいは「表象」とされている点をどのように理解すべきか。

実はこうした発想は柄谷の最初のマルクス論からあった。現実の次元と「表象」の次元が交錯している箇所を引用してみよう。

『資本論』というテクストが重要なのは、実は、そこでテクストそのものが問題にされたということなのである。彼にとって、商品（商品形態）とはテクストにほかならなかったのだ。」（『マルクス　その可能性の中心』講談社学術文庫、一九九〇年刊、八八頁）

「警戒すべきものは、言語なのだ。われわれが考えるのではなく、言語が考えさせるということ、それが『ドイツ・イデオロギー』に存するマルクスの認識である。」（同上一三八頁）

ここでの「テクスト」「言語」とは、対象Xを解読するコード（規約）のことである。その場合注意すべきは、解読コードを通さなければ、現実は構成されないとみなされていることである。いくらか説明してみよう。例えば、中森明夫という評論家が「おたく」という言葉をつくりだした。このことによって、非「おたく」との差異関係が設定され、「おたく」が存在するようになる。「おたく」が存在して、「おたく」と命名されるのではない。解読コードとしての言語がなければ存在なし、という見方が成立していたのである。だがもちろんこれは、事柄の半面で、例えば新生児が存在するから、命名が成立するのであって、命名によって新生児が存在するわけではない。また子どもを「賢」と名づけても、必ずしも「賢い」とはかぎらないし、周りがその名前のために賢いと認めてくれるわけでもない。したがって解読コードとしての「テクスト」「言語」という理解は、こうした危ない議論であって、それはカント流のアプリオリ（先天的）な認識構成の理論の危うさとおなじである。つまりそれは外界の現実は、概念・範疇そして言語の枠組み（これがコードにあたる）が構成してこそ現実の対象となるというわけである。新生児のように名前と別に、命名以前にその存在が成立していると批判しても、それもまた別のコードのもとで構成されたものと反論されるわけである。つまり現実とは、言語以前には、カオスであり、不可知の物自体なのである。

こうした理解を背景にして、引用にあるように、「テクスト」と商品形態とが同一視された。「テクスト」が現実の事象を表象可能にする一方、現実のほうを不可知の物自体とする解読コードであり、さらに、「テクスト」としての商品形態は、社会的形態としての商品・貨幣をコードとみなし、その反面、社会的形態とは関わらない社会存立の条件である労働実体を不可知の物自体とすることによって、逆に社会的形態を自立化させたのである。さらに交換様式論とは、この「テクスト」＝コードと特殊歴史的形態との同一視を、諸社会構成体に適用して、構造の要素としたものである。すなわちそれは世界史の構造の複数の解読コードとしての交換様式というわけである。だから交換様式が「表象」にすぎないとしても、フィクションとはされない。なぜならば、フィクションに対立させる現実あるいは実体がそれ自体としては成立していないとみなされているからである。

だから柄谷の国家論は、反・共同幻想論として「下部構造」を主張したのではない。むしろ逆に、国家を幻想とする議論は、その基盤に非・幻想の領域を前提することから不徹底なものとみなされたのである。共同幻想論は、国家が現実的に幻想的なものとみなすからである。「表象」＝解読コードという次元抜きには社会は構成されないとするのが交換様式論であったわけだ。だからむしろ、上の引用にある資本制経済を「観念的上部構造」とされている点が積極的な意味をもつ。他の箇所では「宗教的世界のようなもの」（二七頁）とされているように、経済的構造自体がむしろ表象的なもの、あるいは「共同幻想」の一種とされること、そのために労働＝実体の始末が不可避だった。その結果、世界史の構造は、解読コードとしての複数の交換様式の組み合わせ、すなわち表象様式として成立したわけである。

第四節　近代世界と遊動社会について

この点に関わって、柄谷が描出する近代世界における「資本＝国家＝ネーション」の三位一体に対して簡単に対質しておこう。その図式のそれぞれの項は、別々の交換様式に根ざすことから、自立的な要素として相互に異質だとされている。しかし資本制経済は、「商品交換」社会とは異質な要因と関係を、自己のうちに包括しているので、国家やネーション（柄谷はネーションについて「資本＝国家がもたらす事態に抗議し対抗するもの」〔三一二頁〕としている）との関係が単に異質な要素との組み合わせというわけではない。前者の「商品交換」社会の形態的表象は市民イデオロギーとして、近代法治国家における法原理の基盤をなし、また後者から生ずる様々な市民イデオロギーからの逸脱についてては法原理上合理的なものについては吸収し、非合理なものは排除する権力体形成の基盤となる。「近代世界」なるものは、資本主義経済の自立を方法的に前提にしてこそ、その包括された異質の諸要因との関係において国家やネーションの位置づけが可能になるのである。

さて最後に一点だけ、柄谷が氏族社会以前の遊動狩猟採集社会について述べていることに注意したい。それは柄谷の交換様式論の隠れたモティーフだったかもしれない。

遊動社会では、人々はむしろ遊動性（自由）であることによって平等なのですが、氏族社会では、各人の自由が否定されることによって平等なのです。このような区別がないと、コミュニズムをたんに共同所有という点でのみ見る考えになりやすい。（『帝国の構造』五八頁）

ここにさらに次のような注が付いている。

マルクスは『資本論』第一巻の最後に、資本主義的私有を否定することにより、共同所有にもとづいて、「個人的所有」が作り出される、と書いている。ここから、彼の考えるコミュニズムが、氏族社会よりも遊動社会に近いということができる。（同上五九頁）

遊動社会では、共同体としても個人としても自由に狩猟・採集が可能なように理解されているところに「遊動性（自由）」という表現が生まれ、コミュニズムと結び付けさせたのだろう。しかし、遊動社会の住民にとって（定住社会の住民にとっても）、生産手段であり生活圏である土地が無制限に利用可能だとする前提が成り立つのだろうか。むしろ一定の土地を自己の生存圏として確保するために、他の集団との競合・軋轢・戦争など、一種の土地の独占的利用をめぐる抗争が避けられなかったのではないか。この点マルクスの「資本主義的生産に先行する諸形態」では次のようなことが言われている。

遊牧民族は大地に対して、自己の所有物にたいする様態で関わる、……ただし彼らはこの所有をけっして固定しないのではあるが。アメリカの未開なインディアン諸部族における狩猟地がそうである。この部族は一定の地域を自己の狩猟域とみなして、他の諸部族にたいしてそれを強力をもって確保し、あるいは他の諸部族が確保する地域から彼らを追い出そうとするのである。」

（『マルクス資本論草稿集２』大月書店
一四二～一四三頁、訳文の一部変更）

つまり土地の独占あるいは排他的な利用の問題をぬきに、本当は住民の自由については何もいえないのではないか。そして交換様式論は、労働と並ぶ実体的要素たる土地問題をぬきにしないと成立しないことになるのではないか。

第二章　白井聡の国体論

「国体」は現実に存在するか
― 白井聡の『国体論』を読んで ―

第一節　「国体の歴史」としての日本近代史という視点

米国空軍の輸送機CV22オスプレイ五機が二〇一八年一〇月一日に横田基地に配備されることになった。なぜこうした配備が必要なのかについて、防衛省は軍事上の秘密として、説明する気がない。米国政府から説明を受けているのかどうかも分からない。すでに沖縄県に配備されているオスプレイの、事故や緊急着陸などトラブルが相次いでいる中での配備拡大について、日本政府は国民に何の情報も与えず、日本国民が関与できない形で意志決定が進む。そして米軍は首都圏の飛行空域を支配しているので、自由に演習を実施できるわけである。

こうしたことが沖縄県を中心に戦後一貫して継続しているのはなぜか。こんなに長く軍事上の対米従属が継続しているのは、日本が独立国とは言えず、米国の属国であるからなのか。フィリピンの米軍基地の撤去や、第二次世界大戦で日本と同様に連合軍に占領されたドイツと比較しても、こうしたことは異様であり、そこに日本的特殊性が絡んでいるのではないか。そこで白井聡が持ち出す視点が「国体」である。

「戦後日本の対米従属体制（永続敗戦レジーム）を、戦前からの連続性をもつ『戦後の国体』であると筆者は見なしているのである」（『国体論』集英社新書、二〇一八年刊、五七～五八頁）。

しかし、日本の近代史をいわゆる日米安保体制をも含めて「国体の歴史」（五四頁）とする大きな枠組みの設定が歴史あるいは現状の理解を闡明にするか、それとも戦前天皇制・戦後天皇制・安保体制をただ一色に塗り上げるだけなのか。また、それは現在の憲法改定の動きの理解の仕方にも関連を有する。つまり現在、自衛隊を合憲とする憲法改定を意図する自民党の動向があり、国家の基本法である憲法による制約の一定の解除によって、対米従属関係の下で自衛隊はどのようになるのか。白井の『国体論』は、対米従属を「戦後国体」とする一見魅力的であるが、しかし実に問題含みなのである。ここで検討する所以である。

「国体」は、言うまでもなく戦前の天皇に関わるものである。もしそれをただ天皇制と理解するならば、「天皇を中心とする政治体制」、あるいは「政治権力形成の源泉としての天皇」ということになろう。しかし、それでは戦後の歴史をも包括する枠組みとして「国体」とすることはできない。

白井が「国体」とするとき、「超憲法的」ということを基準にしている。「終戦から日米安保体制の成立に至る体制全般の危機の過程で天皇が果たした役割は、超憲法的なものであった」「超憲法的権力そのものであるGHQおよびアメリカ政府」（一六九頁）と述べて、戦後の天皇、GHQあるいはマッカーサー、それを支える米国政府、その後の安保体制を「超憲法的」、あるいは「憲法より上位にあるもの」という意味で「国体」としているのである。また、それは明治憲法の一面とも共通なものとされる。というか、天皇制の戦前の構造こそが「超憲法的存在」としての国体の原型なのである。まず、天皇即ち国家とされた時期、天皇制一般ではなく、特殊的に「国体」と呼称されるべき時期、すなわち国体明徴運動の時期を取り上げて、白井の国体理解の妥当性を検討してみよう。

第二節　戦前天皇制の二面という理解の限界

白井は『戦前の国体』を法制度的に確立した大日本帝国憲法」（九一頁）とし、それが必ずしも両立しない二面からなっていることを指摘する。「この憲法による天皇の位置づけは、絶対権力を握る神聖皇帝的なものであったのか、立憲君主制的なそれであったのか」（一〇〇頁）という問題を提起する。

しかし、これはもう決着のついている問題と思うが、白井自身は動揺している。一方では、天皇の専制を規定するかのような憲法の条文「統治権を総攬し」（第四条）は、天皇自身が具体的な法律の内容を決定するわけではなく、形式的な裁可（承認）を行うだけであること、「天皇は神聖にして侵すべからず」（第三条）も君主無答責、すなわち政治責任を問われることはないこと、と理解している。しかし他方、「現実には、明治憲法レジームの全歴史を通じて、天皇の意思は単なる形式的なものとして機能したわけではなかった」（一〇四頁）ともしている。

もし国体を超憲法的なものとして、「戦後の国体」なるものに連続したものと理解するためには、ファシズム形成期におけるイデオロギー転換の運動である天皇機関説事件・国体明徴運動が重要であるというのは、これによって明治憲法の二面のうち「立憲主義的解釈は主流の地位を失ったどころか、禁止されるに至った」（一〇五頁）からである。

白井は有名な『現代日本の思想―その五つの渦』（岩波新書、一九五六年）を援用して次のように言う。「戦後に、鶴見俊輔と久野収は、明治憲法レジームは、エリート向けには立憲君主制として現れ、大衆向けには神権政治体制として現れたのであり、前者は明治憲法の密教的側面、後者は顕教的側面としてそれぞれ機能した、と論じた。そして、昭和の軍国主義ファシズム体制の出現とは、神権政治体制の側面が立憲君主制の側面を呑み込んでしまった事態であった」（一〇一頁）。この鶴見と久野による顕教（神聖政治的側面）による密教（立憲主義的側面）征伐というストーリーは、現在でも気に入られているようで、白井も前著である『永続敗戦論』（太田出版、二〇一三年）でも援用していた。

しかし、このストーリーでは問題がむしろ見えなくなる。そして、それは白井の戦前天皇制、したがって国体の理解が危ぶまれるところである。その征伐の結果、天皇は明治憲法のもう一つの側面である「絶対権力を握る神聖皇帝的なもの」、すなわち超憲法的な存在という意味での国体となったとは言えないからである。この問題は、久野や白井の憲法の二面性理解によっては解けないであろう。

天皇機関説事件というのは、一九三五年の貴族院で当時の憲法解釈上の定説となっていた美濃部達吉の天皇機関説が攻撃された事件である。その説は、国家を法人と観念して、その具体的な担い手を機関と把握するもので、そこに天皇も含まれるとした。それに対して、国家そのものと天皇とを同一化して解釈する立場の者が攻撃してきたのである。

攻撃側は、本当は憲法解釈の学説と言えるようなものではなく、天皇を至上の主権者として、臣民はただそれに従属すべきものと考えるイデオロギー的主張をするにすぎないが、軍部や民間右翼がそれを支持し、ついに美濃部の著書を発禁に追い込み、さらにそのイデオロギーに沿って言論・思想統制を強め、天皇のイデオロギー理解としては「絶対権力を握る神聖皇帝的なもの」あるいは天皇親政というところまでおいこんだ。それは確かに明治憲法による天皇を含めた立憲主義（法治国家観）を突き破って、天皇を憲法に拘束されないものという意味で超憲法的なものとするイデオロギー転換を果たしたと言える。

しかし、それは白井も言うように、明治憲法の一側面を理解できるので、憲法外的ということではない。解釈的具体化において、意味の重点が変わったのである。しかし注意すべきは、それらはすべて法規範及びイデオロギーの次元のことであって、国家機構とそこでの行為という現実レベルのことではないという点である。

国体明徴運動で生じたことは、あくまでも天皇についての見方の転換であって、その存在の転換ではなかった。法規範及びその解釈の拘束性は、絶対的なものではなく、それに従わない独自の意志を形成することもできる。そしてこの場合、独自の意志を形成していたのが天皇自身だったのである。白井自身は全く触れていないが、当時侍従武官長であった本庄繁が、天皇機関説事件について天皇自身が美濃部説で良いとしていたことをその日記で記録している。また国体明徴運動については、陸軍も海軍も自分の（天皇の）意向に従わないのに、天皇機関説を排撃するのは矛盾しているのではないか、と述べている。

すなわち、「自分の意思に悖ることを勝手に為すは即ち、朕を機関説扱と為すものにあらざるなき乎との仰せあり」（『天皇百話上の巻』鶴見俊輔・中川六平編、ちくま文庫三二二頁）。とすれば、国体明徴運動の結果作られた国体即ち至上の天皇主権あるいは天皇親政は、規範レベルのものであって、現実の次元（国家機構とそこでの行為）ではないし、天皇の発言でも解るように軍部がそれを望んでいるわけでもない。国体明徴運動後においても天皇は、逆説的なことに、憲法における超憲法的な側面にも支えられて、独自に立憲主義の立場に立ちつづけたのである。

軍部にとって、天皇親政イデオロギーは、内閣や政党における実質的な政治意志形成を弱化させる効果があり、自らは名目的に天皇の意志に直属するという規定の「統帥権の独立」を根拠に、独裁的なヘゲモニーを確立していった。実際には、この場合にも逆説的に、軍部は満州事変以降天皇の意志を無視する「統帥権の干犯」をつづけ、天皇自身はむしろ立憲主義的天皇像に制約されて、したがって軍部の独走を抑える専制者としては振る舞えず、徐々に主導権を握った軍部の意向を受容していくことになる。

こう見てくれば解るように、国体なるものは、決して現実の政治機構・体制を意味せず、軍部を中心にして国民を統合するために強化されたイデオロギー以外のものではなかったのである。

第三節　講座派的思考か

では白井の戦前天皇制あるいは国体について、どう評価すべきか。次の箇所はいくらか総括的な言い方をしている。「明治憲法に立憲主義的に運用しうる要素が含まれていたにせよ、第三者の視点から見た一九四五年八月一〇日の時点での日本は、神権政治的理念によって衝き動かされた極度に軍国主義的な『専制君主制国家』以外の何物でもなかったし、それは明治憲法に孕まれていた可能性の実現形態のひとつであった」（一五〇頁）。

白井は、ファシズム期に「専制君主制国家」が確立し、それは明治憲法の「神聖皇帝的なもの」の実現形態と理解しているようである。そうでなければ「国体論」が成立しないとみたのだろう。それは先に見た形式的な裁可を行う天皇の方（立憲主義立場）をいわば外観とし、「神聖皇帝的なもの」の方を積極的な本質とするものである。

しかし、上に見たように戦前国家を、最終局面とはいえ「専制君主制国家」と規定することは、国体イデオロギーの理念をそのまま現実とすること、すなわち天皇親政が現実化したと捉えるものである。それは規範内容をそのまま現実性と同一次元化することに外ならない。その前提として、白井が、明治憲法が後進国特有の性格をもちながらも、ブルジョワ的な諸関係を保障する明治憲法の規定を押さえていないことがある。例えば二二条における居住・移転の自由、二七条の所有権規定は、労働力の商品化・土地の私有制を保障しようとするもので、にもかかわらず天皇を「絶対権力」者に祭り上げるのは、実質権力者の脆弱性と無責任性を補完する国家意志の外観（本質ではなく外観）が必要だったからである。「天皇陛下万歳」と唱えなければ、権力者としての自分を維持できなかったのである。

白井のこの「専制君主」規定は、大枠としては封建遺制をめぐる経済論抜きの絶対主義論に収まってしまう。そして、かつての絶対主義天皇制国家論と同様に、専制から日本人を解放したのは米軍という理解になってしまう可能性がある。しかし、米軍が解放軍として「市民革命」を起こしたとは到底言えないので、むしろ「専制君主制国家」は何らかの形で生き残っているものとすることになる。それが米軍あるいは米国に支えられた天皇制ということになるのは論理的帰結である。「対米従属の下に天皇の権威があり、さらにその下で営まれるものとして戦後民主主義は規定されていた。してみれば、象徴天皇制とは、大枠としての対米従属構造の一部を成すものとして設計されたものだった」（三五頁）。白井の「国体の歴史」は、このような経済論抜きの講座派的思考の大枠から出ることができていない。

第四節　戦後天皇の政治行為

さて、米国をいきなり「国体」とするのはあまりに突飛すぎるのだろう。やはり対米従属の契機として天皇が組み込まれていることが立論されなければならない。それが講和条約及び安保条約の締結までに確認される天皇の超憲法的行為というわけである。

しかし、まずはっきりしておかなければならないことは、国体を天皇制一般と等価概念としない限り、戦前の国体は戦後否定されたことである。国体の意味を、政治体制の中心的権威と捉えるにしても現人神イデオロギーと捉えるにしても、否定されたことは疑いない。占領期の軍部の解体、天皇自身のいわゆる人間宣言、そして昭和憲法による象徴規定は、個人の天皇教信仰を別にすれば、こうした否定の指標である。天皇制として残されたもの、そして天皇自身が死守しようとしたものは、皇統あるいは皇室なのであり、そのことには成功したと言える。

この点も白井はあいまいで、国体と皇統との区別をしないで、何か国体が連続的に維持されたかのように言っている。一方では「『新しい民主主義的法秩序』を獲得したという外観の下で、実は『国体』という旧秩序の要を成す概念が守り抜かれた」（一五六頁）とするが、他方では「『国体は護持された』という擬制」（一五九頁）ともしている。

白井は、天皇自身の「憲法に定められた天皇の権限から逸脱した政治介入」（一六八頁）が、戦後の天皇も「超憲法的なもの」とみることができ、それゆえ戦後も国体が維持されたと理解しているようである。白井が参照した豊下楢彦の業績で確認してみる。

1．新憲法施行の一九四七年五月三日の三日後、天皇はマッカーサーとの四回目の会見で、米国主導のもとで安全保障を米国に期待する旨の発言を行う。それは未だ内閣でも国会でも議論されていなかったことである（『昭和天皇の戦後日本』岩波書店、二〇一五年刊、九四頁）。

2．天皇からの連合国最高司令部外交局長へのメッセージ。「米国に沖縄での長期にわたる軍事占領を保証しつつ……『日本に主権を残しつつ、長期貸与の形をとるべき』と提言」（同上一〇三頁）。

3．天皇は一九五三年四月二〇日に駐米大使と会見し、朝鮮半島情勢に危機感を表明、その際「日本の安全保障にとって米軍が引き続き駐留することは絶対に必要」とする(同上二〇九頁)。

4・一九五五年八月二〇日、重光葵外相の訪米前、彼の日記によると、彼は「陛下より日米協力の反共の必要、駐屯軍の撤退は不可なり」と釘をさされた(同上二一〇頁)。

こうした政治行為が昭和憲法施行後のことからすれば、明白に象徴規定を逸脱しているし、第九九条の「天皇は…：この憲法を尊重し擁護する義務を負う」という規定に対する違反行為である。しかし、これは戦前の超憲法的なものとは全く違う。少なくとも明治憲法は、(矛盾した言い方をすれば)超憲法的な天皇を規定する憲法であった。それに対して戦後の天皇の憲法逸脱行為は、公然とではなく、いわば密室中での出来事として生じているのである。白井はこの差異に注目していないので、憲法違反行為を直ちに超憲法的すなわち国体の行為と見てしまっている。

規範論的にいえば、天皇の政治行為は法規範の私的無視である。ここで単に天皇の行為を違法とするのではなく、規範論的に言い換えたのは、規範の私的無視にも合理的根拠があることもあるからである。例えば自動車を運転していて、目の前の信号が青になったからといって、人が倒れていたばあい、信号の「進め」を私的に無視することには合理性あるいは正当性があるだろう。

この点に関わっては白井が次のように指摘している。「アメリカないしマッカーサーは、天皇の戦争責任追及よりも、より原理的な『国体の敵』から天皇を守った。その敵とは、共産主義である。東西対立が激化するなかで、この敵は、日本の天皇制のみならずアメリカ自身にとっても、絶対に打ち勝たなければならない存在であった。東西対立の激化がもたらした占領政策の転換、すなわち『逆コース』の流れのなかで、戦前戦中の保守支配層(とりわけファッショ化を推進した人々)は、かつて自ら主導して国民に『鬼畜』呼ばわりさせていた相手＝アメリカに取り入ることで復権の機会を摑んだわけだが、『対米協力＝反共主義＝国体の防衛』という三位一体は、こうした変節を正当化するための論理を与え、主権の自発的放棄を促す」(一五九―一六〇頁)。

言ってみれば、天皇の法の私的無視は、共産主義との対抗・対立の点で米国との共通利害に立ったことで正当化されていること、そして天皇を含めて戦争に責任を負うべき人々が、対米協力の立場をとり、また主権の自発的放棄を促進した、というわけである。ここの指摘は重要である。対米従属も米国の一方的な抑圧としてではなく、日本側の「自発的放棄」の結果とみているからである。

まず天皇の行動の背景には、そもそもロシア革命が皇帝を廃棄したこと、また天皇制廃止を叫ぶ日本の共産主義運動の担い手が戦後釈放され活動をはじめたこと、またソビエト・ロシアの発展および内乱への恐怖そして朝鮮半島の動乱があった。天皇の敗戦から戦後のこうした反共産主義の行動の根本動機は、皇統の守護であったろう。もちろん、そのことによって「神州」を守ると観念していたかもしれない。

ではこのことがあれば、憲法の私的無視は合理的な根拠があったと見なされるだろうか。天皇の名の下で、悲惨な戦争を引き起こし、膨大な死傷者を出したことから、政治権力を正当化する権威を放棄させる制約を与えた天皇の象徴規定に対して、国民の目に触れないところで政治的な指図をすることが、合理的なものとすることはできないだろう。米軍駐留の要請は、少なくとも国民に選ばれた人々が関与すべきことで、その場合、沖縄を切り離す政策で、「神州」(この中に沖縄は含まれない)を守ろうとするかどうかはわからないはずである。そもそも天皇に政治上の責任が問われることはないのである。とすれば、天皇の反共産主義の行動は(「国体の防衛」ではなく)皇統・皇室を守る政治状況を選択するという、日本国民の共同利害とされるかどうか不明な根拠によって、憲法規範の私的無視を行ったと言うしかない。

しかし、天皇のこの行為は、白井の言うように対共産主義との関係で米国の政治的軍事的利害とはよく一致したと言えるかもしれない。そこにはまさに戦後世界の枠組みという問題が現れていたのである。鎌倉孝夫の規定を参照しよう。

資本主義の軍事力は『社会主義』に対抗するものとして、しかもその『社会主義』対抗戦略の中心であるアメリカに従い、協調するものとして位置づけられた。したがって資本主義各国の軍事力は、相互の利害対立関係解決の暴力的手段(帝国主義戦争の軍事力)という側面は消極化した。

(『経済危機・その根源』新読者社、二〇〇一年刊、三八七頁)

戦後に至るまでも、いわゆる体制間対立に基づく対抗・対立があったが、それは「反資本主義」かつ「反社会主義」を掲げるファシズムとの対抗・対立のために一時的に消極化し、ファシズム国家の敗戦後、また復活した。天皇はそれこそ戦争責任の追及を米国の意向で回避できたこともあって、また皇統を守るという特殊な関心故に、いち早く、また断固として、憲法違反を意に介さずに米国の軍事力支配に「協調」する方向を選択していたのであった。しかし、これは天皇が米国の意向と合致した故に見過ごされた違法行為であり、到底専制的な意志の発現や国体としての行為とは言えず、政治的決定力を有していたものとすることはできない。

もちろん、こうした意味での親米「協調」関係をとろうとするのは天皇だけではない。例えば一九五一年一月に経団連など財界八団体が、ダレス特使に要望書を提出、その内容は「日本の提供する基地にアメリカ軍が駐留すること」「アメリカによる日本防衛」などを含んでいた。また占領後の米国への従属関係を講和・安保条約の調印で取り結んだのは、吉田茂首相であるが、しかしそれを原因として、「対米従属一辺倒」と非難する鳩山一郎に一九五四年に政権を奪われることになり、天皇としては思惑外の結果になったのである。

第五節　米国が天皇？

天皇の超憲法的存在を介して米国を国体視することができないとすれば、では米国を国体とすることに意味はあるのか。白井は様々なことを言っているが、政治経済的な日米関係の分析が欠如していた。おさらい的に言っておく。

戦後世界の枠組みにおいて、米国政府は、荒廃した敗戦国を経済支援によって、西側に引き留めつつ、日本の対米貿易による経済成長を許しながら、しかし自立的な帝国主義（独自の経済圏・為替管理・資源確保）になることを阻んできた。日本政府・財界もその条件下で体制間対立の資本主義陣営として米国に協調しながら経済的利益を得る道を追求してきた。そうした中で、資本主義的利益を確保するための自主的な規制・従属という慣行が定着し、政治上の指針にまでなった政治勢力を成長させてきたのである。

もちろん、こうした慣行に逆らう政治家も現れた。例えば、古くは上述の鳩山一郎、比較的最近では、田中角栄、細川護煕、鳩山由紀夫などは、しかし、直接米国が干渉しないとしても、その意をくんだ日本の対立勢力によって排斥されてきた。たぶん現在の米中間の貿易戦争に見られるような、いざ米国勢力が直接日本に牙をむいた場合に対処できないという恐怖心ゆえに財界・官僚・政治家が、こうした対米従属を選択してきたのであろう。またトランプ大統領が「日本の盗み」などと発言する現在、米国政府は、従属という関係をとりながら日本企業がうまく利益を確保してきたと見なしているのである。

さて白井は、こうした議論はつまらないと考えているようである。次のように言うからである。「端的に言えば、日本の対米従属の問題性の核心は、日米安保条約でもなければ、大規模な米軍基地が国土に置かれていることでもない」（二九六頁）、「日本は独立国ではなく、そうありたいという意思すら持っておらず、かつそのような現状を否認している」（二九七頁）。この「否認」については、次のような説明がついている。「本物の奴隷とは、奴隷である状態をこの上なく素晴らしいものと考え、自らが奴隷であることを否認する奴隷である」（同前）。さらに「現代日本にとっては、天皇とはアメリカである」（三〇三頁）とか「アメリカ自身に天皇そのものとして君臨してもらう」（三〇三頁）とか言っている。天皇と国体とを同一化しながら、さらに「アメリカ自身」が天皇？などと口を滑らしている。こうした混濁した議論になるのは、上に見たような資本主義国の利益をめぐる相互関係と調整を考慮しない上に、戦前天皇制および戦後の天皇の行動について見たのと同様に法規範論上の理論的押えが曖昧だからである。

戦後の早い時期でも米国政府の意向がそのまま通るわけではなかった。共産主義の封じ込めを構想するトルーマン・ドクトリンに基づいて米国政府は、日本政府に大規模な再軍備化・経済の軍事化を促したが、当時の日本社会党や総評の反対もあって、構想どおりに事は進まなかったのである。つまり憲法は、たとえそれがＧＨＱの構想のもとに作成されたとしても、米国政府の構想が変化したからといって、直ちに変更できない法規範としての固定性・拘束性を有していたのである。

他面では再軍備の開始となる警察予備隊の創設がなされ、当時の吉田内閣は、それが軍隊ではないと強弁することによって、法規範の一種の「現在化」を行った。これが後にいう「解釈改憲」である。首相自身は、米国政府の意向と違って国内治安に重点を置いていたようである。

こう見てくれば、対米従属といっても、それは経済的・政治的・軍事的な力の差を前提にしたうえで、大枠としては、対社会主義あるいは帝国主義的進出のための対抗勢力への対決・対抗における「協調」関係であり、また資本主義相互の利益の「調整」関係であり、日本側に従属関係として現れているものも、日米の合意が成立しているものであるかぎり、日本側の特殊利害に基づく選択でもあるとしなければならない。ことさら米国政府・軍の動向が一方的なものと見えるとすれば、それは日本政府が選び取る特殊利害とそれに伴う国民に敵対的な側面を隠蔽し、責任を回避しようとしたことの結果である。たとえば、自動車の輸出数量の確保のために、米国産の農作物輸入増加のために関税の引き下げを余儀なくされた、といったもの。この場合、自動車に関わる利益集団を守る理由の説明は、ないのが普通である。また日米地位協定の撤廃に向けて動こうとしないのは、日本政府自身である。こうした事態を、何か国民の「現状の否認」や「国体概念の投影」と見ることは、日本政府の責任を免じてしまうことになろう。

第六節　現在の改憲動向への視角

さらに現在の憲法論議にも一石を投じるような発言があるが、これも同じ問題を抱えている。

「永続敗戦レジームを無限延命させたい勢力から見れば、朝鮮半島有事の発生はすべての懸念を解決する。在日米軍基地への攻撃は日本本土への攻撃でもあり、自衛隊の発動が可能となるのだから、その際に日本が応じる動員は、直接的戦闘行為から一歩引いたものである必要はなくなる」。その場合には「『憲法九条と自衛隊』の問題も吹き飛ぶ。現に戦争しているという現実のなかでは、紙に書かれた『戦争放棄』は意味を失う」（三三二頁）。

ここで有事の際、まず日本本土への攻撃を想定しているところに、実は憲法の拘束力を白井も承知していることを示している。しかし「紙に書かれた『戦争放棄』」というところに法規範についての無理解が示されてもいる。「紙に書かれたもの」は、法規範ではなく、その表現である。法規範自体は国家意志として、これまた法に基づく手続きにより観念的に客観的なものへ対象化されたものである。この規範に従うことによって、特定の行為は正当化される。もしこの正当性が欠けるならば、いつまでも非難される可能性があるので、たとえ専制政治でも法的な支えを求めるのである。ヒットラーは、いわゆる全権委任法によって、立法権を執行権に統合したし、戦前の軍部も「統帥権の独立」という憲法規定に基づいて政治支配を可能にした。そうでなければ、現在の安倍首相らが、改憲によって自衛隊を合法化しようとする理由もわからないだろう。

ここには興味深いことが現れている。安倍首相の改憲案は、一見ただ現状を追認するだけであるにもかかわらず、様々なアンケートで必ずしも多数の賛成者を得ることができていないということである。思うに、国民も学んできているのである。つまり戦力不保持を規定している現憲法の下でも、解釈によって巨大な戦力を保持し、また自衛の対象とする行動範囲も拡大させ、米国軍との相互協力を容認し、さらに米国の核持ち込みについての事前協議を提起しないという密約をおこない、司法もそれについて判断をしない。とすれば、ただ自衛隊を合法とする改憲でも、それがいったん成立すれば、さらに再度の解釈改憲その他が付け加わると予想されてもおかしくない。要するに改憲とは、改憲＋さらなる解釈改憲＋さらなる密約＋さらなる司法のノーチェックという重層的側面を持ったものであることを、国民はこれまでの憲法をめぐる抗争から学んできていると思われる。また自民党の「自主憲法制定」が、決して対米従属の解消を目指すものではなく、より一層米国の世界戦略に「自主的に」自らを組み入れていくものであることを、国民は知っているのである。

白井からすれば、九条を守れ、と叫んでいるのは、現実を否認する奴隷の証拠で、むしろ自主憲法制定の運動の方が現実についての知を有していると見ているかもしれない。しかし、それでは法規範の拘束性と同時にそれが絶対的ではないという意志の重層性を、白井より国民の方が的確に捉えていることになるのである。

第Ⅳ篇　「変革」実践の課題

第一章　改憲攻撃への対抗軸

はじめに

この間の「憲法」を巡る議論自体は多様であるが、今日「改憲」を積極的に志向している主体が安倍晋三に代表される「戦後レジームの脱却」を唱える歴史修正主義者たちであるために、主たる議論は「九条改悪」に象徴される「改憲による戦後の否定」を許すのかどうかという点に集中している。それは、多くの日本人にとって「戦後」なるものが、「日本国憲法」と一体のものとして(それが否定した「戦前」とは異質な「戦後」として)理解されており、したがって、彼らが「戦後」を「脱却」するとは、まさに「日本国憲法の否定」をこそ意味しているからに他ならない。

だから、現政権に対峙し、「日本国憲法」を擁護し、憲法を政治に生かそうとする人たちにとっては、彼らが「戦後」をことさら否定的に(「戦前」の美化を伴って)描くために、それへの対抗として当然にも「戦後」を肯定的に捉え、「戦後」の「否定」を許さないということにもなるのである。もちろん「戦前」「戦中」に対する「戦後」を、「軍国=ニッポン」を否定した「平和国家=日本」という、まさに「日本国憲法」=「平和憲法」による「戦後」として肯定的に理解し、それからの「脱却」を掲げる現政権に対抗する実践が、今日の政治情勢下に重要な意義を有していることは論を俟たない。しかし、だからと言って「日本国憲法」と一体の「戦後」なる実体が存在していたわけではなく、すでに議論され尽くしたことではあるが、自衛隊の存在を含めて「なし崩し改憲」は「戦後」過程を通して進行していたのであり、歴史修正主義者が言う程に「戦後」が憲法を具現化していたわけでないことも自明のことなのである。

大切なことは、「日本国憲法」との関わりにおいてだけではなく、「戦後〇〇年」と呼ばれ続けてきた「戦後」そのものが、何か「戦後」なる実体が七〇余年にわたって存在し続けたと言うのではなく、「戦後」という呼び名のままにその実体を変化させてきており、その内実を問うことなしには「戦後の脱却」も「戦後の肯定」も意味をなさないということなのである。そして、この七〇余年間の丁度真ん中にあたる一九八〇年前後の世界と日本が、実にそれまでの「戦後」とその後今日に繋がる「戦後」とを隔絶する変化の真っ只中にあったのであり、したがって、今日の日本で進行する「改憲」への動きをも含めた事態の本質は、「七〇余年続いている戦後」を「脱却する」とか「否定する」とかというものではなく、この八〇年を前後する時期の「戦後の変質」の帰結としてこそ理解されねばならないのである。

そこで、第二次世界戦争後という意味での「戦後」なるものを、世界史の推移の中に歴史的に位置付け、それが「変質」せざるを得なかった「必然性」を明らかにすると共に、その「必然性」を廃棄できる(したがって、その「必然性」の内に顕現してきた「改憲」への動きをも阻止し得る)実践の質と内容を明示したい。

第一節 「戦後体制」の総括視点

一 「戦後世界」の終焉を告げた七〇―八〇年代

一九四五年に始まった「戦後世界」が「米ソ冷戦」体制であったことは、周知のところである。それは、ソ連赤軍による「ヨーロッパの解放」後の西欧資本主義の体制的危機と、日本敗戦後の中国革命に至るアジアの独立―社会主義化による植民地支配の危機とに代表される「資本主義体制の危機」に対して、第二次世界戦争を経て絶対的な資金力と軍事力を有していたアメリカ資本主義が、独自利益というよりは資本主義総体の体制維持のために構築した、「パクス・アメリカーナ(=アメリカによる平和)」と呼ばれる体制の成立によってもたらされたものであった。

アメリカの資金と技術によって西欧、日本の戦後復興・経済成長を達成し、また旧植民地に対しては経済援助と軍事介入でその社会主義化を阻止するという、日欧資本主義の再建と「社会主義封じ込め」を実現していたのが、「冷戦」とか「体制間対立」とかと言われた五〇―六〇年代の世界であるが、この戦後世界が六〇年代を通して動揺を開始することになる。「パクス・アメリカーナ」の下で再建された西欧、日本の資本主義との競合に加え、ヴェトナムへの対社会主義軍事介入の拡大によってドル危機が進行し、アメリカの圧倒的な金準備で支えられた戦後国際通貨体制=ブレトン・ウッズ体制の維持が困難になるのである。そして、その体制維持の限度を露呈させた七一年の金=ドル交換停止が、対中国和解とセットになっていたのである。アメリカ資本主義の独自利益を犠牲にしてでも、対社会主義共同反革命体制を維持しなければならない「パクス・アメリカーナ」の存続が困難となり、各国資本主義の成長のためのドルの犠牲を拒否し、社会主義の封じ込めからの撤収に向かったのが、二つのニクソン・ショックに他ならなかった。

したがって、七〇年代の世界は、アメリカ資本主義の一方的な負担による各国資本主義の経済成長を実現した「戦後」の終焉を現出させ、同時に、その裏面でもあった朝鮮戦争からヴェトナム戦争へと続くアジアでの対社会主義戦争に象徴的な「社会主義封じ込め」体制としての「戦後」の終焉をも現出させたのである。実際、七〇年代の世界は、ブレトン・ウッズ体制の破綻から変動相場制移行へという国際通貨体制の動揺の中、オイル・ショックを契機に同時不況に陥る資本主義各国に対して、ヴェトナム・インドシナから中東・アフリカに至る第三世界社会主義政権の続出と、東欧社会主義の「経済成長」という「社会主義の前進」によって特徴付けられることになる。

ところが、その「七〇年代社会主義の前進」の内実は、人間社会の再生産が資本の利潤追求運動の内に実現される資本主義社会を否定し、その根拠である労働力の商品化（人間労働者と土地自然力との分離）を解消できる、マルクスが一五〇年前に理論的に示し、レニンが一〇〇年前に「夢想」（1）した「社会主義」とはかけ離れたものであった。生活資料と生産手段の生産・分配・消費を通した人間社会の再生産を、人間労働者が資本に代わって主体的に目的意識的に担うことによって社会的に実現するという社会主義社会は、死の床に伏したレニンが確信していたように、労農大衆がより文化的になり、統治主体としての自覚を持って新しい経済関係を建設する、つまり、民衆自身が自主的に「社会的結合の新しい形態」（2）を打ち立てることによってのみ可能となるのである。そして、このための闘いは、搾取者の打倒や帝国主義の干渉戦争への軍事的反撃の闘いとは全く異なった、より遥かに困難な闘いであるが故に、現実に進行するロシア革命の中では「夢想」するしかなく、実際、レニン死後のソ連社会主義は、レニンの「夢想」とは対極の、彼が批判してやまなかった「反対の準則」（1）が支配する「前ブルジョア型の文化」（1）を残したままの「情けない」（1）革命権力による「忌まわしい」（1）存在へと純化し、それが、レニンの権威を借りた社会主義の理想の体現とされることになってしまったのである。

注

（1）「量はすくなくても質のよいものを」（一九二三年、『レーニン全集』第三三巻）より。

（2）「古来の制度の破壊から新しい制度の創造へ」（一九二〇年、同第三〇巻）より。

なお、革命後の社会主義実現のためのレニンの苦闘に関しては、鎌倉孝夫監修『現代と朝鮮・上』一四七～一五三頁を参照。

それでも、その「社会主義」が、戦後世界の中にあって、資本主義の支配に抗する人たちの拠り所として「資本主義に対抗する社会主義」であり続ける間は資本主義への制約要因となり、それがアメリカ資本主義の負担による「パクス・アメリカーナ」を成立させてもいたのである。しかし、その過程においても、実は五〇―六〇年代を通してソ連・東欧の「社会主義計画経済」の無理が露呈し、六〇年代後半にはヴェトナムの社会主義勢力の闘いを支え続ける一方で、すでに西欧を中心とした資本主義からの設備、技術の導入に頼るまでになっていたのである。したがって、七〇年代の東欧社会主義の経済成長も、社会主義としての経済成長といえるものではなく、六〇年代後半以来の資本主義諸国からの設備、技術に加えて借款や外資の導入に依存した重工業化によるものであり、それを可能にした背景の一つが、復興した西ドイツ資本主義の六〇年代後半から始まる東欧市場を目指した「東方政策」とオイル・ショック後の不況下の過剰資金が対東欧投資へ向かうという、「パクス・アメリカーナ」の限界に突き動かされた各国資本主義の対社会主義協調政策でもあったのである。

このように、すでに「資本主義に対抗する社会主義」としての存在も危うくなっていた現存社会主義が、七〇年代の「戦後資本主義の存続限度の露呈」と「第三世界社会主義の前進」に直面することになったのである。本来、資本主義に代わるべき社会であるはずの社会主義は、資本主義が健在である間は、対抗勢力としての存在のみで充分に歴史的な意義を有することになるのであるが、資本主義が限界を露呈することになれば、当然にも、資本主義に代わる社会たり得るかどうかの内実が問われることになるのであり、その意味では、七〇年代の社会主義は、すでに歴史的役割を終えていたと言わざるを得ないのである。実際、資本主義の資金と技術に依存した東欧諸国の「経済成長」は、予期していなかった資本主義の七〇年代不況の長期化によって、貿易赤字と対外債務の急拡大を招き八〇年代の経済危機へ向かうことになる。さらに、東欧同様に「社会主義経済建設」の無理に直面しつつも、未だ「社会主義の盟主」として東欧への安価なエネルギー供給をはじめとした対社会主義援助を継続していたソ連にとっても、「社会主義の盟主=ソ連」からの援助を前提とする七〇年代の「第三世界社会主義の前進」は堪え難い負担の強制となり、七九年の「社会主義防衛のため」のアフガニスタンへの軍事介入と内戦の泥沼化は、八〇年代を通して「ソ連社会主義そのものの崩壊」を準備することになったのである。

戦後から今日に至る中間点の一九八〇年を前後する時期は、まさに世界戦争後に出現した、「ソ連を盟主とした社会主義の前進」を阻止し、日欧資本主義の再建と旧植民地の資本主義のもとへの再統合を目指す「パクス・アメリカーナ」の機能不全が明確になると同時に、その「パクス・アメリカーナ」を資本主義に強制していた「社会主義の前進」自体がその限度を露呈させる時期、つまり「第二次世界戦争後に出現・成立した世界」という意味での「戦後」が終焉を迎えた時期だったのである。このような七一年のニクソン・ショックから始まり八九年のベルリンの壁崩壊に至る八〇年を中心に置いた二十年間の世界の推移を想起するだけでも、私たちは、今日に至る七〇余年を一括りに「戦後」として理解し、昨今のこの国に出現している事態を「戦後の脱却」だとか「戦後の否定」だとかとして安易に語って済ませるわけにはいかないのである。

二　「労働者の生活向上が可能な資本主義」の実現と終焉

日本にとっての「戦後」とは、狭義の意味では「米軍占領下で開始される復興から第一期高度経済成長の開始まで」であり、五六年の「経済白書」の記述（「もはや戦後ではない」）が、そのことを象徴していた。しかし多くの日本人にとっては、戦後十年にして「戦後」が終焉したわけではなく、占領下の前半期と朝鮮特需による経済復興の後半期というこの十年間は、むしろ「敗戦直後の混乱期」、いわば「戦中」に継続する時期であり、少なくとも「戦前」と対比できる概念としての「戦後」は、この時期を経て出現してきたのである。実際、今日に至るまで多くの日本人にとっては、五〇年代後半からの高度経済成長によって達成された「新しい日本」こそが、戦争―敗戦に帰結する「軍国=ニッポン」としての「戦前」に対峙してイメージできる「戦後」であった。

それは、一次産業従事者が二次産業従事者の二倍近いという、未だ戦前来の農業国であった五五年時点の日本社会が、高度経済成長を経た十五年後には先進工業国化どころか、ＧＤＰ世界第二位の「経済大国」となることによって、「戦前日本」とは異質な「戦後日本」を登場させたということでもあったのである。そして、この「戦後日本」を実現させたものこそが、アメリカによる資金と技術と市場の提供（まさに「パクス・アメリカーナ」のもとでの経済成長）だったわけであるが、それはひとり「戦後日本」だけがそうだったわけではない。確かに、後進資本主義に特有の広範な国内農業を温存した資本主義社会であった「戦前」が、先進工業国へ急変した日本の「戦後」は特異なものではあるが、日本に限らずアメリカ以外の資本主義諸国の「戦後」は、英仏などの戦勝国を含めて、いずれもがアメリカの援助なしには復興どころか資本主義体制の維持そのものが危うかったのである。そして、そのいずれの国の「戦後」も、

「戦前」とは異なった資本主義社会として復興することになるのであるが、それが「修正資本主義」とか「混合経済」とかと呼ばれた、労働者福祉が前提される(そのために資本の自由な活動が規制される)、戦前期までの資本主義とは異質な、後に「福祉国家」と呼ばれることになる資本主義だったのである。

資本—賃労働関係が前提される以上、労働者の恒常的な生活向上の実現は当然資本の利潤を制約することになるのであるが、「戦後」の資本主義は、実にその常識とは異なって、自ら巨大な利潤を獲得し「高度経済成長」という継続した資本蓄積を達成しつつ、同時に労働者の実質賃金の上昇、生活水準の飛躍的な向上をも実現したのである。それを可能としたものが、繰り返し言うように、アメリカの一方的な負担によって実現される「パクス・アメリカーナ」と呼ばれる戦後資本主義世界体制であり、そのことによって、各国資本主義は再建され、また労働者も「資本主義のもとでの生活向上」を肯定的に受け入れることになったのである。それは、日本における高度経済成長とそこでの労働者の意識の推移がそうであっただけではなく、自民党政権下の日本とは明らかに異質な、戦後期イギリスのアトリー労働党政権や六〇—七〇年代の西ドイツ社民党政権に代表される、労働者政党による資本への規制強化と労働者福祉の拡充という、いわゆる「社民政策」の実現自体が、「パクス・アメリカーナ」のもとでの「労働者の生活向上が可能な資本主義」の一つのありようであったということなのである。

こうして、日本だけではない全ての資本主義諸国が、「(社会主義でなくとも)労働者の生活向上が実現できる資本主義」として再建されることによって、「戦前」の資本主義が生み出した「戦争」の結果としての体制的危機(社会主義革命の現実性)を克服した資本主義としての「戦後」を実現できたのである。その意味で、圧倒的なアメリカの資金力、技術力、軍事力によって支えられた、アメリカ資本主義の一方的負担によって実現・維持された「パクス・アメリカーナ」の「戦後」とは、独ソ戦勝利によるソ連の東欧制圧、抗日戦争の延長上に前進するアジアの反植民地闘争の社会主義化、さらに、何よりも西欧における反ファシズム闘争主体を継承する社会主義勢力の急成長という、全世界的規模での社会主義の前進に強制された、資本主義総体にとっての唯一の体制維持策の帰結として、「社会主義に対抗できる(社会主義でなくとも労働者の生活向上が可能な)資本主義」を実現したものだったのである。

ところが、その「戦後」を実現した条件が先に見た通り、六〇年代を通して喪失されることになるのであり、その帰結が、七〇年代に各国資本主義に一般化するスタグフレーションに他ならなかった。インフレと不況の同時進行というスタグフレーションの常態化は、アメリカの負担を前提とした各国資本主義のケインズ政策による経済成長(その成果としての賃金上昇と資本蓄積の同時進行)が困難になったということ、つまり「賃金の継続的上昇を実現しながら利潤の拡大を達成する」という、いわば「資本主義の非常識」を可能とする「戦後」が終焉したことを示していたのである。

三　資本主義の歴史的限度を示した「戦後の終焉」

したがって七〇年代以降の資本主義は、「戦後」的様相を転換し、本来の資本主義らしさに立ち返ることになるのであるが、それを可能にしたものが、この「戦後」期を通して実現できた「社会主義の前進」の抑制であった。確かにこの時期は、先にも見た通り、ヴェトナム・インドシナでの社会主義勢力の徹底抗戦に触発された第三世界民族解放闘争の社会主義的前進や資本主義諸国における反戦闘争の高揚という、一見「社会主義の前進」を示していたようにも理解されるが、重要なことは、資本主義に「戦後」を強制した「社会主義の前進」の内実である「ソ連を中軸とした現存社会主義の発展・拡大」とそれに呼応した「資本主義各国の社会主義政権を目指す労働運動・社会主義運動の高揚」という終戦直後の現実が、その後の「戦後」期に形成された「社会主義に対抗する資本主義」の実現の中で、すでに変質していたということなのである。実際、国際共産主義運動の中軸を担うはずのコミンフォルムの混乱から始まり中ソの軍事対立にまで至る現存社会主義の混迷という、資本主義にとってはいわば「敵失」ともいうべき事態に加えて、その影響をも受けつつ、資本主義各国の労働者の意識が、「社会主義に対抗できる(社会主義でなくとも生活向上が可能な)資本主義」の現実化の中で確実に変化し、資本主義を肯定的に受け入れるまでになっていたのである。

この「社会主義の前進」という重圧の解消を踏まえて、社会主義の前進を阻止し資本主義体制を維持する機能を一義としていた「パクス・アメリカーナ」が、「アメリカ資本主義のためのパクス・アメリカーナ」へと変容を開始することになる。アメリカ資本主義の全面的な負担によって復興・成長を遂げた日欧資本主義との競争戦が熾烈さを増す中、対中和解、対ソデタントと対をなしてなされた金＝ドル交換停止こそが、アメリカ資本主義が本来の資本主義に立ち返ることの宣言に他ならなかった。もはや、ドルの一方的犠牲による各国資本主義の存続は認めないということ、いまや「脅威」というよりは、新たな市場として対処可能となった(実際、六〇年代を通して西ドイツは、ソ連型計画経済の破綻後の東欧へ輸出を拡大させている）現存社会主義との協調を前提に、日欧資本主義に対抗するということ、まさに日米欧の各国資本主義が商品・資本市場を巡って争奪戦を展開するという本来の資本主義の姿が現実のものとなってきたのである。

しかし重要なことは、「本来の資本主義」とは言っても、それが戦前期までの、つまり第二次大戦という資本主義各国間の総力戦を必然化させるような意味での「本来の資本主義」とは決定的に異なっているということである。それは、七〇年代以降の資本主義の展開が、「現存社会主義の社会主義としての発展の無理性」と「資本主義各国の労働者の資本のもとへの統合の実現」とを前提に可能となっているに過ぎないということであり、それは逆に言えば、七〇年代以降の資本主義は、現存社会主義の動向と資本のもとへの労働者の統合のありように常に制約され、規定されて存続するしかない資本主義ということなのである。つまり、ロシア革命によって現実のものとなった社会主義社会の現存在に規定された資本主義が、「社会主義に対抗できる資本主義」として唯一構築しえた「パクス・アメリカーナ」の終焉を迎えた以上、その展開は、常に現存社会主義と各国資本主義の労働者のありようへの対応に条件付けられたものとならざるを得ない、その意味で、ブレトン・ウッズ体制の崩壊が各国資本主義の主体的・直接的対決へとは至り得なかったように、資本自らが主体として歴史的に形成・維持し続けてきた「資本主義世界」が「戦後」とともに終焉したということ、まさに資本主義の歴史的限度が明確になったということだったのである。

したがって、その一つの制約条件である、七〇年代から八〇年代に進行した、ヴェトナム・インドシナ社会主義の勝利の衝撃から九〇年代初頭のソ連崩壊に至るまでの現存社会主義の動向が、その時々の各国資本主義のありようを大きく規定していたことは言うまでもないが、そのほとんどが社会主義の内実（生活資料と生産手段の生産・分配・消費を通した人間社会の再生産を、人間労働者が主体的に目的意識的に担う意識と能力の獲得）への接近、つまり、社会主義としての発展の内在的制約要因の克服とは程遠いものであった。それは、社会主義社会に前提されなければならない労働者一人一人の社会の主体としての自覚と、その主体性を正しく発揮し得るために必要な人間社会の経済原則の認識とを、共に有していない「情けない」社会であったが故に、資本主義に変わる新たな自律的社会を明示することができないだけではなく、その「情けない」社会の困難性を対資本主義協調による資本への依存によって弥縫することしかできなかったという意味で、人類史における社会主義の歴史的意義としては限定的なものでしかなかったということなのである。

「社会主義崩壊」によって一挙に進行することになる東欧・ロシアの事態だけではなく、中国における「改革・開放」によって進行する事態もが、社会主義への接近とは真逆の土地の収奪（外国資本や国家による）を通した人間労働者と土地自然力との分離という「資本主義化」へと収束するものであり、資本主義の展開を制約するとはとても言えない、資本主義にとっては資本蓄積の拡大に寄与する条件として活用できる存在となってきたのである。先に指摘した「現存社会主義は七〇年代においてすでに歴史的使命を終えていた」ということも、このようなものとして理解されるべきものなのである。

ということは、七〇年代以降の資本主義にとっての制約要因は、極言すれば「資本主義各国の労働者の資本のもとへの統合のありよう」のみであったのである。「（社会主義でなくても）生活向上が実現できる資本主義」の現実化の中で資本主義を肯定することになった労働者が、七〇年代以降の資本主義の現実を、どう意識し、どう行動するのか、ということが資本主義にとって決定的となっていたのである。「労働者の生活向上を実現できる資本主義」の維持が困難となった七〇年代以降の資本主義のもとでは、労働者が六〇年代までに実現された実質賃金の上昇を継続的に確保する限り、不況対策の財政支出も効果を発揮せず、インフレと不況の同時進行（スタグフレーション）が深刻化することになるのである。したがって、そのような状況下での資本主義各国の労働者の行動の質が世界史的に問われることになったのである。

四　歴史的限度を超えて存続する資本主義

資本—賃労働関係のもとでは、資本の利潤獲得が可能な限りにおいて労働者の雇用も実現するわけであるから、賃金上昇によって資本の利潤獲得が困難になれば、労働者は賃金の抑制か失業かのいずれかを迫られることになる。その時、労働者が社会的・政治的力を有していれば、資本への社会的規制の強化と社会保障制度の拡充によって、不況下の失業があっても生活の質を維持することは可能であるが、逆に労働者が労働者としての社会的意識よりも個別資本への帰属意識を強く有していれば、雇用を守るために賃金の抑制を容易に受け入れることになる。そして、前者の場合は一定期間の労働者福祉の継続は可能となるが、資本の蓄積は大きく制約されることになって不況は長期化し、さらに後者のような賃金抑制が可能な資本主義に国際競争戦で敗れることになると、失業の増大、国家財政の悪化から、最終的には資本主義のもとでの社会再生産自体が困難とならざるを得ず、結局のところ賃金の抑制による社会関係の維持へ向かわざるをえない。

まさに、七〇年代の世界は、各国資本主義の労働者に、資本―賃労働関係(資本への依存)を前提に自己の生活を維持しようとする限り(それが資本に対抗して従来の生活水準を維持しようとするのか、資本に同化して生活水準の低下に甘んじるのか、に違いはあっても)、「戦後」与えられた「労働者福祉」の継続が不可能になることを示していたのである。そして実際、七〇年代不況が本格化するや、いち早く資本の要請に応じて主力労組が「減量経営」に協力した日本を筆頭に、欧米においても八〇年代の新自由主義政権下で賃金抑制が常態化し、労働分配率は七〇年代中葉をピークに低下し続けることになるのである。しかし、それは、資本主義社会が資本活動(利潤獲得を絶対的目標とした)によって社会の再生産を実現している社会である以上、その社会の存続のためには、何よりも資本の利潤獲得が十分に実現されなければならないという、いわば「資本主義の常識」が示されていたに過ぎないのであるが、ただ、このことが「戦後」の終焉という条件下で現実化したということが、世界史的に重要な意味を持つことになるのである。

それは、十九世紀中葉の国際的な農工分業下でイギリス産業資本が主導する景気循環や、二十世紀前半期までの各国資本主義の植民地・勢力圏確保とその実現のための帝国主義間戦争という、資本主義が一社会として存立できるための世界史的条件が、「パクス・アメリカーナ」のもとで再構築された各国資本主義には前提されえないということなのである。資本が利潤獲得を通して社会存立に必要な生活資料と生産手段を供給し得る限りにおいて、資本主義は一社会を成立させているわけであるが、それを可能としたイギリス産業資本の主導する景気循環や、勢力圏確保のための帝国主義戦争が、すでにその実現の歴史的条件を喪失している以上、いかに賃金を抑制しても社会存立に必要な生産活動によっては利潤獲得が困難となり、資本活動は利潤獲得がより確実な領域へ向かうことになるのである。

その結果が、各国資本主義において、七〇年代以降、より顕著には八〇年代以降に、商業、金融・証券業、サービス業といった非製造業が拡大する、資本活動の生産部門から非生産部門への移動だったのである。まさに、七〇年代以降の世界にあっては、資本活動は、社会存立に必要な生活資料と生産手段の供給から撤退し(それらの多くは低賃金を求めて資本輸出=海外生産になり、国内生産は軍需、原子力に象徴される不生産的な人間・環境破壊的な分野に集中することになり)、非生産部門、不生産的部門での利潤拡大を目指すことになるのである。今日の日本で一般的な、ほとんどの労働者が生産活動とは無縁な(社会存立にとって必要とは言えない)活動に従事し、自らの生活物資は全面的に輸入品を購入するという、資本主義社会とはいっても、資本―賃労働関係によって一社会が成立しているとは言い難い、つまり、資本に雇用された労働者が社会的に必要な生活資料と生産手段を生産し、対価として得た賃金で自ら生産した生活資料を買い戻す関係によって成立しているとは言えない社会へ向かうことになったのである。

そのような社会にあっては、資本―賃労働の関係が、労働者の生産活動という資本の生産過程の中にあっても労働者の生産主体性なしには達成し得ない領域を有さなくなり、労働者の活動自体が、商業活動(できるだけ安く買い、できるだけ高く売る活動)に典型的な純粋に資本活動(利潤獲得活動)となるため、労働者の意識そのものが資本活動に同化され、低賃金・長時間労働をコスト削減のためとして容認することになる。それは、未だ残存している生産部門においても、利潤獲得の困難故の競争の激化の中で、そこにおける労働者にまで浸透し、生産主体としての意識を希薄化させ、コスト削減を最優先させた「手抜き」や「偽装」といった生産主体としては本来許容し得ない生産物の品質劣化を容認することになり、それらが供給されることによって危険極まりない社会が現実化することになる。このように、人間社会の再生産に必要な生活資料と生産手段の生産・分配・消費という経済原則を、資本が自らの利潤獲得運動のうちに実現することが困難となった社会においては、資本に同化した労働者意識故の低賃金・長時間労働の歯止めなき常態化に加え、その結果でもある資本の供給する財とサービスの劣化によって、人間存在そのものの、したがって人間社会の再生産の危機を招くことになるのである。

今日「資本の多国籍化」とか「経済のグローバル化」とかと言われ、何か説明された気になりがちであるが、ことの本質は、資本が利潤の根拠を本国労働者の搾取に求める(労働者の生産によって生み出される剰余労働部分の獲得である以上、必要労働部分は労働者へ分与され、労働者の生活も維持され、社会としての存続も可能となる)のではなく、「多国籍化」「グローバル化」の名による海外生産や国際金融取引の展開を前提に、本国労働者に対しては、それらに付随する商業、金融・証券業等の非生産部門への統合による強収奪(剰余労働を前提とする搾取ではなく、商業労働に典型的な剰余価値からの控除分の削減が目的とされるが故に、人間破壊にまで至る際限のない効率性が目指される)を常とするということ、まさに、今日の世界においては、資本の活動の内に人間社会を再生産することが困難になったということなのである。

そして、それこそが、「戦後」の終焉を迎えた七〇年代以降の世界において、資本主義諸国の多くの労働者が「戦後期の生活向上」を肯定的に捉え、その前提であった資本―賃労働の関係をそのままに、資本の主体性に依存した労働と生活を続けることによって、「戦後」の終焉後の資本主義の新たな展開を可能とし、「戦後」とは異質な今日に繋がる歴史が形成されてきた帰結に他ならないのである。ということは、逆に言えば、七〇―八〇年代が別の質を有していたならば、当然にも今日の世界と日本のありようが別のものになっていたということでもあるのであり、そして、その可能性が当時も全くなかったわけではないのである。

第二節　今こそ、社会(主義)の主体としての実践を

一　七〇―八〇年代の労働者に問われていた歴史的課題

私たちは、「戦後期の生活向上」を経て、「戦前」とは明らかに異質な「豊かな社会」が現実のものとなった七〇年代の日本社会に、多くの労働者が自らの「豊かな生活」を肯定的に捉え、それの継続のために「より多くの賃金」か「安定した雇用」かを追い求めていた時に、早くも、その「豊かな社会」の非人間性を告発する人たちがいたことを忘れてはならない。「豊かな社会」を実現した高度経済成長が幾多の「公害」を生み出してきた現実、また、「生活を豊かにするもの」として供給される幾多の商品が本来の人間生活にとって必要でないどころか有害なものであると言うこと、さらには、経済成長自体がアメリカのアジア・ヴェトナム侵略に直接・間接に支えられていたという事実、このような内実を有した「戦後期の生活向上」を安易に受け入れることの危険性を指摘する人たちが、少なからず存在していたのであり、それは、この「豊かな社会」が、人間労働者が目的意識的に創造したのではなく、むしろ労働者の意識性は「より多くの賃金の獲得」にあり、得た賃金で資本が供給する商品を購入することで実現されているに過ぎないことへの反省を促すものであった。

このような社会においては、そこで供給される商品は、労働者が人間生活の向上のために主体的に求めるものではなく、資本が利潤獲得のために「売りたいもの」であり、また、それを実際に生産している労働者にとっても、自らが必要なものとして意識的に生産しているのではなく、「賃金を得る」ための労働の結果として生産されているものでしかない、したがって、それが本当に人間にとって必要なものなのかどうか、また、それの生産過程で「公害」を生み出すことにならないかどうか、さらには、自分の労働・生産がどのような社会的連関の中で実現しているのか、といったことが労働者にとっての関心事にはならないのであ

る。そして残念なことに、このような「豊かで平和な戦後」の内実と、そこにおける労働者のありようは、それに対する少なからぬ警告にもかかわらず、七〇年代以降の「戦後」の終焉期に多くの労働者にそれとして意識化されることはなく、今日においても「豊かな戦後」期の有していた非人間性が強調されることは(昨今の格差・貧困の非人間性は強調されても)あまりないのである。しかし、この「豊かな社会」の実現の背後に生み出される非人間性に対しての一貫した無頓着こそが、労働者の資本運動への依存を典型的に示していたのであり、それは「より多くの賃金を獲得する」ために「階級的・戦闘的」に資本に対峙していた労働運動にも共通していたのである。

この資本運動への依存を前提に「豊かな生活」を追い求める労働者の意識は、自らが主体的に創造する豊かさをではなく、雇用されることによって得られる「豊かさ」を求める意識である以上、その関心は、(雇用されて行なう)自分の労働の内容にではなく、もっぱら「豊かさ」の前提である雇用そのものと賃金、さらには賃金で購入する市場に供給されている商品に向けられることになる。それは、「より多くの賃金の獲得」と「できるだけ安い商品の大量需要」という、社会の主体としての労働者意識とは異質な、私的個人としての私的消費生活の「豊かさ」を求める意識であり、これこそが、「完全雇用と大量生産」を実現した「豊かな戦後社会」において多くの労働者の常識となっていったのである。まさに、このような意識を多くの労働者に再生産できる資本主義であったところに、「労働者の生活向上が実現できる戦後資本主義」が「社会主義に対抗できる資本主義」としての歴史的意義を有していたと言えるのである。

前節で見たように、「社会主義に対抗できる資本主義」とは、現存社会主義の拡大と国内の社会主義勢力の台頭に対抗して、アメリカ資本主義の圧倒的な力によって復興・再建された戦後資本主義であり、実際「(社会主義でなくとも)労働者の生活向上が実現できる資本主義」として「社会主義に対抗」し得ていたのであるが、より重要な点は、この資本主義においては社会構成員が政治的・経済的自由を有した私的個人として現れ、加えて「完全雇用と大量生産」のもたらす「豊かな消費生活」の現実化を通して、資本-賃労働の関係が個人的な雇用-被雇用関係に解消され、労働過程における労働者主体性(共同的・創造的な)が剥奪されていくということなのである。まさに、戦後資本主義の「社会主義への対抗」の本質的意味は、社会主義的政治勢力への対抗ということ以上に、本来の社会主義の主体である「自主的・共同的・創造的な人間労働者」の創出を阻止できるところにこそあったと言えるのである。そのことの故に、七〇年代以降の資本主義の新たな展開も可能となったということなのである。

であるならば、七〇年代以降の資本主義のもとでの社会主義を目指す実践は、「戦後期」を通して再生産されてきた「より多くの賃金の獲得による豊かな生活の実現」という、広く民衆に浸透した資本への依存を前提とした常識からの決別、つまり、資本への依存による「多くの賃金」も「安定雇用」も困難となる中では、自らが主体となって自らの求める「豊かな社会」を作り上げていくしかない、まさに、社会の主体としての人間労働者の創出こそを最大の課題とすべきであったはずなのである。しかし、「戦後の平和で豊かな社会」の有した非人間性と、それを肯定的に受け入れて私的個人としての「豊かな生活」を追い求めることの危険性を指摘する少なからぬ人たちがいたにもかかわらず、七〇年代不況の中にあっても、多くの労働者の意識は、安定雇用のために賃金抑制に応じるか、あくまでも大幅賃上げを掲げるかに違いはあるものの、両者ともに資本によって実現されてきた「豊かな社会」との決別を視野に入れられるものではなかった。

そして、このような「豊かな戦後社会」を肯定的に受け入れ、そこで実現されてきた「豊かな消費生活」の継続を求める意識からは、すでに「豊かな社会」の裏面で進行していた自分たちの故郷の過疎化には思いが至らず、その過疎化の困難性に付け込んだ「列島改造」による景気浮揚に期待することにもなる。そのような意識である以上、七〇年代不況の中で、「列島改造」とも連動して本格化する原発建設に対峙した過疎地住民の生活と環境を守る闘いに連帯どころか関心さえ示そうとはしなかったのである。さらに、「戦後」を戦前・戦中とは違った「平和で豊かな社会」として肯定し、加えて多くの関心が私的個人としての私的生活に向かうとき、決して平和でも豊かでもなかった「戦後」の上に「七二年」を迎えた沖縄に強制される非人間性に対して、思いを巡らせることは困難であった。それは、この時期においてなお「戦後」的性格を色濃く残存させていた公務・公共部門（高度経済成長下の労働者福祉の拡大と表裏をなし、それによって戦後期労働運動=総評運動の高揚を実現してもいた）を、新たな利潤獲得先を求める資本に開放するために八〇年代に強行された数々の「民営化」に対して、「国鉄分割民営化」における「戦後」的労使関係の暴力的破壊の非人間性に多くの労働者が無頓着どころか積極的に賛同さえした事態が象徴していたように、「公務・公共」の社会性を顧みることもなく、ただただ私的生活にとっての目先の「安い方が良い」ことに「納得」し肯定してしまったところにも、端的に表れていたのである。

資本―賃労働関係をそのままに、資本の主体性に依存した労働と生活を是とする中にあっては、人間労働者が人間社会の担い手であるという自明のことが意識化されることがなく、一人一人の労働者が社会性を有した主体として人間社会に生起する種々の事態を我が事とし得ないのも、当然のことだったのである。まさに、七〇年代以降の資本主義が労働者の資本への統合のありように規定されて推移する以上、そこにおける労働者の歴史的課題は、(「戦後」期には成果を上げ得た)資本に対峙し資本運動を制約することではなく、資本運動に代わって人間社会の再生産を担える主体として、経済原則を理解し、実践し得る意思と能力を獲得することだったのである。そのことによってこそ、「戦後」期に実現され、そして限界を迎えた「豊かな社会」を資本に代わって継承するというのではなく、むしろ本質的には非人間的であり危険でさえある「戦後社会」とは異質な新たな社会の創造に着手することによって、資本の新たな展開に対峙するのでなければならなかったのである。そして、そのような課題に立ち向かおうとした人たちも少なからず存在してはいたのであるが、それが社会的な力となり得て来なかったが故に、今日に繋がる歴史が形成されることになったのである。

二　七〇―八〇年代の「資本に依存しない労働と生活」を目指す多様な実践

私たちは、今日この国に起こっていることにラジカルに対処するためには、このような「戦後」的条件を喪失した七〇年代以降の世界で、日本人の多くが、何をし、何をしなかったのか、ということを、改めて考えなければならない。

実際七〇―八〇年代の日本社会には、資本に依存しない労働と生活を目指す多様な活動が生み出されていたのである。

「パクス・アメリカーナ」のもとでの重化学工業化と一体的に進行した「農業の近代化」は、戦後農業を化学資本の市場と化すことによって実現したのであるが、そこでの大量の農薬・化学肥料の投入による危険性を、自然栽培や有機栽培に取り組む啓蒙された自律的農民に指摘された人たちが、そのような農民との連携による産直運動を開始する。そして、この「安全な食」を求める運動は、「安全性」という食品にとっては必須の質が「商品として供給される食品」に対する判断基準にならなければならないという当然のことを改めて確認させることになり、「豊かな社会」に供給される多様な大量の商品が人間にとっての使用価値とは限らない、むしろ有害な非使用価値が「有用物」として供給されていることを明示することにもなっていくのである。農業生産のあり方と直結する農産物だけではなく、すでに工業化が進展していた酪農製品から多様な加工食品へと対象が広がり、さらには、直接安全性が問われる食品を超えて、食器や洗剤をはじめとした「豊かな社会」の実現とともに普及した日用品の多くに対しても、それぞれの使用価値に関する点検がなされ、「豊かな社会」の「豊かさ」の質を問うことになったのである。これは、「豊かな戦後社会」の発展過程に顕在化し、六〇年代を通して放置できないまでに拡大した幾多の「公害」が、この「豊かさ」の裏面として捉えられ、したがって「公害」を生み出した資本への糾弾が「利潤追求のために対策を怠った」点に収斂していったのに対して、この「豊かさ」自体が、資本によって利潤追求のために生み出されたものである以上、そのまま無反省に使用価値として受け入れるわけにはいかない、という資本が生み出す「豊かさ」そのものを拒否する新たな認識に他ならなかった。それが、資本が供給する「利潤目的で生産された」商品を拒否し、伝統的な小生産者の商品を積極的に購入するという、資本が供給する商品をできるだけ安価に入手するための「生活防衛」的な従来の生協運動とは異質な、新たな消費者運動を生み出すことになるのである。

このような消費者の意識とその社会化としての運動の進展は、当然にも、自らが求める使用価値の生産者との連携によってなされるのであり、農民との関係も、当初の啓蒙された農民への依存から、農薬を使わない農産物生産の実現のための援農や「土作り基金」等の支援基金の創設、さらには農薬中毒死を巡り農薬企業と闘う農民の裁判闘争の支援等々、多種多様な連携・共同行動へと踏み込むことになり、農産物の消費者に止まらない生産者との連帯関係を生み出していったのである。そして、そのような意識と行動は、自分たちが必要とする生活資料は、それを生産する生産者の存在と、彼らとの連帯・共同なしには入手できないという、資本に与えられた「豊かな社会」では経験し得ない人間関係を明示することになり、当然のこととして、「戦後」期を通して一般化した「農業の近代化」「伝統的産業の衰退」に抗して残存していた、数少ない農民、農産物加工者、手工業者等々との積極的な連携・共同を生み出し、資本に依存しない彼らの労働に光を当て、新たに社会的評価を確保していくことになる。

資本による食品産業の支配によって、「安価で腐らない」多様な調味料が市場に供給され、多くの醸造業者や製油業者等が伝統的製法を放棄して資本に依存する以外に廃業を免れない状況下で、それでも伝統的製法を維持しながら苦闘する自律的な農産物加工者たち、さらには、石油化学工業の成果として「安価で丈夫で美しく衛生的」なプラスティックの食器が大量生産された結果、あっという間に市場から駆逐された漆器が象徴するような、もはや生産しても需要がないという状況に直面していた多様な日用品を生産する手工業者たち、このような人たちが、少数とはいえ今日まで代を継いで生産活動を継続しえているのは、七〇―八〇年代に「戦後の豊かな社会」の内実を見抜き「資本の供給する豊かさ」を拒否することのできた、そのような人たちの存在があったからなのである。

さらにそうした意識は、「豊かな社会」の実現に貢献していた「安価な輸入品」にも向けられ、ポスト・ハーベストをはじめとした輸入食品の危険性はもちろんのこと、日本の商社を含めた国際資本による第三世界労働者に対する暴力的収奪の実態までを問題化し、すでに西欧においては普及し始めていた「フェアトレード」運動を、第三世界労働者の資本の支配に抗した自主生産活動への直接支援と共に開始することになった。

このように七〇―八〇年代には、「豊かな戦後社会」が資本によってもたらされたが故の危険性、非人間性を自覚し、「資本の供給する豊かさ」を拒否し、資本に依存しない生活を実現しようとする幾多の実践が生み出され、その多くは、それぞれが固有の特徴と限界を有しつつも今日に至るまで奮闘し続けているのである。

また七〇―八〇年代には、このような「資本に依存しない生活」だけではなく、不況下の倒産によって資本が放棄した生産手段を活用した労働者自主生産活動による「利潤目的ではない」生産物の生産・供給さえもが、資本主義を超える新たな試みとして芽生えてきもしたのである。その多くは、中小資本の経営破綻に直面した労働組合が、労働債権として生産手段を確保し、旧経営者に代わって生産・経営を担うという、「労働者自主生産」とはいっても自主的・意識的に開始するというよりは、緊急避難的に始めざるを得ないものであったが、今見た「資本に依存しない生活」を求める消費者との連携の中で、そのような消費者が有用とする新たな使用価値を従来の生産手段と技術で生産するという、まさに、「利潤目的ではない、社会的有用物の目的意識的な生産」への着手がなされることにもなったのである。

この事態は、倒産による資本の生産放棄の結果生み出された労働者と生産手段との直接的結合(被雇用者ではない労働者による生産活動)という、いわば予期せぬ事態として現実化したものであったが、それは、「戦後」期を経て、資本による生産(その前提としての被雇用者としての労働者)を誰もが疑わなくなった中でのことだったからに他ならない。しかし、実はこのような労働者自身による自主生産活動は、資本主義の歴史においては決して珍しいことではない。資本は常に高利潤を目指して活動するのであり、利潤が得られない、あるいは相対的に低い利潤しか得られない領域をまで包摂することはないのであり、資本が放置する、しかし人間社会にとってなくてはならない領域は、国家でもが行うのでなければ、労働者自身が自主的に担うのは当然のことなのである。だから、それを労働者生産協同組合として制度的に整備・定着させている国もあるし、戦後日本においても、敗戦直後の「豊かな戦後」が形成される前の時期には、搾取-被搾取のない生産者共同体を夢見た人たちによる労働者自主生産活動が現実化し、それらの中のいくつかは「企業組合」等の形態で今日に至るまで存在し続けているのである。さらに、九〇年代以降の、もはや「資本による豊かな社会」が見る影もなくなり、失業の増大によって資本に雇用されることが「当然」とは言えなくなる中で、そして、いよいよ資本が人間生活にとって必要な使用価値の生産では利潤が得られなくなる中で、ワーカーズ・コープとかワーカーズ・コレクティブと呼ばれる自主的な共同事業体が形成されることになるが、それらも、内容が物質的生産であるかどうかはともかくとして、資本-賃労働関係を前提しない労働者の自主生産活動と同質のものと言えるのである。

このように、七〇―八〇年代には、従来の資本―賃労働関係を是とする意識とは異質な、資本に依存しない労働と生活を実現しようとする試みが現実化し、今日にまで存続し続けているのである。そして、それが新たな社会を準備し得る内実を有していることも間違いないのであり、その意味では、今日にまで続くこのような実践が、日本社会の今日のありようの中にあっては、こよなく大切なものなのである。

三　七〇―八〇年代の多様な実践の限度

しかし、「資本の提供する豊かさ」を拒否し、資本に依存しない生活を目的意識的に追求してきた「主婦」が、八〇年代の「脱原発運動」の中で「原発なしで暮らすための生活」を実践しようとした時、自己の生活基盤である夫の賃金が原発建設にも大きく依存する建設資本からのものであることに気づき愕然とし、「資本に依存しない生活」を追求する自分たちが、資本に依存した労働者であることをいかに克服するかこそが決定的な問題であることを痛感したように、資本―賃労働関係を前提に、そこで得た賃金の根拠を顧みることなく、その賃金で「資本に依存しない生活」を追求することには、おのずから無理があった。七〇―八〇年代には、資本に依存しない労働と生活を目指す多様な活動が生み出されていたとはいえ、それらの主体も含めて、「豊かな戦後」期に賃金労働者として「豊かな生活」を受容してきた多くの労働者にとって、資本―賃労働関係を当然視する(資本の企業活動に被雇用者として「参加」して給与生活者となる)意識から自由となることは極めて困難なことであった。

それどころか、七〇年代以降に本格化する消費者金融(それに根拠を与えるものとして同時的に普及することになる賃金の銀行振込)による耐久消費財の購入が一般化することによって、不況下の賃金抑制下にあっても雇用が前提される限り当面の消費生活の拡大が実現でき、その結果、資本の被雇用者であることを暗黙の前提とした上で「良質な生活」を求める主体とはなっても、その前提そのものへ疑問を向けることからは一段と遠ざかることになる。そして、その前提されていた資本―賃労働関係の内部においては、「減量経営」(=賃金抑制)による競争力強化によって全世界に輸出されていた電機・自動車・工作機械等々の多くの工業製品を生み出す生産過程の内部がそうであったように、実際にそれらを生産している多くの労働者の意識は、有用な使用価値を生産する人間労働の主体としてのそれではなく、賃金を得るために雇用され資本の目的(拡販による利潤増大のための競争力強化)に即して労働するというものでしかなく、そこでの主体的な目的意識性は労働の内容にではなく賃金の獲得に向いていたのである。

このような、将来の賃金の差し押さえでしかない(失業すれば「債務奴隷」になるしかない)消費者金融を労働者にとって「有用なもの」として受け入れ、また、繊維や鉄鋼などの従来の生活資料や生産手段の生産では利潤が得られなくなる中で、「情報革命」「ME革命」なる半導体技術の飛躍的発展をもって次々に生み出す新製品の開発・生産(それ自体が生産過程の合理化を促進し「減量経営」に貢献する)が資本の競争力を飛躍的に高め、利潤の拡大を唯一の目的としているにもかかわらず、さらには、そこで生み出される新商品が人間生活に害をもたらすものであっても、そのことによって「ジャパン・アズ・No.1」となることを肯定的に受け入れた、それが、七〇―八〇年代という、すでに「戦後」期のように誰もがというわけにはいかないが、それでも資本―賃労働関係の内部にあっては(雇用されてさえいれば)それなりの「豊かな生活」を維持し得た労働者の意識であった。

そうして、この時代に、このように、多くの労働者が労働過程においても生活過程においても資本の主体性に身を任せ、「戦後」期までには考えられなかった日本社会の構造的な変化(長期住宅ローンによる持ち家取得、外食産業の拡大、多様な家電製品の普及、海外旅行の急増、等々の消費生活の激変と、他方での農山漁村の過疎化と都市部の核家族化による地域共同体の解体化等々)を、「戦後」期の「豊かな生活」の延長として無批判に受け入れることによって、クレジット・カード、コンビニ、通販、パソコン、携帯電話、等々のない生活が考えられない今日の社会を準備していたのである。クレジット・カードはもちろんのこと、パソコンであれ、携帯電話であれ、少し理性的に考えてみれば、それなしに人間生活が成り立たないようなものでないことは理解できるにもかかわらず、その普及によって利潤を獲得する資本運動の中に身を置く限り、七〇―八〇年代の「変化」に違和感なく同化したように、それらを「社会的に有用なもの」として受け入れるしかないのである。

だから、八〇年代後半以降、資本が高利潤を求めていよいよ本格的に生産部門からの撤退を開始した時期に、多くの労働者は、資本に代わって自らが社会の主体となって、自らの必要とするものを自ら作り出す(人間労働力と生産手段を自主的に結合する)という方向へではなく、「安定雇用」を求めて資本の移動に付き従って行くことになったのである。そしてその結果が、今日の、ほとんどの労働者が社会存立にとって必要とは言えない、ただただ資本の利潤獲得のため以外に意味のない活動に従事し、自らの生活物資(資本が利潤獲得のために普及させた、その意味では不用品というべきものも含めて)はその対価である賃金でもっぱら輸入品(外国の低賃金・劣悪労働に依存した)を購入するという異常な社会を現出させることになったのである。

四 資本主義国家の存在根拠

戦後七〇余年を経た今日のこの国の社会は、八〇年を前後する時期に多くの日本人が「資本に依存した労働と生活の継続」を選び取ったことの帰結として形作られてきたものにほかならないが、それは見てきたように、「戦後世界」の終焉の上に形成された「資本のもとへの労働者の統合のありよう」によって決定づけられる社会が、まさにそのようなものとして顕現しているのであり、したがって、昨今のこの国に生起している事態に関しても、そのような今日のこの国の社会の性格との関わりで捉えなければならない。

この間の事態を「戦後の脱却」として推進する人たちにとっての「戦後」なるものも、また、それを「戦後を否定するもの」として拒否する人たちにとっての「戦後」なるものも、共に「パクス・アメリカーナ」の変遷に規定されて推移する「戦後日本政治」の七〇余年を通して表層的に確認できる、「軍国=ニッポン」の「戦前」とは異質な「平和な戦後」として理解されているようであるが、私たちにとって重要な視点は、この間の事態が「戦前とは異質な戦後」を変更(「脱却」と言おうと「否定」と言おうと)するものとしてあるということではなく、「戦前とは異質な戦後」は内容的にはすでに大きく変質しているのであり、それからすでに四半世紀を経た現在にとって、それがいかなる意味を持っているのか、ということなのである。

「社会主義に対抗する資本主義」としての「パクス・アメリカーナ」の限界の上に形成された七〇―八〇年代世界

にあっては、前節で見たように、アメリカ資本主義の一方的犠牲による「各国資本主義の平安」が困難となり、米欧日の資本主義間対立が激化することになるのであるが、それにしても、第三世界社会主義が前進し、それをソ連が支援するという七〇年代後半から八〇年代前半においては、やはり資本主義各国の対社会主義協調は前提とされ、「変動相場制」による為替戦争の抑制やサミットの定期開催等による頻繁な調整によって、決定的な対立を回避していたのである。それは、資本主義国内においても「社会主義に対抗する(社会主義でなくても労働者が生活できる)資本主義」としてあり続けなければならない以上、利潤確保のために労働分配率を低下させ続けるとはいっても、少なくとも労働者の生活が可能な状態を維持しなければならなかったのである。ところが、この事態が、八〇年代後半以降、ソ連のペレストロイカの発動から東欧・ソ連社会主義の崩壊に至る過程で激変することになり、九〇年代以後の資本主義は、前節で指摘したように、すでに歴史的には資本主義として一社会を成立させる条件を有していないにもかかわらず、「社会主義に勝利した資本主義」として、国際的な対社会主義協調も国内的な労働者福祉も考慮する必要のない、まさに、資本の主体性を発揮できる資本主義となったのである。それが、ソ連との対抗関係の中では困難であった、湾岸戦争以後今日まで続く、アメリカ資本主義の一国的利害を剥き出しにした戦争を現実化させ、また、八九年の日米構造協議に象徴される従来の資本主義間協調をかなぐり捨てた対日攻勢が示すような、資本主義間争闘戦を本格化させることになったのである。

その結果、日本資本主義にとっては、七〇―八〇年代を通して実現できていた「円高下の輸出拡大」がついに困難となり、九〇年代を通して自動車、電機等の海外生産が本格化し、「産業空洞化」(国内資本の生産部門からの撤退)が一挙に進むことになる。さらに、八〇年代後半以降のバブル期を通して労働者にまで浸透した株式の売買が拡大し、擬制資本市場の動向が景気指標とされるまでになり、いよいよ資本主義が社会の存立根拠から遊離することになる。一方、「社会主義への対抗」という制約から解放された資本による労働者の統合は、国内資本が生産部門から非生産部門へ移動する中で、労働者を商業活動や擬制資本の売買活動等の担い手として資本運動の体現者=利潤追求の「主体」となすことによって、利潤拡大のための無制限の労働強化と極限的なコストダウン=賃金カットを常態化させ、人間存在そのものを破壊することになるのである。このように、資本活動が生産部門から乖離し、その資本活動のもとでの人間労働者の生存が困難になるというのが、「戦後世界」の終焉の上に新たな展開を遂げた資本主義社会の、九〇年代以降の姿なのである。そして、それから四半世紀が過ぎ、資本主義が人間存在の実体的根拠=労働生産から遊離し、株式や土地の売買という擬制資本への依存を決定的なものとして久しい今日、いよいよ人間社会の再生産の維持が資本の利潤追求の内には困難となり、今や資本に依存することによっては生きていけないという、まさに従来の「労働者の資本のもとへの統合のありよう」の限界を露呈させる事態にまで至っているのである。

「労働者の資本への依存」は、それが雇用が前提された上でのものであれば、その目的は生活基盤としての賃金の獲得であり、したがって労働実態もその賃金に見合うものとして受け入れるのであり、その関係が保障されるからこそ「依存」することにもなったのである。ところが逆に、すでに「資本への依存」を当然のこととしている労働者に雇用が保障されないことになると、その労働者にとっては、雇用そのものが目的とされ、労働も賃金もその目的(雇用実現)のために顧みられないという顚倒が現実のものとなる。今日、非正規雇用の急激な拡大によって現実化したこのような事態は、「労働者の資本のもとへの統合のありよう」を大きく変え、「資本に依存すれば生活できる」という前提なしに、それでも「資本に依存するしかない」という状況を再生産できる「統合のありよう」を要請することになっているのである。それは、「資本のもとへの労働者の統合」が、すでに資本運動によるだけでは困難であり、「資本への依存」では満たされないが故の労働者の不安を吸収できる新たな何かによってこそ可能となる、ということなのである。そして、「資本への依存」を前提とした労働と生活を当然のこととして受け入れている人たちの依存心を、資本に代わって受け止めるものこそが国家なのであり、どのような条件下においても「資本のもとへの労働者の統合」を実現することこそが、資本主義国家の機能なのである。だから、資本のもとへの統合を拒否し、資本の利潤追求運動に抵抗する主体が顕在化する条件下では、国家の正統性をもって、それを抑圧・排除することによって資本運動を保障することにもなるのである。

資本による労働者の統合に綻びが顕著となる時(それが、労働者主体性の発露によるものであれ、資本自体の統合力の限界によるものであれ)、資本主義国家がその本来の機能(労働者の国家イデオロギーへの統合による資本主義社会の維持)を発揮することになるのであるが、今、この国に生起している事態は、まさに、従来の「資本のもとへの労働者の統合」の困難性が現実となる中で、労働者の意識を国家イデオロギーへ動員・統合しようとするものにほかならないのである。資本主義が労働者を資本運動へ動員・統合するだけでは社会を維持し得なくなる時、資本主義は、国家イデオロギーによる労働者の資本のもとへの再統合によって利潤追求を実現する以外にない、そこにこそ資本主義国家の存在根拠もあるということなのである。

五　国家の登場を阻止できる実践を

教育基本法の改悪から始まり、「秘密保護法」「安保法」「共謀罪法」、さらには憲法改悪へという、この間の一連の流れは、「尖閣国有化」をも含めて、いずれもが「愛国心」「領土」「治安」「国防」等を彷彿させるように(だから「戦前の国家主義」への回帰として反対もされた)、イデオロギー統制、行政権=権力実体の突出、軍事力増強といった、紛れもなく国家機能の強化に関わる事態の推移であった。

したがって、これらの動向に代表されるこの間のこの国の政治状況をこそ、私たちは、「戦後の終焉」の後に出現した九〇年代以降の日本資本主義のありようが、今まさに強力に要請している「国家」の登場と言わなければならない。そして、この今世紀に入って顕となった「国家の登場」の土壌が、九〇年代以降活性化していた、「戦後平和国家=日本」を否定し敗戦前の「日本なるもの」を肯定的に蘇らせる、教育現場を主戦場とした歴史修正主義者たちが主導するイデオロギー攻勢によって作り出されていたのである。

資本への依存(雇用されること)を前提とした「豊かな生活」に満足し、それを実現したが故に「戦後平和国家=日本」を肯定していた多くの日本人にとって、その前提が崩れ、資本への依存では満たされない不安が現実化した時、もはや頼れるわけもない「平和国家=日本」に代わる「頼るにたる国家」としての「日本なるもの」が、歴史修正主義者たちによって準備されていたのである。実際、「平和国家=日本」の「恩恵」を実感したことがないどころか、その「戦後」の帰結によって日々の生活もままならない現実を強制されている世代にとっては、「平和国家=日本」によって否定された敗戦前の「日本なるもの」が「頼るにたる国家」として受け入れられることになり、戦後歴代政権に比した「安倍政治」の特異性さえもが、「平和国家=日本」の恩恵を受け未だその余韻を多少なりとも享受し得ている世代にとっての違和感を余所に、彼らにとっては親和性を有することにもなったのである。その結果、肯定する側にとっても否定する側にとっても、今日進行する「国家の登場」が、安倍に代表される歴史修正主義者たちによる「戦後レジームの脱却」=「戦前への回帰」のように捉えられ、それを巡る攻防が現下の最大の政治課題となっているのである。

しかし、今日「日本なる国家」を求めているのは、歴史修正主義者たちばかりではなく、資本へ依存するだけでは生きていけない多くの人たちが、実は「頼りになる日本」を求め初めて久しいということが、決定的に重要なのである。歴史修正主義者たちの異様なイデオロギーには違和感を持つ人たちが、事あるごとに「がんばれニッポン」にはほとんど無意識に動員されている事態が示しているように、また、「尖閣国有化」や「北方領土」の領有権への固執が、ひとり歴史修正主義者たちだけのものではないように、さらには、「安倍政治を許さない」と立ち上がっている人たちの中のそう少なくはない人たちが、「日本なるもの」を体現するとされる天皇が、歴史修正主義者たちに「批判的」であることに安堵しているように、いまや「日本なる国家」そのものに違和感を持つ人たちがほとんど見受けられないほどに、「国家の登場」は現実性を有しているのである。それは、歴史修正主義者たちが主観的に「戦後レジームの脱却」＝「戦前への回帰」を目指し、それを「安倍政治」が推進した結果というのではなく、彼らがそのために否定すべきものと考えている「戦後」そのものが、実は多くの人たちの資本への依存によって成立していたが故に、その内に「日本なる国家」を求める多くの人たちを生み出して来た結果なのである。だから、私たちは、歴史修正主義者たちのデマゴギーを徹底的に批判し、虚偽性を暴露することは重要ではあるが、そのことに終始して、資本への依存故に「日本なる国家」を求める多くの人たちを放置し、資本への依存からの脱却=社会の主体創出のための闘いを後退させることがあってはならないのだ。

資本主義が「戦争のできる国家」を必要とするのは、戦争そのものが目的なのではなく、戦争にでもよらなければ(戦争へ動員でもしなければ)労働者を資本のもとへ統合できない事態が現実化しているからなのである。資本主義が、資本に依存する労働者の生存を維持し得ないにもかかわらず、なお、資本の利潤追求のために労働者を動員しなければならない、その無理の資本主義自身による克服に向けて「戦争のできる国家」が、今顕現してきているのである。私たちは、昨今のこの国に生起している事態の根拠が、いまだ多くの人たちが、すでに極限にまで至った資本による人間社会の再生産の無理に、それでもなお資本への依存によって対処しようとしているところにこそある、ということを肝に銘じなければならないのである。

私たちは、今この国に生起している事態を悲観するのではなく、国家がこれ以上登場してくる前に、資本に代わって人間存在の実体的根拠=労働生産の主体となるべく、踏み出さなければならない。私たちは、自分たちの生活にとってなくてはならない生活資料を、ほとんど全くと言ってよいほどに自分たちが生産しない、それどころか、生産手段を含めた物質的生産自体をほとんど行わない(農業従事者が二~三%、製造業従事者が一五~一六%)という今日のこの国のありようを、「農業の法人化・大規模化」だとか「自由貿易による産業の活性化」などと、さらに資本の活動に委ねて「解決」しようとする道を拒否し、自分たちの必要とする生活資料とその生産に必要な生産手段の生産・分配、そして消費を、すでに放棄して久しい資本に代わって自分たちが主体的に目的意識的に担うことによって解決する、七〇―八〇年代に示されてはいたが解決にまではほど遠かった課題に、今こそ、本気で取り組まなければならないのである。私たちは、七〇―八〇年代に試みられた「資本に依存しない労働と生活」を目指す実践を、今度は、資本が放棄してしまって久しいが故に可能な、人間存在に必要な生活資料と生産手段の生産への着手から開始しなければならない。そのことを実現することによって、いまや高所得者層を対象とした事業としてしか維持し得なくなり、ついには肥大化した商業資本の利潤拡大に活用されるまでになっている産直野菜の宅配事業やフェアトレード事業等をも「利潤のための供給」ではない「人間生活に必要なものの供給」事業として再興することができるのである。

それは、七〇年代以来半世紀近くにわたって代を継いで脈々と「資本に依存しない生産」を維持し続けている自律的生産者たちはもちろんのこと、この間試みられ始めている、農業従事者の激減による休耕地と資本への依存を断ち切った人たちとの結合による新たな農産物生産や、そのような自主的農業生産と連携し、それらに原料供給を要請する製粉、製パン等々の各種の農産物加工=食品生産、そして、それら農産物や加工食品を地域内外で効率良く供給する商業活動(商業資本の利潤目的とは全く異なった、生産者と消費者の両者に対する啓蒙的媒介者として需給関係の調整を目的とする)、さらには、衣料、靴等のすでに資本が国内生産を放棄した生活資料の生産を、資本が海外の低賃金・劣悪労働を前提に供給する幾多の商品とは異質な、日本人の生活にとって確かに有用な使用価値の生産として再興する試み、等々、このような、すでに現存している数々の自律的労働の担い手たちの、ひとつひとつの自主的努力の拡大と相互の連携によって、実現していくものなのである。そして、その拡大に触発され、啓蒙されて、資本と国家への依存から離脱した労働と生活を開始し始める人たちの意思と実践が継続していくことによって、それは確実なものとなるのであるが、それは、レニンが「自分の活動を考量し、最大の頑強さ、ねばり強さ、系統性を発揮することが必要である」(1)と言ったように、地道な経験の中で、互いの協働を通して一人一人の人間労働者が学び取り、身に付けて行くしかない、人間が人間歴史の主体となるための実践の積み重ねなのである。

そして、それが全社会的に実現されるためには、もちろん経済原則を理解し、実践できる民衆自身の自主的な「社会的結合の新しい形態」(2)を生み出し、一人一人の「目的活動の社会的統一化」(3)を実践するという壮大な目標が掲げられなければならないのではあるが、しかし今改めて、その目標達成への歩みが、実は「自分たちにとって必要なものを、仲間との共同によって生産する」というささやかな努力の積み重ねからしか始まらないということを、あえて強調したいと思う。それは、何か新しい大きな力を求め、自らのささやかな努力を怠るとき、その依存心こそが国家の登場を許すことになるからなのである。

注

（1）「新経済政策と政治教育部の任務」（一九二一年、『レーニン全集』第三三巻）より。

（2）「古来の制度の破壊から新しい制度の創造へ」（一九二〇年同第三〇巻）より。

（3）宇野弘蔵『経済学方法論』一五一頁より。

第二章　平和は社会主義の本性的要求

第一節　トランプ政権

―グローバリズム転換？―

アメリカでは、トランプ大統領の登場。韓国では、朴槿恵大統領退陣を求める大衆運動の高揚に基づく文在寅政権の登場。二〇一七年は世界的大激動が生じた。

選挙過程で、トランプ氏は、ヒラリー・クリントン候補との対抗上、オバマ民主党政権が進めてきた政策、とくにグローバリズム推進が、アメリカの国益損失をもたらしたと断じ、同盟国に対する軍事費負担の増加、ＴＰＰ推進に示される貿易・経済関係の自由化に対する米国経済・産業保護主義への転換を主張した。

同盟国への軍事費負担要求と関連し、米軍基地負担増大の要求とともに、応分な負担ができないならば米軍を撤退させるとし、さらには韓国・日本の軍事費・軍事行動負担増に関わって核兵器保有の必要さえほのめかした。オバマ政権下で生じたロシア・中国との軍事的・経済的対立に対しても、ロ・中との関係修復を図る、とした。中国封じ込めを意図したＴＰＰに反対し、また朝鮮民主主義人民共和国（以下朝鮮）を核先制攻撃でおどし厳しい制裁で核放棄・体制解体を図りながら全く成果を上げえなかったことをふまえ、朝鮮との対話も示唆した。

このようなトランプ氏の言辞は、オバマ政権を継承するクリントン氏との対抗戦術としてほとんど場当たり的に出されたものであって、明確な目標とその実現をめざす政策としてとらえることはできないし、トランプ政権の評価は現実に提起される政策で判断する以外にはない。

しかし、オバマ民主党政権が進めてきた政策が、一方では国家財政負担増―財政危機をもたらし、他方貿易・経済自由化による労働者・民衆の生活圧迫、とくに競争に対応しえない産業企業の没落に伴う労働者の貧困・生活難をもたらしてきたことは現実の事実である。この転換を求める「プアホワイト」をもたらしたのは、自由化・労働力移動の自由化だ、これを規制しなければならないという主張は、彼らを引きつけたことは確かである。アメリカ国内産業保護、そのための貿易・経済の自由化の一定の見直しは迫られた課題といってよい。しかしグローバリズムは転換されるのか。

ＥＵでも、新自由主義―貿易・経済自由化、グローバリズムの進展に伴う矛盾が噴出している。イギリスのＥＵ離脱とともにＥＵ内各国でも国益優先、自由化規制の要求が強まっている。ＥＵ統合に伴う財政負担、そして資本の自由化に伴う労働力の移動・移民の増大が―その上に中東からの難民が加わって―各国労働者の職を奪っているという現象、それが国益を主張する民族主義、排外主義右翼政党を台頭させ、貧困化した民衆を引きつけている。ほとんど一九三〇年代に現われた国家主義と同質の動きの再来といってよいが、果して世界経済分裂―ブロック化形成―資本主義国間の戦争が生じるのか。確実だと考えられるいくつかの点を指摘しよう。

第一に、新自由主義―グローバリズムの流れは転換しないであろう。この流れを主導しているのは、各国の多国籍化した金融資本である。この多国籍金融資本に、各国が、各国の政権が、動かされている限り、国家の枠を超えた資本の移動―それに伴う労働力の移動―は続く。その流れの中で生じている各国の国内矛盾の噴出―貧富の格差拡大、貧困層の増大と、生活破綻―に対処すべく国益優先―自由化規制・保護主義が打出されているのだが、それぞれの国・その政権が、多国籍金融資本によって支配されている限り、一定の規制（どういう内容になるかが問題だが）がとられるであろうが、資本を主体とする自由化の潮流は転換しえないであろう。

各国の国家的利益追求の動きから確実に生じるのは、各国金融資本間の弱肉強食の世界市場競争戦の一層の激化、各国金融資本の競争力強化策の推進であろう。各国金融資本の競争力強化策―国家による企業減税・先端技術開発推進とともに、為替切下げ等を伴う競争力強化策の推進であり、結局中心は各国金融資本の競争力を強めるための労働強化、賃金引下げ―搾取・収奪強化、労働者大衆の一層の生活破壊である。

各国の国益優先・保護主義は、金融資本の支配が前提である限り、国家のテコ入れによる金融資本の競争力強化であり、労働者の貧困・生活難の克服どころか、その一層の推進となるほかない。

第二に、トランプ大統領による同盟各国に対する軍事費負担増要求、十分な負担に応じない場合の米軍基地撤収という主張、これに関わる中国・ロシア、さらに朝鮮との対話・交流の推進という発言から、オバマ政権下で何ら展望が開かれえなかった中・ロ・朝との対立構図が転換されるのではないかという一種の期待感が生じた。しかしトランプ政権によってアメリカの世界的軍事覇権支配が転換されるととらえることはできない。

大体トランプ氏に、国際的安全保障政策に関する認識がどれだけあるのか疑わしい。トランプ氏の中・ロ・朝の対話等の発言は、ビジネスライクに基づく発言というべきだろう。安全保障に関する施策も〝儲け〟基準でとらえているると思われる。――しかし儲かるかどうかを行動基準とすれば、いわゆる価値観外交（「自由・民主主義・法の支配」を絶対視する）による制約から自由になる。中国・ロシアは、これをチャンスとみて関係の修復を図ろうとしている。これ自体は当然の行動といってよい。

しかしトランプ政権によって、アメリカの帝国主義的軍事覇権戦略が変わるととらえることはできない。トランプ政権の国防長官ジェームス・マティス氏は、米中央軍司令官（中東・中央アジアまで管轄）を勤め、イラン核合意を不徹底と批判する実戦経験のいわば軍事覇権主義者である。ビジネスライクの平和的話合いを中・ロと進めること自体疑わしい。

中・朝を現代の最大の軍事的脅威とみる安倍首相は、あたふたとトランプ氏と会談し、日米軍事同盟強化を確認した。すでに米駐留経費を世界一の割合（七五％以上）で負担しながら、米政府の負担増要求に応じてさらに負担を増やし米軍事戦略を強く支える、だから中・朝敵視、その脅威に対処する日米軍事同盟堅持を要請した。ＴＰＰに関しても、安倍首相は中国包囲という安保上の意味を訴えたと推測しうる。このような安倍政権がある限り、米帝国主義の軍事戦略・覇権支配は安倍政権に一層の負担を加えて維持されるであろう。

共和党右派の権力の基盤は、第一点に関わる多国籍金融資本とともに、米軍産複合体＝死の商人である。軍産複合体は戦争―民衆の大量殺りくを儲けの手段とするのだから、意図的に戦争を、そしてその危機を作り出す。オバマ民主党政権が、外見では核軍縮による平和確立をいいながら現実には中・ロ・朝との軍事的対峙、とくに朝鮮に対する核先制攻撃策動による戦争の危機をひき起こしたのに対し、ストレートに軍産複合体を権力基盤とするトランプ政権は、その世界覇権維持を目的とする軍事戦略においてもアメリカの国家的利益を露骨に現出させて行くことになること確実である。

たしかにトランプ大統領の登場の背景には、新自由主義・多国籍化した金融資本を主役としたグローバリズムによってもたらされた格差・貧困・生活破壊に対する労働者・民衆の反抗、とくに既成政治から疎外された貧困層の反乱がある。しかし虐げられた民衆が、経済の、政治の主役になったとはいえない。カジノの主役、戦争の主役が、民衆の救済者であるように振舞い、民衆を利用したのである。むしろ政権を動かす権力基盤を担う金融資本・軍産複合体は、露骨なまでに国家を利用してその支配を強め利己的利益追求を推進することになろう。その下で虐げられた労働者・民衆の生活破壊はさらに進むことになろう。ポピュリズム的言辞で民衆を引きつけた政権が、金融資本・軍産複合体の支配を基盤に政策を実行する政権である限り、労働者・民衆は現実の主体ではなく利用され操作される対象でしかないことを思い知らされることになろう。労働者・民衆が政治の、さらに経済・社会の主体にならなければ問題は解決しえなくなっているのである。現にいまアメリカで「社会主義」（その内容は明確ではないが）を主張し求める声、運動が台頭してきている。

社会の存立・発展の根拠を担う労働者・勤労人民が、主体としての自覚、意識を確立し、主体としての実践を行うこと――そのことによってしか、帝国主義支配、そして戦争を阻止することはできない。この認識を確立しなければならない。少なくとも、社会の現実の主体が、資本とその代理人である限り、政権が労働者・民衆の利を図るとかいう言辞をいかに振りまこうとそれは欺瞞でしかないこと、それに期待することは幻想でしかないことを認識しなければならない。

社会の存立・発展根拠の担い手である労働者・勤労人民が現実の社会の主体となる社会、それが社会主義社会である。社会主義を、各国労働者・人民を主体に実現することによってこそ、帝国主義覇権支配と戦争をやめさせることができる。本章はその基本を、現存在する社会主義（主に朝鮮）をふまえて、提起しよう。

第二節　核兵器廃絶に向けて――戦争と平和

一　朝鮮は核禁止条約推進に賛成

国連総会第一委員会（軍縮・国際安全保障問題）で提起されている「核兵器禁止条約」の交渉開始決議案は、二〇一六年一〇月二七日、採択された。この決議は、「核兵器使用がもたらす破滅的な人道的結末を深く懸念」「核兵器の存在に関わるリスクを深く懸念」「一七年三月、六～七月、法的拘束力のある文書について交渉する会議を招集」「会議には国連の全加盟国の参加を促す」こと等を主なポイントとしている。法的拘束力をもった「核兵器禁止条約」の成立をめざす。

この「決議」は、国連加盟一九三カ国中賛成一二三カ国(反対三八カ国、棄権一六カ国)で採択された。賛成した国の中心は非核保有国、非同盟諸国であるが、核兵器保有国では唯一朝鮮が賛成した。核保有国、アメリカ・ロシア・イギリス・フランスは反対、中国・インド・パキスタンは棄権した(資料12)。核兵器の被害を蒙った日本は、アメリカに同調して反対した。

朝鮮が、この決議に賛成したことは特筆すべきことである。日本のマスコミはこのことをほとんど報道していない。その中で『日本経済新聞』は、この点にふれ次のように書いている(二〇一六年一〇月二九日)。「今回の決議は核軍縮の矛盾を表面化させた。核・ミサイル実験を繰り返す北朝鮮が賛成し、北朝鮮批判の先頭に立つ日米や韓国は反対に回った」。この「矛盾」とはどのような内容なのか。『日経』紙は、核開発・保有を進める朝鮮が、核兵器禁止の推進に賛成したことが不可解なのであろう。そして核兵器廃絶をめざす「勇気をもとう」(オバマ大統領)、そのためには何よりも「北朝鮮」の核廃棄が先決だという側が、自ら核兵器廃絶を推進しようとしないのは何を意味するかが、理解できないから、「矛盾」と表現する以外になかったのであろう。

(資料12)　核兵器禁止条約の交渉入り決議での主要国の投票

	主な国
賛成(123カ国)	オーストリア、メキシコ、ブラジル、キューバ、エジプト、イエメン、＊北朝鮮、タイ、フィリピン、マレーシア、イラン、イラク、リビア
反対(38カ国)	＊米国、＊ロシア、＊英国、＊フランス、日本、ドイツ、オーストラリア、韓国
棄権(16カ国)	＊中国、＊インド、＊パキスタン、スイス
投票なし	シリア、ウクライナ、南スーダン

＊は核保有国

出所:『日本経済新聞』2016年10月29日

とらえなければならないのは、朝鮮が非核保有国と連帯して核兵器廃絶を進めようとしていることの意味と意義、そしてことばの上で核兵器をなくそうといいながら、自ら保有する核兵器を廃絶するどころか、それによって自らの核軍事力による覇権支配の維持を図ろうとする米・日そしてNATO諸国の意図――帝国主義的な支配維持、確立――である。

ここではまず、朝鮮が自らの核を含めて核兵器廃絶を真剣に求めていることを確認しよう。

第一に、朝鮮は、特定の国と軍事同盟を結んでいない。非同盟諸国との連帯を重視している。一六年九月ベネズエラ・マルガリータで行われた第一七回非同盟諸国首脳会議で採択された文書は、朝鮮の人工衛星打上げや核実験、ミサイル発射実験に対する国連安保理事会の非難・制裁決議が、国連憲章や国際法から逸脱したものであること、国連加盟諸国は、国連憲章と国際法の遵守、各国の自決権と独立、内政不干渉の原則から逸脱して制定・適用されている一方的強圧措置への糾弾を表明した。

朝鮮の李容浩外相は、「最近デッチ上げた反共和国決議二二七〇号でも、朝鮮の現存する核と弾道ミサイル活動が、国際平和と安全に対する明確な脅威になると断言しました。核と弾道ロケット活動が、国際平和と安全の脅威となるという法的根拠は、国連憲章にもいかなる国際法典にも明示されておりません」と述べている。朝鮮に対してだけ、ミサイル実験（人工衛星打上げさえも）、核実験を平和・安全に対する脅威として、敵視をあおり、その侵攻を抑止するには、朝鮮の現体制を解体させなければならないとして、核先制攻撃さえ行使する侵略戦争を仕掛けているアメリカ政府・帝国主義。これに自力で対抗し自主権を維持するには、核兵器が不可欠である—「われわれと敵対関係にある核保有国が存在する限り」「米国の度重なる核戦争威嚇からわれわれの尊厳と生存権を守り、真の平和を守るための核武力の質量的強化は続けられるでしょう」（李外相）。

第二に、しかし朝鮮は、核兵器によらない戦争回避、平和維持策を追求し、アメリカ政府とも合意してきた。

一九九〇年代以降の状況をみると、米クリントン政権の核開発疑惑に対する特別査察要求を朝鮮側が拒否したことから生じた朝鮮戦争の危機を、外交交渉によるジュネーブ協定締結で回避した。クリントン政権との間では二〇〇〇年一〇月「朝米共同コミュニケ」が合意・発表された。この「共同コミュニケ」では、一九五三年の停戦協定を強固な平和保障体系に代えること、「両国間の関係が自主権に対する相互尊重と内政不干渉の原則に基づくべきであること」が確認された。

クリントン政権に代ったブッシュ政権は、この「共同コミュニケ」を一方的に破棄しただけでなく、イラン・イラクとともに朝鮮を〝悪の枢軸〟と決めつけ、軍事侵攻による体制解体を明らかにした。核に関しても、韓国、その周辺に核兵器を持ち込み、朝鮮を崩壊させる威嚇を続け、何よりも〝先核放棄〟——武装解除を求めた。武装解除に応じたサダム・フセイン政権は、米軍事侵攻によって殺され、政権は解体した。イラン・朝鮮に対しても軍事侵攻の意図をあらわにした。これに対し中国の仲介にもよって六者協議が開催され、朝鮮半島（南北含めて）の非核化の推進が合意され、南北ともに検証可能な非核化を関係各国の相互の主権尊重とともに確認した（〇五年九月一九日）。

ところがこの合意の前進を阻んだのはブッシュ政権であ

った。ブッシュ政権は、朝鮮のニセドル事件をデッチ上げ、BDA（バンコ・デルタ・アジア）の朝鮮の資金を凍結した。「行動」対「行動」を進め非核化をめざす―朝鮮は誠実に行動を始めたのに、アメリカ政府は合意の前進を阻んだ。

オバマ政権は最初から六者協議の合意を無視して朝鮮に対する一方的な先核放棄を要求し続けるとともに、これに応じない朝鮮を敵視し、侵攻の脅威だと断定し、切れ目のない核先制攻撃を図る侵略戦争準備（日韓を従えた侵略戦争合同演習）を行なった。

それでも朝鮮はくり返しアメリカ政府に対し朝鮮敵視撤回、停戦協定の平和協定への転換、信頼関係形成を図る対話を求め続けた。オバマ政権はこれに対し、国際法・国連憲章無視の制裁措置を強め朝鮮社会主義体制の崩壊策動を強めながら、対話を拒否するという〝忍耐〟戦略を続けたのである。

朝鮮が戦争を避け平和関係形成の上で朝鮮半島の非核化を進めてきたこと、これは現在も一貫して追求していることを確認しよう。

第三に、以上をふまえ朝鮮が朝鮮半島だけでなく、世界的な核兵器廃絶を求めていることを明らかにしておこう。

朝鮮労働党第七回大会「党中央委員会活動総括報告」（二〇一六年五月）は、第四体系「世界の自主化のために」で次のように述べている。「われわれは、帝国主義の核の脅威と専横が続く限り、経済建設と核戦力建設を並進させることに関する戦略的路線を恒久的に堅持し、自衛的な核武力を質的、量的に一層強化していくでしょう。わが共和国は、責任ある核保有国として、侵略的な敵対勢力が核でわれわれの自主権を侵害しない限り、すでに明らかにした通りに先に核兵器を使用しないであろうし、国際社会に対して担っている核拡散防止の義務を誠実に履行し、世界の非核化を実現するために努力するでしょう」。

この朝鮮労働党の核武力に関する戦略は、「法令」（「自衛的核保有国の地位をさらに強固にすることについて」二〇一三年四月一日）に基づいていることを確認しておく。そこでは次のように規定されている。「①共和国の核兵器の性格。共和国に対する米国の持続的に増大する敵視政策と核の脅威に対処してやむを得ず備えることになった正当な防衛手段である」、「②共和国の核武力の使命。核武力は、世界の非核化が実現されるまで、わが共和国に対する侵略と攻撃を抑止、撃退し、侵略の本拠地に対する殲滅的な報復攻撃を加えることに服する」、「⑤核兵器攻撃除外対象国。敵対的な核保有国と結託してわが共和国に対する侵略や攻撃行為に加担しない限り、非核国に対して核兵器を使用したり、核兵器で威嚇したりしない」、「⑧共和国の核保有の正当な立場。敵対的な核保有国との敵対関係が解消されるに伴い、相互尊重と平等の原則に基づいて核拡散防止と核物質の安全な管理のための国際的な努力に協力する」、「⑨非核世界の建設、核軍縮のための共和国の立場。核戦争の危険を解消し、積極的に核兵器のない世界を建設するために闘い、核軍備競争に反対し、核軍縮のための国際的な努力を積極的に支持する」。

朝鮮が、核禁止条約推進に賛成したのは、この核に関する法令に基づいているととらえることができる。

朝鮮労働党第七回大会「活動総括報告」はこう述べている。「戦争のない平和の世界を建設するのはわが党の闘争目標であり、地域と世界の平和と安全のために闘うのはわが党と朝鮮政府の一貫した立場です。平和は社会主義の本性的要求であり、恒常的に核戦争の危険の中で生きてきたわが人民が抱いている念願です」。

二　米・日はなぜ核兵器禁止に反対なのか

この核兵器禁止条約交渉開始決議に対し強く反対したのは、何よりアメリカ政府である。アメリカ政府は日・韓など同盟国に対してだけでなく、ＮＡＴＯ加盟国に対し、この決議案に反対するよう文書で要求した（『朝日新聞』一六年一〇月二六日）。

『朝日新聞』によるとアメリカ政府の反対理由は次のようである。「文書は〈核兵器、通常兵器、ミサイル防衛能力の適切な融合に基づいた抑止力はＮＡＴＯの戦略の核心的要素であり、ＮＡＴＯは核の同盟であり続ける〉と強調。メキシコなどの非核保有国が提案する核兵器の法的禁止を求める決議案は〈核抑止力を非正当化し、ＮＡＴＯの基本政策と矛盾する〉としている」。核兵器法的禁止決議案が提起する具体的項目（二一項目）中「少くとも九項目はＮＡＴＯおよびアジア太平洋に至る米国の拡大抑止に直接影響を与えうる」とアメリカの文書は指摘している。その項目は、①核兵器の開発、実験、製造、保有、移転、②核戦争計画への参加、③他国の核兵器を使用する要員の訓練、④核兵器の領土への持ち込み、核兵器搭載艦の寄港や核兵器搭載機の領空への侵入許可などを禁止するという項であり、これがアメリカ政府の核による抑止力を損う、というのである。

アメリカ政府は、アメリカそして同盟国に対し核を含むミサイル等で攻撃、侵攻する国があるとし、この侵攻を抑止するには核による抑止力、しかも他国の領土（ＮＡＴＯ加盟国・日本・韓国等）への米核兵器の持ち込みがなければならない、としている。自らの核は抑止の核だとしてこれを合理化し、まず危険な核保有国（テロリストを含めた）

〝敵〟の核戦力をはじめとする武装解除を一方的に求めるのである。

日本政府が、この核兵器法的禁止決議案に反対する理由は、日米安保同盟―アメリカの核の傘こそ安全保障の要であること、とくに「北朝鮮の核・ミサイル開発」による脅威が強まっている状勢の下での核兵器禁止条約は、アメリカによる抑止力維持に影響が及び、日本の安全保障を損うことになる、ということにある。

要するに米・日が核兵器禁止条約制定に反対する理由をまとめると、①米・日の社会（政治、経済）体制（その体制にふさわしい価値観を含む）の絶対視、そして普遍化、②この体制（価値観）に反する、あいはそれと異質の体制（価値観）を持つ（持つ可能性を含めて）国・勢力（テロリストを含めて）の敵視、そして制圧、撲滅、③敵視する国・勢力の核（大量破壊兵器）の廃絶、そのための米核戦力（核の傘に組入れる同盟国の戦力）を抑止力として絶対視する――要するに資本主義と異質な、これに対抗する（その可能性のある）国・勢力を〝敵〟とし、この敵が存在する限り、そしてその〝敵〟が武装している限り、自ら（と同盟国）の核と核の傘はなくしてならない、ということである。これこそ帝国主義による世界覇権支配を〝平和〟だとする倒錯した考えではないか（注）。

米・ソ体制間対立―平和共存が、ソビエト体制解体によって崩壊した後、帝国主義国・勢力は、社会主義あるいはそれを志向する国（自主権を維持しようとする国）との平和的共存を認めず帝国主義による世界覇権支配を実現しようとしているのである。

資本主義体制（価値観）は絶対的でも、普遍的でもない。これと異質な、これと対立する体制（価値観）はなくせない。むしろ資本の支配への抵抗なくして人間の生存はありえないから抵抗はなくならない。だから資本主義と異質な、これと対立するこの体制（価値観）をなくそうとすれば暴力＝国家暴力の行使＝戦争が不可避なのである。帝国主義国・勢力こそ戦争勢力であり、戦争なくして存立しえない人類の〝敵〟である。

「われわれは広い包容力と度量で、自主を志向し、正義を愛する全ての国、民族と思想と制度の違いにかかわらず団結して協力するでしょう。わが党と朝鮮政府は、かつてわれわれと敵対関係にあったとしても、わが国の自主権を尊重し、われわれに友好的に接する国との関係を改善し、正常化して行くでしょう。」（朝鮮労働党第七回大会「活動総括報告」）。真剣に平和を志向しているのは、米日政府ではなく、朝鮮である。

（注）鎌倉孝夫『帝国主義支配を平和という倒錯』（二〇一五　社会評論社）参照。

第三節　「平和は社会主義の本性的要求」であることの根拠

一　資本の本質・その行動基準―それは普遍的ではない

資本主義国の経済・政治・社会を支配しているのは、人間自体ではなく、資本である。現代資本主義は、資本の最高の発展形態である株式・証券＝擬制資本が支配している。そうとらえなければならないことは、資本の支配は普遍的ではありえないということである。

資本の本質――それは利己的利潤追求、要するに金儲けである。資本家的企業はその企業の私的利益追求が目的であり、そのために行動する。弱肉強食の競争―これが資本の行動基準である。社会全体の利益、弱者の生活保障の配慮は資本の本質にそぐわない。弱者を徹底して奪い尽くす――それが資本の本性である。

資本の利己的利潤追求がもたらす社会的格差、労働強化・収奪。環境破壊等人間生活破壊に対する労働者人民の抵抗、それを受けた国家による一定の規制に対して、新自由主義思想は、この規制を、資本の競争力をそこなうものとして撤廃し、弱肉強食の競争を解禁した。その下で資本はその本質を露わに発揮する。ソビエトの崩壊―それは資本主義の世界的覇権支配の動きに対する歯どめをなくし、資本主義国内労働者の社会主義への展望、社会主義志向を失わせ、資本の支配への抵抗力を失わせた。資本の支配、利己的利潤追求に対する抵抗力の弱体化、さらに喪失。その下で上述したように、資本の支配と資本家的価値観の絶対視、普遍視が強まった。しかし資本の支配、それを当然視する価値観は、絶対的でも、普遍的でもない。

事態をラジカルに、根源的にとらえなければならない。「人間にとっての根源は人間自体」（マルクス）である。資本の支配は、人間を資本の運動、金儲けの行動の手段とする。資本の利潤の根源は雇った労働者の労働による価値形成にある。労働者の労働によってしか存立・発展しえない資本は、その利潤追求目的のため、労働強化、時間延長、さらに解雇の自由を推進する――労働者の抵抗がなければ、資本は労働者を思い通りに徹底的に搾取・収奪し、生活を奪う。資本の支配の下で人間は解体化される。

しかし資本による人間の物化、人間破壊に対し、労働者は必ず抵抗する。抵抗には様々な方法がある。もっとも有効な抵抗は組織的抵抗であり、ストライキである。労働者こそ社会の存立の主体なのだ、その労働なくして資本自体も維持しえないのだ――それを実証するのが、ストライキだ。抵抗なくして労働者は生活・生存しえない。

本来自己存立の根拠を自分自身持っていない（それを「形態」＝歴史的存在という）資本が、自立し社会を支配する――それには人間社会の本来の主体である労働者の主体性を奪い支配する以外にない。資本の社会的支配は、本来主体たりえない性格を持つ資本が現実の主体となり、社会の本来の主体である労働者・人民が主体性を奪われるという転倒によってしか成立しえない。だから抵抗を免れないし、抵抗に対する暴力的弾圧が不可欠なのである。その世界的支配拡大は、労働者人民の生活、生活基盤の暴力的破壊を必ず伴う。

現代の株式・証券＝擬制資本の世界的支配拡大は、この転倒性を極限まで高め、資本の寄生性、収奪性を示している。その支配の維持には、その支配から必ず生ずる抵抗に対する国家権力＝軍事暴力による制圧が不可欠なのである。戦争―侵略戦争の根本原因は、資本の支配―帝国主義の支配にある。この認識を確立しなければならない。

二　実体の主体を現実の主体に

人間社会の存立・発展の根拠（これを実体という）は、社会を構成する人間生活の維持・発展に必要な生活資料それを生産するための生産手段の生産・再生産であり、この生産・再生産の主体しての労働者・勤労者の生活維持・向上、社会の本来の主体の人間的資質と能力（実行力）の形成・発展にある。社会の実体の本来の担い手＝主体が、現実の社会の主体となる社会、これが社会主義の基本である。社会主義の実現によって「人類の本史」（マルクス）が始まる。人間が自らの社会―政治・経済・生活・文化の主体になる。これが人間社会のあるべき姿である。

社会の実体の担い手が現実の主体となるとき、この主体＝労働者・人民の人間関係、そして行動基準はどうなるか。第一に、自然・労働対象に対して働きかける人間労働の特質はどこにあるか。

①目的意識性とその労働者全体による共通認識。労働・生産活動の目的は、労働者・人民の人間的生活の維持・向上に不可欠な物質的、精神的富の生産・再生産である。人間的生活にとって何が必要かの認識を確立し、人間性を高め人間的文化を高めることが共通の目標となる。

②それを実現するには、分業と協業が必要である。分業―それぞれの労働者の労働・仕事の分担、分担する労働・

仕事の位置・意味の認識と各人の責任の遂行、そこでは必ず労働過程全体―分業を担う労働者の共通目標の認識と、協業・意識的な共同労働が行われる。各労働者の自立と労働者間の共同連帯――まさに相互尊重と共同連帯の人間関係が成立する。これこそ平和的人間関係である。平和的人間関係――それは人間の生きる基盤である労働過程の人間労働に根拠をもっている。

③労働生産力を発展させる目的は、弱肉強食の競争戦に勝つためのコスト切下げ（資本主義の場合）ではなく、人間的生活水準・内容を向上させる生活諸手段の量的・質的改善に必要な生産物生産の増大とともに、労働時間短縮、労働の軽減による人間的生活時間の増大にある。社会の成員全体の人間的な生活の維持充実を効率的に実現すること―ここでも共同・連帯＝平和的の人間関係が形成される。

第二に、生活領域は、各人の人間形成・人格形成と構成員全体の生活の維持向上―社会的保障が基本となる。教育・文化（芸術・スポーツ）、社会保障（構成員全体の生活保障―育児、医療・保健、介護）の充実、発展が目的となる。人間形成は、認識の発展、技術の取得とともに思想の確立―自主性、創造性、意識的共同性―が決定的に重要である。人間性確立発展こそ基本だという人間中心思想の自主的形成――それは平和的社会関係の中で発展するとともに、平和的社会関係を強固に確立させる。まさに平和的生存権の確立である。

最後に、国家間の関係においても、各国労働者・人民の自主と連帯に基づく、各国の自主権尊重と共同・連帯関係が求められるとともに、各国の社会主義体制が確立することによって、各国間の自主と相互尊重、連帯関係、まさに国際的平和関係が確立される。

いかに資本主義・帝国主義が、社会主義を敵視し暴力＝戦争によって破壊しようとしても、労働者・人民を主体とした共同・連帯・平和確立の意志と組織的連帯行動によって、平和関係を維持・発展させることができる。

現存する社会主義国・社会主義志向国と、資本主義・帝国主義の支配する国の本来の主体である労働者・人民との連帯形成、それによって平和的国家間関係、平和世界は形成される。資本主義体制下にある私たち労働者・人民の社会主義思想・意識の確立が要件である。

第三章　世界の平和・非核化をめざして

―朝米首脳会談「共同声明」の意義―

はじめに　朝米首脳「共同声明」の意義

㈠　史上はじめての朝米首脳会談が行われ、朝鮮民主主義人民共和国国務委員会金正恩委員長とアメリカ合衆国ドナルド・トランプ大統領が署名した共同声明が発表された（二〇一八年六月一二日）〔以下「朝鮮」「アメリカ」とする〕。

朝鮮戦争休戦協定締結から六五年。朝鮮半島は平和関係形成どころか、核兵器使用さえ含む一触即発の戦争の危機が続いてきた。まさに不倶戴天の敵・アメリカと朝鮮の首脳が、直接会い、握手し、話合い、意志統一し、共同意志を示す声明に署名する。このこと自体、歴史的に画期的なこと、といわなければならない。

この共同声明の内容については後述するが、双方の敵視撤回、相互の「信頼醸成」によって朝鮮半島の非核化を実現し平和体制を構築しようということが基本である。その内容は、基本的には朝鮮側の提起に基づいている。朝鮮労働党第七期第三回総会で、金委員長は、「われわれの力をわれわれが求める水準にまで到達させ、わが国家と人民の安全を頼もしく保障できるようになった基礎の上で、人類の共通の念願と志向に合致するように核兵器なき世界の建設に積極的に寄与しようとするわが党の平和愛好的立場について明らかにした。」

朝鮮は、アメリカをはじめ外部からの核兵器攻撃をさせない強力な「力」を築いたことを基礎として核兵器廃棄の実行に現実に乗り出した。

核兵器縮小・廃棄を、核保有国自身が現実に実行しはじめたのである。そのためには、各国の、とくにアメリカの朝鮮敵視撤廃・軍事攻撃をさせない確認、そして戦争態勢の解消が不可欠である。その条件が形成・確認された中で、非核化は現実に進展する。朝鮮は、自ら非核化の態勢を進展させることによって、アメリカはじめ核保有各国の非核化―核兵器を必要とさせない態勢の形成・創出を図り始めたのである。

朝鮮は、自らとともに核兵器なき世界の創出に不可欠な各国間の世界的な関係構築―その基本は「信頼」関係形成・確立にある―を明確に提示し、自らその実現に乗り出すとともに、アメリカはじめ核保有国に、核兵器を必要としない関係形成へのイニシアティブを発揮しはじめた、ととらえることができる。歴史的に前代未聞の、画期的な出来事ではないか。

(二)　この朝米首脳会談合意に関し、次のようなとらえ方がある。「トランプ大統領は…オバマ政権が締結したイランとの核合意から離脱すると発表した。…ポンペオ国務長官がイランに対して〈史上最強の制裁を科す〉と宣言。イランを追いつめることで、体制転換を目指す姿勢を鮮明にした。…一方で…北朝鮮の金正恩朝鮮労働党委員長と会談し、共同声明を発表した。ここでは…〈安全で検証可能かつ不可逆的な非核化（ＣＶＩＤ）〉は明記されなかった。これは実質的な北朝鮮の核保有の追認である。…核を保有する北朝鮮とは交渉に応じ、大幅な譲歩を行う一方で、核開発を断念しようとするイランには攻撃的態度に出る。これは〈アメリカに対して有利に交渉を進めたければ、核兵器を持つべき〉というメッセージを、全世界に向けて発信していることに他ならない。…トランプの態度は、間違いなく世界の核拡散を促進させる。オバマ政権が進めてきた核廃絶への努力を無下にすることで、自らの存在感を示そうとしているのだとすると、あまりにも愚かな外交だと言わざるを得ない。…北朝鮮は核を保有したことで、アメリカから体制維持の保証を獲得し、米韓軍事演習の中止を方向づけた。さらに将来的な在韓米軍の縮小、撤収の見通しが得られ、日韓からの経済援助も手にする可能性も高くなった。…この一連の動向を見た世界の為政者たちは、〈核兵器を持つと、いいことがある〉と認識しただろう。この誤ったメッセージの流布は、致命的である」（中島岳志、『週刊金曜日』二〇一八年六月二九日）。

中島氏がいいたいことは、これ以上核兵器の拡散を許してはいけない、ということであろう。トランプ大統領が、非核国を弾圧し「体制転換を目指す」のに対し、核保有国には譲歩して「いいことがある」ように振舞うことが、核拡散をもたらす、と非難する。この考えをストレートに読むと、トランプは核保有国にも非核保有国並みに扱え、「北朝鮮」に譲歩するな、といっていることになってしまうが、まさか、そう主張しようというわけではなかろう。核拡散防止の根本は、核保有国の核保有の縮小、廃絶である。中島氏は、なぜアメリカ自身の核の廃絶こそ基本であることを明確にしないのか。核拡散防止に関していえば、アメリカは自主を求める上に抵抗する国に対しては、核保有を認めず、アメリカに追従する国に対し核開発・保有を認めるという二重基準をとっている。その点の批判が重要なのに、中島氏は一言もない。

中島氏の核拡散防止の観点に立ったトランプ批判、核を持てば「いいことがある」と思わせる対応に対する非難は、核廃絶を現実にどう進めるかという観点に立ってとらえると全く無力な現状肯定論でしかない。朝鮮もイランも、自主権死守の立場から核開発・保有を志向せざるをえなかった。イランは国際的圧力によって核開発を断念した。トランプはさらに圧力を強化し核開発の条件を根こそぎにし、体制解体に乗り出した。朝鮮は、アメリカ帝国主義の核戦争策動に対し、協議を通し非核化を求めたが、体制転覆を求めるアメリカは合意をふみにじってきた。朝鮮は国の総力を上げ、戦争をさせないために、そして社会主義体制を堅持するために、核開発・保有にふみ切った。そしてアメリカ政府―トランプ大統領に先制攻撃をさせない核戦力を構築した。トランプを妥協せざるをえない状況に追い込んだ。この現実を中島氏はどう認識するのか。朝鮮は核を保有しなくともアメリカの侵略戦争を阻止しうる関係形成を追求してきた。しかしそれは現実に叶わないと判断し、抑止の手段として核開発・保有にふみ切った。それを私たちは否定できるか。否定する関係形成に、核開発・保有なくしても戦争をさせない関係形成に、私たちは少しでも協力してきただろうか。

そしていま朝鮮は、アメリカ帝国主義の戦争策動を阻止しうる条件を築いたという判断に立って、自らとともにアメリカ自体の核廃棄に向かって進みはじめた。世界で唯一核兵器を使用し大量殺人を行ったアメリカ帝国主義の侵略の核兵器をなくして行く行動に、自らの核兵器を廃棄することによって、ふみ切った。そのことを、私たちは少なくとも理解しなければならない。

中島氏は、トランプに対する非難の反面、「オバマ政権が進めてきた核廃絶への努力」を、肯定的に評価しているようである。

二〇〇九年四月五日、オバマ米大統領は「核兵器を使用したことのある唯一の核保有国として米国には行動〔核廃絶に向けた〕する道義的責任があります」(プラハ演説)といった。これによってオバマ氏はノーベル平和賞を受賞した。しかしこの「道義的責任」とは広島・長崎への原爆投下の反省・謝罪ではなかった。むしろテロリスト撲滅の任務ということであった。さらに同日打上げられた朝鮮の「光明星２号」に言及して「北朝鮮がまたしても規定を破り、長距離ミサイルに転用可能なロケットの発射実験を行った」と非難し、「制裁・圧力を加えなければならない、全世界が一致団結して核兵器の拡散を阻止しなければならない」といった。しかもオバマ氏は「核を保有する国がある限り」核兵器による抑止は必要だとし、自ら核兵器廃棄を進展させなかった。そして朝鮮に対しては、ブッシュ前政権と同様、まず朝鮮が核を放棄し、核廃棄が検証されなければ、一切話合いに応じない（忍耐政策などと称した）とし、それればかりか先制核攻撃の態勢を整え、大演習をくり返し、戦争の危機を深めたのであった（鎌倉孝夫、『朝鮮半島　戦争の危機を読む』白峰社二〇一〇年一二月、参照）。オバマ政権の朝鮮に対する対応―戦争策動が、朝鮮の核開発・保有をもたらした要因であった。

オバマ大統領のことばだけの核廃棄、実質は自らの核こそ戦争の原因だという認識のない核による反帝国主義・自主勢力の制圧の行動と、朝鮮がいま現実に推進し始めた核廃棄の行動は、比べようがない。

第一節　朝米首脳会談「共同声明」の内容・その現実化への課題

一　朝米首脳会談共同声明（一八年六月一二日）の内容確認

㈠　「ドナルド・トランプアメリカ合衆国大統領と金正恩朝鮮民主主義人民共和国国務委員会委員長は、二〇一八年六月一二日、初めての歴史的な首脳会談をシンガポールで行った。トランプ大統領と金委員長は、新たな米朝関係の確立と、朝鮮半島における持続的で強固な平和体制 peace regime on the Korean Peninsula の構築に関連する諸問題について、包括的で詳細、かつ誠実な意見交換を行った。トランプ大統領は朝鮮ＤＰＲＫに安全の保証 security guarantees を与えることを約束し、金委員長は朝鮮半島の完全非核化 complete denuclearization of Korean Peninsula への確固で揺ぎない約束を再確認した」。ここで重要なのは、トランプ大統領が朝鮮に「安全の保証」―戦争をしないということであって、「体制」の保証ではない―を与えたこと、金委員長は朝鮮半島（韓国を含む）の「完全非核化」―朝鮮に対する一方的なＣＶＩＤではない―を確約したことである。

「新たな米朝関係の確立が、朝鮮半島と世界の平和と繁栄に寄与すると確信し、相互の信頼醸成 mutual confidence building によって、朝鮮半島の非核化を促進できることを認識した」。「平和と繁栄」に寄与する「新たな米朝関係」形成と、「相互の信頼」関係形成による非核化促進の確認である。

㈡　この確認の下、次の四点を確認した。①米国に朝鮮は両国民が平和と繁栄を切望していることに応じ、新たな米朝関係を確立すると約束する。平和と繁栄は「両国民 peoples」の切望である。②両国は「朝鮮半島において持続的で安定した平和体制を築くために共に努力する。」③二〇一八年四月二七日の「板門店宣言」の「再確認」と、朝鮮が朝鮮半島における完全非核化に向けて努力すると約束する。④朝鮮戦争における米国人捕虜、行方不明兵士の遺体収容、身元特定済み遺体の即時帰国の約束、である。

以上を確認し、「史上初の米朝首脳会談が両国間の何十年にもわたる緊張状態や敵対関係を克服し、新たな未来を切り開く上で大きな意義を持つ画期的出来事だったと認識し」両首脳は、共同声明の約定を全面的かつ迅速に実行に移すと約束した。

二　「板門店宣言」（一八年四月二七日）

朝米首脳会談合意は、朝鮮金委員長と韓国文在寅大統領の会談で合意発表された「板門店宣言」を「再確認」した上で、朝鮮の完全非核化に向けて努力するとの約束を明記した。この点に直接関わる「板門店宣言」の第三項を確認しておこう。

「南と北は、朝鮮半島の恒久的で強固な平和体制構築のため、積極的に協力して行く。朝鮮半島で非正常な現在の休戦状態を終わらせ、確固たる平和体制を樹立することは、もはや先送りできない歴史的課題である」とし、次の四点を提示した。

①「南と北は、いかなる形態の武力も互いに使用しないという不可侵合意を再確認し、厳格に順守していくことにした。」

②「南と北は、軍事的緊張が解消され、互いの軍事的信頼関係が実質的に構築されるのに伴い、段階的に軍縮を実現していくことにした。」

③「南と北は、休戦協定締結六五年となる今年、終戦を宣言し、休戦協定を平和協定に転換し、恒久的で強固な平和体制を構築するため、南北米三者、または南北米中四者会

談の開催を積極的に推進して行くことにした。」

④「南と北は、完全な非核化を通した核のない朝鮮半島を実現するという共通の目標を確認した。／南と北は、北側が講じている主動的な措置が朝鮮半島非核化のために非常に意義があり重大な措置だという認識を共にし、今後それぞれ自らの責任と役割を果たすことにした。／南と北は、朝鮮半島非核化に向けた国際社会の支持と協力を得るため、積極的に努力することにした。」

朝鮮戦争の終戦を宣言し、休戦協定を平和協定に転換させる。これこそ、朝鮮敵視をやめ信頼関係を築く基本的条件である。「板門店宣言」はそれを明記している。それへの確実な前進を図る上に、まずは「終戦を宣言」することが提起されている。これは、韓国・文大統領とともに、トランプ米大統領も確認していることである。

三　共同声明履行に向けた朝米高官級会談

朝米共同声明では、「会談の成果を履行するため米国と朝鮮は、マイク・ポンペオ米国務長官と朝鮮の担当高官が主導して、できるだけ早い日程でさらなる交渉を行うと約束する」としたが、その交渉が七月六～七日ピョンヤンで行われた（代表者は米側ポンペオ国務長官、朝鮮側金英哲党副委員長）。

この会談に関し、朝鮮外務省スポークスマンの談話「信頼構築の最優先と段階的な同時行動原則が非核化の近道」が発表されているので、紹介しておこう（Korean News NO. 749. 一八年七月九日）。

「（七月）六、七日に行われた初の朝米高位級会談で見せた米国側の態度と立場は、実に残念極まりないものだった。わが方は…今回の会談で共同声明の全ての条項のバランスの取れた履行のための建設的な方途を提起した。

朝米関係改善のための多面的な交流を実現する問題と、朝鮮半島での平和体制構築のためにまず朝鮮停戦協定締結六五周年を契機に、終戦宣言を発表する問題、非核化措置の一環としてＩＣＢＭの生産中断を物理的に実証するために、高出力エンジン試験場を廃棄する問題、米兵遺骨発掘のための実務協商を早急に始める問題など、広範囲な行動措置を各々同時に取る問題を討議することを提起した。

…しかし、米国側はシンガポールにおける首脳の対面と会談の精神に背き、ＣＶＩＤだの、申告だの、検証だのと言いながら、一方的で強盗さながらの非核化要求だけを持ち出した。

情勢の悪化と戦争を防止するための基本問題である朝鮮

半島の平和体制構築問題については一切言及せず、すでに合意された終戦宣言問題まで色々な条件と口実を並べ、遠く後回しにしようという立場を取った。

終戦宣言を一日も早く発表する問題について言えば、朝鮮半島での緊張を緩和し、強固な平和体制を構築するための最初の工程であると同時に、朝米間の信頼構築のための優先的な要素であり、七〇年もの間続いてきた朝鮮半島の戦争状態にピリオドを打つ歴史的課題として、北南間の板門店宣言に明示されている問題であり、朝米首脳会談でトランプ大統領がより熱意を見せた問題である。」

「米国側が会談において最後まで固執した諸問題は、過去、以前の行政府らが固執して対策の過程を台無しにし、不信と戦争の危険だけを増幅させた癌的存在である。…双方が首脳級で合意した新しい方式を実務的な専門家レベルで投げ捨て古い方式に戻るなら、両国人民の利益と世界の平和と安全のための新しい未来を開こうとする両首脳の決断と意志によってもたらされた世紀的なシンガポール首脳会談は無意味なものになってしまうだろう。

朝米間の根深い不信を解消して信頼を構築し、そのために失敗だけを記録した過去の方式から大胆に脱し、既成に縛られない全く新しい方式で解決して行くこと、信頼醸成を優先させながら、段階的に同時行動の原則に基づいて、解決可能な問題から一つずつ解決していくのが朝鮮半島非核化実現の最も早い近道である」。

ポンペオ国務長官の対応に重大な懸念を示しながら、しかし「われわれは、トランプ大統領に対する信頼心を今もそのまま持っている」としている。

ポンペオ国務長官は、この直後の日本・河野、韓国・康京和両外相との会談で、朝米首脳会談で合意された朝鮮半島非核化を、朝鮮だけのＣＶＩＤであるように歪曲してとらえた上で、朝鮮の非核化が確証されるまで厳格な制裁の履行が重要だと確認し合っている。しかもその上日本の防衛相・外相等が明らかにしたという朝鮮の制裁回避を図る「瀬取り」に対し、安保理制裁決議違反として制裁強化を中国・ロシアに求めている。

このようなポンペオ国務長官の行動は、朝米首脳会談合意に反することではないか。信頼醸成どころか、敵視を増強させることではないか。なぜポンペオ国務長官はこういう態度をとり続けるのか。

第二節　米朝首脳合意をもたらした要因・背景、課題

画期的朝米首脳会談合意をもたらした要因・背景を明らかにしておこう。それをふまえこの合意に即した非核化・平和確立の進展を阻止しようとする要因・勢力、その意図を明らかにしよう。

一　朝鮮は一貫して非核化・平和を希求してきた

朝鮮は一貫して朝鮮半島の非核化を求めてきた。それは金日成主席の基本的考えであった。核開発・保有にふみ切った（そうせざるをえなかった）金正日総書記、そして金正恩委員長も、朝鮮半島非核化・平和を希求してきた。朝米首脳会談で金委員長が、朝鮮半島非核化を明らかにしたことを、制裁圧力に屈服して政策を転換せざるをえなくなったからととらえる者もいる（安倍首相はその典型）が、これは全くの誤りである。制裁圧力強化は、朝鮮の社会主義体制解体策動であり、事実上の戦闘行為といわねばならないが、この圧力強化で屈服を強要することが、朝鮮の核開発・保有をもたらした原因である。たしかに制裁強化は、朝鮮の経済・人民の生活に少なからず影響を与えているが、それは朝鮮人民の団結強化、さらに核抑止力強化をもたらす要因となった。

金正恩委員長による朝鮮の非核化・平和希求に関し確認すべき文書・政策を示しておく。

㈠　二〇一三年三月「経済建設と核武力建設の並進路線」。

「われわれは、帝国主義者の核の威嚇が続く限り、経済建設とともに核武力の建設を絶対不変の路線として堅持し、核抑止力をさらにしっかり打ち固めなければなりません。」「われわれの核抑止力は、国と民族の自主権を守り、戦争を防いで平和を守るための正義の手段です。」「われわれは、責任ある核保有国として、アジアと世界の平和と安全のため積極的に努力し、国際社会に担った核拡散防止の義務を誠実に履行して世界の非核化実現に寄与するでしょう。」

この並進路線―核保有とその意味に関しては、法令「自衛的核保有国の地位をさらに強固にすることについて」（一三年四月一日）で法的に確定されている。第四項「敵対的な他の核保有国がわが共和国を侵略したり、攻撃したりする場合、それを撃退し、報復攻撃を加えるために朝鮮人民軍最高司令官の最終命令によってのみ使用できる」、第五項「敵対的核保有国と結託してわが共和国に対する侵略や攻

撃に加担しない限り、核兵器で威嚇したりしない」」、第八項「敵対的な核保有国との敵対関係が解消されるに伴い、相互尊重と平等の原則に基づいて核拡散防止と核物質の安全な管理のための国際的な努力に協力する」、第九項「核戦争の危険を解消し、究極的に核兵器のない世界を建設するために闘い、核軍備競争に反対し、核軍縮のための国際的な努力を積極的に支持する。」

この考えに基づき、上述したように朝鮮は国連の「核兵器廃絶の多国間交渉の前進」の決議に核保有国中唯一賛成している（米ロ英仏イスラエルは反対、中印パは棄権、日本は反対。二四六頁・資料12を参照）。

(二) 朝鮮労働党第七回大会中央委員会報告（一六年五月六〜七日）。第四体系「世界の自主化のために」は次のように提起している。「戦争のない平和な世界を建設するのはわが党の闘争目標であり、地域と世界の平和と安全のため闘うのはわが党と朝鮮政府の一貫した立場です。平和は社会主義の本性的要求であり、恒常的に核戦争の危険の中を生きてきたわが人民が抱いている念願です。」さらに「わが共和国は責任ある核保有国として、侵略的敵対勢力が核でわれわれの自主性を侵害しない限り、…先に核兵器を使用しないであろうし、国際社会に担った核拡散防止義務を誠実に履行し、世界の非核化を実現するために努力するでしょう。」「わが党と朝鮮政府は、かつてわれわれと敵対関係にあったとしても、わが国の自主権を尊重してわれわれに友好的に接する国との関係を改善し、正常化していくでしょう。」

(三) 二〇一八年「新年の辞」。「昨年、わが党と国家と人民が獲得した特出した成果は、国家核武力完成の歴史的大業を成就したことである」、「わが国家の核武力は、米国のいかなる核の威嚇も粉砕し、対応できるし、米国に冒険的な火遊びさせないように制圧する強力な抑止力となる。」同時に社会主義経済建設に全力をあげることを提起するとともに、朝鮮民族大団結の力で南北の自主平和統一を実現し、朝鮮半島の平和確立をめざす方針を明確にしている文韓国大統領に対し、二〇一八年の共和国創建七〇周年と韓国平昌オリンピックを民族的慶事として、共に協力して成功させようと呼びかけ、「軍事的緊張を緩和し、平和的環境を作り上げるために共同で努力しよう」と提起した。

文韓国大統領は、金委員長のこの提起に応え、南北首脳会談を実現し歴史的な「板門店宣言」を結実させた。

(四) 朝鮮労働党中央委員会第七期第三回総会（二〇一八年四月二〇日）。金委員長は「経済建設と核武力建設を並進さ

せるべきだというわが党の戦略的路線が提示した歴史的課題が立派に貫徹されたことを誇り高く宣言した。…核開発の全工程が科学的に、順次的に行われ、運搬打撃手段の開発も科学的に行われて、核の兵器化の完結が検証された条件の下で、今やわれわれにいかなる核実験と、中・長距離大陸間弾道ロケット試射も不用となり、それによって北部核実験場も自己の使命を果たした、と強調した。」朝鮮は、一八年四月二一日から核実験と大陸間弾道ロケット試射を中止し、北部核実験場を廃棄した。

こうして上掲したように「人類の共通の念願と志向に合致するように、核兵器なき世界の建設に積極的に寄与しようとするわが党の平和愛好的立場」を鮮明にし実行を開始した、のである。

朝鮮は、アメリカ帝国主義の核先制攻撃による戦争を抑止する上にやむをえず核兵器開発保有を行ったが、核攻撃によって「完全に壊滅する」と国連の舞台で公言したトランプ大統領自身が、朝鮮のＩＣＢＭの脅威が現実のものになったという認識の下に対話路線の意思を示したことをとらえ、さらに韓国大統領に韓国民衆の力を基盤にした文在寅氏が就任し、朝鮮の自主平和統一と戦争阻止・平和希求の方針を明確にする状況を的確にとらえて、非核化・平和確立の実行にふみ切ったのである。

二　文在寅韓国大統領との意志統一

歴史的な朝米首脳会談成功の要因として、朝鮮南北自主平和統一、相互の敵視撤回・平和確立を希求する韓国文大統領の登場とその積極的行動が重要である。キャンドル革命によって朴槿恵大統領を打ち倒した韓国民衆の意思と行動に基づいて成立した文大統領は、金委員長の「新年の辞」での「軍事的緊張を緩和し、平和的環境を作り上げるために共同で努力しよう」という提起に応え、金委員長との会談を実行し、歴史的「板門店宣言」を結実させた。

「板門店宣言」は朝米首脳会談でトランプ大統領自身明確に確認している。この現実的実行が課題である。上述した朝鮮戦争終結宣言、停戦協定の平和協定への転換が早急に達成されなければならない。相互の信頼関係形成、軍事的緊張解消には、米軍基地撤収を含む軍縮が不可欠である。前朴政権が米政府と合意配備したサードの撤去が課題である。南北の敵対関係解消、相互交流による相互理解を深める上に国家保安法廃止も必要となろう。

文政権が朝鮮半島非核化・平和確立を進めるには、このような重要な課題を解決しなければならない。朝鮮保守勢力、この勢力をあおる米政府、日本政府の圧力、これに対抗しなければならない。私たちは、韓国人民の意志と闘いに連帯し、文政権を支援し、課題解決に協力しなければならない（注）。

（注）韓国・文在寅大統領と朝鮮・金正恩国務委員長は、二〇一八年九月一八日～二〇日、ピョンヤンで首脳会談を行い、「九月ピョンヤン宣言」に署名した。この「ピョンヤン宣言」は、四月二七日の「板門店宣言」の再確認・成果の評価とともに、宣言の具体化・現実化を進める実践的対策を明らかにした。①非武装地帯の軍事的敵対関係の終息を、朝鮮半島全域での戦争脅威の除去、根本的敵対関係の解消につなげる。②相互互恵・共利共栄の土台の上で交流協力を増大させ、民族経済を均衡的に発展させるための実質的対策を追求する。③人道的協力の強化。④民族の気概を内外に示す多様な分野の協力・交流推進。⑤朝鮮半島を核兵器・核脅威のない平和の地にすべく、必要な実質的進展を速やかに成し遂げる。「米国が6・12米朝共同声明の精神に沿って相応措置を取るなら、寧辺核施設の永久的廃棄のような追加的措置を取る用意がある」、「南と北は、朝鮮半島非核化推進の過程で共に緊密に協力していく」、という内容である。同時に「歴史的な〈板門店宣言〉履行のための軍事分野合意書」が採択された。

第三節　中国習主席・中国共産党との連携・協力

一　この間、中朝関係は相当深刻な関係にあった。直接には朝鮮の核開発・保有に対し、中国は「人民日報」「環球時報」でこれを無謀であり、自分自身と国際社会を「危険」に陥れた、と非難した。現実に朝鮮の核実験・ミサイル実験に対する国連安保理決議、制裁強化に中国は賛成した。中国側は、朝鮮の核開発・保有が、韓国・日本等への核拡散の刺激となること、核開発による国際的孤立の道ではなく市場経済化を通した交流拡大を図るべきだということから、朝鮮を批判した。これに対し、朝鮮側も「核と交換してまで朝中友好を懇願しない」（金哲氏、一七年五月三日）、「朝中間にくさびを打つ中国党機関紙の内政干渉」（一七年九月二二日、朝鮮中央通信）等で反論を加えた。

しかし朝鮮が核武力を完成して抑止力を完備し、それを基礎に核廃棄に向けて積極的に行動を開始する中で、朝中関係は緊密な連携協力関係を確立しつつある。トランプ政権と対峙し信頼関係形成による非核化・平和関係を確立する上に、中国・習政権との協力は不可欠であるとの判断の下で、金委員長は積極的に中国との連携強化に動いた。一八年三月二六日北京、同五月七～八日大連、トランプ大統領との共同声明をふまえた六月一九～二〇日北京と、三度に亘り習主席と金委員長の会談が行われ、意志統一が図られた。

大連での二回目の会談に関して「労働新聞」（五月九日）が紹介している。「習近平同志は、中朝両国は運命共同体、変わらない唇歯の関係だと述べ、情勢がいかに流れても中朝関係を強化し、発展させようとするのは両国の党と政府の確固不動の立場であり、唯一正確な選択であると強調した。習近平同志は、中国は親善的な隣邦として朝鮮半島情勢の発展と変化に大きな関心を持ってこの地域の平和と安定のために一貫して努力していると述べ、金正恩同志が最近取った重大な決断と措置を高く評価し、全面的な支持を再闡明した。」

中国・習政権との強力な連携協力は、朝鮮半島非核化・平和確立進展に大きな力となる。と同時に世界の非核化に向かって中国自身が核廃絶の方向に進むならば、アメリカ自体の核廃棄を促すことになる。

二　なお米朝首脳会談合意、朝鮮の中国との連携強化に関し、次のようなとらえ方がある。朝鮮は「一言でいえば、資本主義の仲間入りを果たして行く方向に舵を切った。しかも周遅れなので、新たなフロンティアを求める資本が飛びついてくることもわかっていたのであろう。朝鮮労働党の統括体制を保証させたうえで、市場経済を導入し、各国資本を招き入れることで、発展を遂げるというものだ」、「要するに中国の改革開放路線の北朝鮮バージョンが今後動いていくということだ」（『長周新聞』一八年六月一八日、記者座談会）。

非核化が前進し制裁が解除されれば、朝鮮と諸国との経済交流・市場関係は活発になるであろう。しかし、これを周遅れの北朝鮮型改革開放路線だというのは卑俗な見方であり、当たらないのではないか。第三回中朝首脳会談で、金委員長は、トランプ大統領が朝鮮の安全保障を約束したが、実行されるかどうか懸念をもっていること、また経済改革を進める考えを表明したが、同時に改革進展に伴う、ヒト、モノの交流と同時に情報が流入したり貧富の格差が広がったりして体制への不満が生じることへの懸念を示した（『朝日新聞』一八年七月四日）。

実は、中国自体すでに市場経済化―資本主義化によってもたらされた社会的問題・弊害に対処しなければならなくなっている。詳しい紹介・検討の余裕はないが、習主席は、一八年三月二〇日の全人代の演説で、中国共産党が社会の全領域（党、政府、軍、経済、文化、新聞、出版等を含めて）を統一的に指導することを明確に打ち出し、鄧小平の改革・開放路線、とくに資源配分における市場の「基礎的役割」という常套句を削除した。党による市場経済の統制、党が主導する「社会主義市場経済」を通して「中国特色社会主義経済」の構築が必要だとした。民生重視―「貧困脱却、社会的公正・正義促進、環境にやさしい生活・生産様式」確立の方向を明示した。「中国特色社会主義」の堅持・発展・達成には、マルクス主義の再評価―その現代中国への適用の明確化が不可欠だとした。

このような提起に対し、これは中国の現状、そして習体制の合理化、正当化を図るものであるとの批判が生じているが、改革・開放＝新自由主義のもたらす矛盾を社会主義確立の方向を明示しこれによって解決を図ろうとしていること、そしてマルクス主義思想による思想的統一の必要という点で、チュチェ思想に基づく社会主義確立をめざす朝鮮との意志統一、そして社会主義堅持を基礎とする反帝国主義・自主確立による平和確立の基本方向が確認されたととらえることができる。

第四節　トランプ大統領・政権の意図・狙いは

一　明らかにトランプ大統領は、朝鮮民主主義人民共和国の戦力の実力を認めざるをえなくなっている。朝鮮を「完全に壊滅する」と公言していたトランプ大統領は、米本土まで確実に射程に入る朝鮮のＩＣＢＭ発射実験成功（一七年一一月二九日）をふまえ、朝鮮のミサイル・核を現実の脅威と認識し、アメリカの核攻撃ははかり知れない打撃をもたらす、それを避けなければならない、と判断するに到った。核先制攻撃による威し、制裁圧力強化によって核放棄を強要することも現実的ではない、と判断したと考えられる。

たしかに、不動産取引で財産を獲得したトランプ大統領には、ディール（取引）観念がしみついている―人間関係を、国家間関係を含めて、モノとモノの取引関係、それを通して利得を獲得する関係ととらえる。ここでは思想のちがいは問題にならない。相手がどんな思想を持っていようが、問題は取引で利得が得られるかどうかが行動基準である。しかも取引で競争力が強い者は当然利得獲得は多い―弱肉強食を当然視する。明らかに新自由主義思想の立場―資本家的観念そのもの―に立っている。朝鮮・金委員長との関係も、このディール観念が働いている、といえよう。儲からない取引は行わない―このことが今後現実にどういう行動として現れるか。

二　しかし、現実の人間関係・国家間関係は、思想・体制のちがいが厳然とある。大統領として現実政治を行う中で、トランプ大統領は、思想の対立、社会体制の対立をつきつけられ、反資本主義思想に対抗しなければならないという感覚の必要を感じ始めた。帝国主義としての観念である。この点で、朝鮮・中国を脅威とし敵視する安倍首相の執拗な働きかけが、一定の影響を与えたといえよう。

帝国主義としての観念は、政治・軍事的覇権支配を相手の自主自立の要求を抑圧して実行する、というものである。直接金銭的利益を伴わなくとも支配欲を充たそうとする観念である。

トランプ政権の閣僚には、軍産複合体の代表者はじめ、ブッシュ大統領による中東軍事侵攻・覇権支配を実行したボルトンなどの戦争狂が入っている。トランプ大統領は、政治・軍事的覇権支配が、アメリカ国家の利益となる限り、これを維持しようとする。しかもアメリカ社会経済をいま現実に動かしている資本は、ギャンブル的証券資本と軍事産業資本であり、これは強権的な収奪なくしては維持・存続しえない。

しかしトランプ大統領は、ここでもアメリカがこの支配を通していかに利益を獲得しうるかを最大限追求する。利益獲得が図れなければ、この支配の維持を同盟国に強要する。安倍政権はトランプ大統領のＡＴＭとしてとことん利用されるであろう。

このような覇権支配を維持し続けようとする帝国主義者に囲まれたトランプ大統領。帝国主義支配の意図がこれからも確実に現れるであろう。決定的なのは、アメリカ自体の核戦力が、朝鮮はじめ自主権を堅持する国の抵抗的核保有の根拠である、という認識が、帝国主義者には、そしてトランプ大統領にも完全に欠けている、ということである。

私たちは、朝鮮が主導し現実に実行しはじめた核廃絶の行動の意義を明確にするとともに、これを阻止しようとする勢力・要因がどこにあるのか—まさに死滅しつつある帝国主義の悪あがきにある—を認識し、朝鮮が現実に進めつつある反帝国主義・自主確立こそ核廃絶・平和確立の道であることを確信し、この戦争策動をやめさせる国際的な国家間の相互尊重・信頼関係形成に連帯して行かなければならない。

戦争を阻止し、非核平和を達成する根本は、各国労働者・民衆の反帝国主義・自主確立を目指す共同・連帯の意志と行動である。

その現実具体化は、各国労働者・民衆がその国の権力を自ら担うことによって可能になる。この点で、一九一七年、レーニンが提起し、そして実現したソビエト社会主義権力樹立の闘いの教訓は、いま生かさなければならない。

第四章　ロシア革命―その成功と挫折から学ぶ

はじめに

帝国主義というのはどういう段階か、この理論的認識が重要です。それから帝国主義戦争の必然性の認識です。帝国主義国はお互いに利益を争います。それをさらに拡大していくために植民地獲得の大競争が帝国主義戦争です。そして最終的な帝国主義の戦争は対社会主義となる。帝国主義戦争を絶対にやめさせる、それをやめさせる力は資本にはない、それがレーニンの情勢認識です。戦争をやめさせる力は国家権力を転換させること、労働者が権力を担うしかないというのがレーニンの根本的な認識でした。本当にすごい認識です。労働者・農民の敵は外国ではない、敵は自分の国の中にある、自分の国の権力を資本の手から労働者・人民の手に転換すると提起したのです。

戦時中、日本でこの戦争をやめるには国家体制を転換する、そして社会主義を実現するしかないという提起がどこまでできたか。治安維持法で弾圧され、牢獄にぶちこまれました。いま左派といわれる人士、党派が帝国主義戦争をやめる、それは労働者・農民の力に基づいて、社会主義権力をつくることだ、とどこまで確信をもって言っているだろうか。

第一節　ロシア社会主義革命成功の原因

帝国主義国の植民地奪い合いの戦争に、帝政ロシアも加わったが、帝国主義国の中でもっとも「弱い環」であったロシアでは、経済は極度に弱まり、労働者・民衆は、戦争に狩り出されて殺されただけではなく、貧困・生活破壊に陥った。しかし帝政ロシアは少しでも利にありつこうと戦争を止めなかった。ロシア国内では、飢えと戦争に反対する広範な労働者・農民、小ブルジョアジ―たちの運動が激化し、一七年二月、帝政ロシア権力は倒壊し、ブルジョア民主主義革命が勝利した。

成立したこのブルジョア国家には、小ブルジョア政党（エスエル＝社会革命党）や労働者階級の改良主義的部分（社会民主労働党メンシェビキ派）も参加していたが、この政府は、労働者・勤労者の切実な要求である戦争をやめ平和を回復することも、農民に土地を与え生産回復を図ることも、労働者の飢えを改善することもできなかった。

戦争をやめ、破局を克服するための闘いの中から、労働者の自発的組織である労働者ソビエト、農民の組織である農民ソビエト、そして兵士ソビエトが形成され広まった。レーニンが指導したボリシェビキ党は、積極的にソビエト組織を強化拡大し、その組織力を高めるとともに、労働者・農民ソビエトによって、国家権力を掌握し、社会主義革命を達成することを提起し、そして実現した。

レーニンの党に指導された労働者・農民・兵士ソビエトが、国家権力を掌握し、社会主義建設に向かって進んだ。社会主義革命勝利の原因はどこにあったか。

一　情勢認識の確かさ

ロシア帝政国家は、帝国主義戦争に参加したが、ロシアの資本主義、その下での生産力の発展は遅れていた。働く者のうち農民は九割を占めていた。当時のマルクス主義の一般的理解は、生産力の発展が資本主義の中で十分に成熟しなければ社会主義の物質的根拠は形成されないというもので、その認識は今でもある。生産力の発展はロシアでは遅れており、社会主義の物質的根拠はないという考えが民主労働党内でも支配的だった。しかしレーニンは違った。

レーニンの情勢認識は、この一般的理解によるのではなく、ロシアの現実的具体的実情の認識に基づいていた。

①この戦争は、ひと握りの資本とその権力である国家が利益を得るための戦争、帝国主義強盗どもの戦争であって、生産活動の担い手である労働者・人民は戦争に狩り出されて殺され、生産活動は解体し生活は破滅する。

②しかし、資本は、そしてその権力である国家は、この戦争をやめない、やめることができない。だから、この資本の権力である国家に戦争をやめるよう期待するのは幻想だ。この戦争を止めさせるには、労働者・農民ソビエト、この生産の本来の担い手たちの組織が、国家権力を掌握することによる以外にない。

③労働者・農民ソビエトが国家権力を掌握することは、社会主義革命を実現することであり、社会主義建設に向けて国家の制度を改革し前進しなければならない。社会主義

に向かって進まなければ、社会は前進することはできない。「その中間の道はない」と。

レーニンのこの情勢認識の根拠には、金融独占資本が支配し、他国の人民、資源を収奪する戦争によってしか生き延びられない帝国主義の段階は、資本主義の最高で、最後の段階であるという理論的認識があった。同時に、社会の本来の主体は、生産活動の担い手である労働者・勤労人民であること、労働者・農民・勤労人民が、社会の現実の主体になりうるし、主体にならなければ社会は前進しない、という認識があった。

二 主体形成こそ革命成功の決定的要因

㈠ しかしロシアの労働者・農民＝勤労人民大衆の意識は、自らが社会主義革命と建設の主体だというところにまでは達していなかった。ブルジョア民主革命達成に寄与した小経営主、小ブルジョアだけでなく、多くの労働者・勤労人民も、そしてそれを指導するエスエル、メンシェビキも、資本主義の発展によってしか、労働者・勤労人民の生活向上はないという意識をもっていた。そればかりか、この戦争は「祖国防衛」のための戦争だととらえ、戦争に協力する状況さえあった。

㈡ レーニンは、何よりもこのような労働者・勤労人民の思想を変え、労働者・勤労人民の敵は自国の資本とその権力である国家だ、という意識を確立させるために力を注いだ。

労働者・大衆の「軽信的な無自覚」(「四月テーゼ」)、これを覚醒させ、労働者にふさわしい思想を確立しなければならない。これは「もっぱら思想的に、同志的な説得によって、生活の経験を示すことによって行うことができるし、行わなければならない。われわれは、革命的空文句の横行から脱け出し、プロレタリア的意識をも、大衆の意識をも、各地における大衆の大胆な、断固たる創意をも、真におし進め、自由と民主主義とすべての土地の全人民的所有の原則とを自分の発意で実現し、発展させ強化させる仕事を、真におし進めることができる」(「四月テーゼ」)。

思想の外部注入ではない。指導政党が、思想を労働者・大衆に押しつけ、強制するのではなく、「生活の経験」―共同して労働し、それに基づいて協力し合いながら生活を維持しているという日常的生活に即して、「自分の発意」で自主的に自分らの思想を確立するよう導く、ということである。

㈢ 労働者・大衆が、自ら労働・生産の主体なのだという意識の確立とともに、主体としての実力を身につけ、発揮しなければならない。労働・生産の能力、技術力を発展させるとともに、経営管理能力を身につけなければならない。

だれでも官僚になれるし、居座ることを許さない。社会主義革命、そして建設は、社会存立・発展を担う労働者・勤労者による自主的統制・記帳・管理によって行われる。レーニンはこの点を明示し、技術力とともに、経営管理能力の形成が不可欠であることを明らかにし、力を入れた。

しかし、この点でロシアの労働者・農民の実力は決定的に立ち後れていた。レーニンは、全人民的教育によって労働者・勤労者の主体としての能力形成に力を入れながら、現実にはネップ（新経済政策）によって市場経済の活用とともに旧資本家的経営管理者の手を借りなければならなかった。

三　指導政党による労働者・大衆の組織化

一九一七年二月のブルジョア民主革命から、一〇月（旧暦）の社会主義革命＝レーニンの党（ボリシェビキ）に指導された労働者・兵士・農民ソビエトによる国家権力掌握に至る過程は、指導政党がいかに労働者・民衆を組織化し、権力掌握に成功したかの生きた教訓に満ちている。革命実践の中で指導政党が労働者・民衆から学び、情勢に適合した実践方針を形成、提起し、労働者・民衆は党を信頼し、党の下に結集し党の指導方針を自ら実行していく、これによって革命は成功したのである。

(一)　上述した情勢の基本認識に基づきながら、党が現実具体的に提示する戦術・方針は、変化する情勢と労働者・大衆の意識・要求の変化に対応するものでなければならない。レーニンは、革命の実現が可能である条件（客観的条件）として、「人民の前衛であり、大衆の心をひきつける能力をもつ階級［先進的階級］の多数者がわれわれについていること」、革命的蜂起は「人民の革命的高揚に依拠しなければならない」こと、そして人民の「敵」あるいは中間派が自信をなくし、動揺していること、を指摘している（「マルクス主義と蜂起」、一七年九月）。

(二)　党は、戦争をやめさせ、飢えを克服する適切な確固とした方針・政策を提示し実行すること。レーニンは「四月テーゼ」、さらに「さしせまる破局、それとどう闘うか」（一七年九月）で、革命と建設の基本政策・制度を提示している。

土地、主要生産手段の国有化、共同所有化の実行。土地は、国有化し、地方、地区の農民代表ソビエトの手に委ねる。耕作者＝生産主体である農民が、生産手段としての土地を自らの管理によって使い、自らの目的に即して生産する。

銀行の国有化、保険事業の国有化、シンジゲート（商工業の企業連合体）の国有化、石油・炭鉱事業の労働者による管理。レーニンが提起したこれらの国有化措置は、所有することに意味があるのではなく、労働者・勤労者が自主的、目的意識的に使用し、管理・統制すること、社会主義経済建設をめざすものであった。

労働者・勤労大衆は、レーニン・ボリシェビキ党の提示する施策に期待し、党に結集していった。

㈢　なおレーニンが提示した民族綱領と国際主義をみておこう（「四月テーゼ」から）。

民族綱領。「ツァーリズムによって抑圧され、暴力的にロシアに編入され、あるいは暴力的に国家の境界内に引きとめられている、大小すべての民族が、ロシアから分離する完全な自由をもつ旨を宣言し、直ちに実現する」こと。「分離の完全な自由、もっとも広範な地方的（および民族的）自治、委細をつくした少数民族の権利の保障―これが革命的プロレタリアートの綱領である」。ロシアという民族の名称のない「ソビエト社会主義共和国連邦」という国名もすごい。

国際主義。「実際の国際主義は、一つ、ただ一つしかない。すなわち、自国内の革命運動と革命的闘争とを発展させるために献身的に活動すること、例外なくすべての国でこれと同じ闘争、これと同じ方針を支持し、ただそれだけを支持することである」。各国の労働者と労働者の連帯は、それぞれの国の国家権力を自らのものにすることによって確立する。

これを誠実に実行したならば、ソビエト社会主義共和国連邦は確実に発展したであろう。しかしソビエト社会主義は挫折した。レーニンの提起、社会主義建設の基本方針は歪められ、変質してしまった。

第二節　ロシア社会主義挫折の原因

ソビエト社会主義共和国連邦を崩壊させたのは、外部からの影響（帝国主義の侵略戦争の脅威への対抗）もあったが、基本はソビエト内部の原因によるものであり、内部崩壊であった。社会主義革命を実現し、社会主義建設を進める制度（土地・主要生産手段の国有化、労働権・勤労権確立、教育・福祉の保障等）は整備された。しかし社会主義制度を生かし、社会主義建設を前進させる主体の形成・確立に失敗した。社会主義の本来の主体である労働者・勤労者の主体としての意識（思想）、主体としての実力発揮が中心として位置づけられなかった。というより労働者・勤労者は国家権力を担う党官僚の指令に従う対象として位置づけられた。資本主義との交流が拡大し、勤労者・大衆が自己利益追求に目覚める中で、党の指令に対する反発・反抗が生じ、国家統制は崩壊した。しかし、これは社会主義の崩壊ではなく、社会主義を生かしえず、社会主義を国家・党権力による指令・統制社会に変質させた社会体制の崩壊であった。その原因はどこにあったか。

一　指導理論の誤り

社会主義建設には、指導理論が直接実践に活かされる。指導理論が誤っていれば、社会主義は歪められる。

レーニンの後を継いだスターリンの理論は、人間社会の発展を自然法則のように人間の意志によらない物の動きととらえることにあった。「社会主義の下での経済学の諸法則は、われわれの意志に依存することなく生じている経済生活の諸過程の合法則性を反映するところの客観的な諸法則である。この命題を否定する人たちは実際には科学を否定するものであり……したがって経済生活を指導する可能性を否定するものである」。この「客観的な法則」とは、「生産諸関係は生産力の性格に必ず照応するという経済法則」である（「ソビエト同盟における社会主義の経済的諸問題」一九五二年）。

この「生産力」の内容は、直接には生産手段であり、生産力の発展とは生産手段の大規模化を基本とするものであった。生産手段を大規模化すれば、多くの労働者が協業することになり、そのことによって労働者の意識も社会化（社会主義化）されるととらえる、通俗的な唯物史観の考えである。この考えによれば、人間社会の発展は、人間の意志＝意識に基づく実践によるものではなく、それと関わらない生産力、しかも大規模な機械等の生産手段に依存するということになる。

人間社会の発展は、人間の意識と意識的実践によって行われる。社会主義は、社会の発展根拠を担う労働者、勤労者の主体的意識に基づく自主的、創造的活動によって発展する。どのような生産手段を導入するかも労働者・勤労者の意志によって決まる。スターリンの理論は、この基本認識を欠落させている。

しかし生産手段、大規模な生産手段は、決して自然的に導入されるものではない。一体だれが何の目的で導入するのか―現実には指導政党の意志と目的によるものであった。スターリンは、指導政党による生産手段の大規模な導入を客観的法則に基づいているように絶対化したのである。

生産力の発展は生産関係＝社会関係の発展を規定する―これはマルクス自身の社会観の出発点であったが、マルクスはこれをそのまま資本主義の、人間社会の分析に適用してすませたのではなく、『資本論』によって科学的根拠づけた。その中で資本主義においても、この社会の存立・発展を担うのは労働者であり、その目的意識的で創造的活動としての人間労働が、社会存立・発展の根拠であることを明らかにした。スターリンは、マルクスのこの理論的成果を全く生かしていない。

上述のように、レーニンは、革命実践の過程で、社会を変革する力は、労働者・大衆の思想・意識に裏打ちされた主体的実践であることを明らかにし、主体形成に全力をあげた。しかし、レーニンはこれを指導理論としてまとめるまでには至らなかったし、レーニンも素朴唯物史観の立場に依拠した社会の見方から脱却しえていなかった。スターリンは、レーニンの革命過程の営為を全く理解しえず、通俗唯物史観に回帰してしまった。

二　党による指令の絶対化、官僚主義

スターリンに指導されたソビエトの社会主義建設過程で強まったのは、党の政策提起の絶対化、党の指令の強制と遵守であり、官僚主義であった。

たしかにソビエトは、一九四〇年代ナチスドイツの侵略戦争との対決、戦後はアメリカ帝国主義との対峙、核戦争への抑止力形成に力を注がなければならなかったことから、党を中心とした社会の結束が必要であった。しかしこの結束は、スターリンの指導理論によって、指導政党・指導部の絶対化、その指令の絶対化と、労働者・大衆のそれへの服従をもたらした。党の指令に対する労働者・大衆の反対を含めた意志の表明は、封じられた。

党の政策・指令は、労働者・大衆の要求に即し、労働者・大衆の意思と行動から学ぶというのではなく、これから遊離し、逆に労働者・大衆を従わせるものとなってしまった。党幹部の官僚主義が形成された。

国際関係においても、ソビエト共産党によってコミンテ

ルン加盟各国の情勢分析とそれに基づく革命戦略が提示され、各国共産党・労働者党はこれに従うよう指示されるとともに、各国共産党はソビエト防衛を第一の任務とするよう指示された。日本でも大きな影響を受けた。これでは真の連帯は形成されない。

ここでも、レーニンが提起した国際主義の原則が歪められ、各国共産党・労働者党の自主性と自主的意志に基づく連帯形成が歪められた。

三　自主的主体形成―党と労働者・大衆の団結力こそ基本

スターリンの誤った指導理論は、ソビエト共産党指導部と労働者・民衆の自主的意志に基づく団結力の形成を損なった。

決定的問題は、社会の存立・発展の根拠を担う労働者・勤労者の主体的意識が決定的に損なわれ、それに基づく主体的実力の発揮が損なわれたことである。社会主義制度が形成されながら、この制度を生かす主体が形成されなかった。

その下で形成された社会は、社会主義と名乗ってはいても、社会主義ではない。党官僚による独裁国家であった。

ゴルバチョフによるペレストロイカは、これを改革し、労働者・民衆の主体的意識を喚起し、主体形成を図ろうとしたのであったが、それを市場経済の導入による個人的利益追求を認めることを通して行おうとしたため、拝金主義的ブルジョア思想が労働者・民衆に広がり、党の統制は、内部から崩壊した。

以上、ロシア革命の成功と挫折の原因を明らかにしてきた。この原因の解明をふまえ、ここから学び、教訓化して、『資本論』をベースにした社会主義の認識を確立し、確固として実現させることが、わたしたち自身の課題である。

あとがき

哲学者のヘーゲルはどこかで、新聞を読むことは市民の日々の祈りであると述べていた。今日私たちが新聞に目を通すと、次々に禍々しい出来事が出現していて、心穏やかとは到底言えない。新聞のセンセーション好みもあるが、これまでにない経済的・政治的・社会的事象が次々に出来しているような印象なのである。そうした事象を分析することを課題とする社会科学は、従来のパターンと異なった現象を前にして、どのように認識を成立させるのだろうか。

この場合理論がたどる方向は二つである。一つは、理論の正当性を疑わず、事象の新しさを消極的にみて、理論と事象との距離を保とうとするものである。説明のために例示すれば、トランプ大統領の関税政策は、比較生産費説をとって自由貿易を正しいとする者にとっては、まちがった、時代に逆行するものということになる。間違っているのは、現実の方なので、時間経過とともに訂正されるであろう、とみるのである。もう一つは、事象に適合するように、理論の側を様々に訂正・修正を加え、理論と事象との距離を埋めようとするものである。上の例では、自由貿易は、消費者にとっては一般的に利益であるとされるが、実際にはそれぞれの利益集団にとって多様な影響をあたえるので、決して国民に対して中立的なものはありえず、その時々の、政治選択の問題である、と修正する。このことによって、関税政策についての意義を見出すことができるとするのである。

前者は、一種の教条派で、理論と事象との緊張関係を解決しないままであり、後者は、一種の修正派で、理論を再建しないかぎり、理論を崩した状態が続くことになる。私たちはこうした両方向とも避けなければならない。

私たちの理論的核心部分である『資本論』そしてそれを理論的に整えた経済学原理論は、諸事象の分析においては修正されない自己完結性を有しているのであるが、また事象への適用力を欠いているならば意義がない。理論の事象への適用は、原理論の分節化された全体性からすれば部分化であり、その変形であることが避けられない。私たちの原理的認識が、こうした部分化・変形においても背後で支える理論的力能を所持したものかどうかが試されるし、また世界史を主導する中心的な資本の規定及び社会主義に対抗する資本主義の規定の媒介的役割の適切性も問われるであろう。分析基準の実質内容については、本書の第一部を見てもらうしかない。そして分析基準を前提しながら、さらに事象の具体性ゆえに、その特殊性に対応する理論の適用の仕方が、やはりそのつど構築されねばならない。その認識作業において、理論の崩れを回避しつつ、理論と事象との緊張関係を解消する方向に進まなければならないのである。

マルクスの言葉に「資本主義的生産の真の制限は資本そのものである」(『資本論』第三巻第一五章)というものがある。文脈をやや離れて言うことになるが、資本主義の歴史的現在は、その錯乱的事象のために、全く原理的規定を否定しているかのように思われるかもしれないが、それは逆で、そうした規定性を決して超えられない資本の「制限」ゆえの現象とみることができる。言うまでもなく、資本主義社会である限り、社会の「自動的な主体」である資本を否定することは決してできないからである。そこで、そこから生ずる諸矛盾の回避策は、原理的な規定性を変形し、部分的には解消しながら、更なる矛盾を招来するものとなる。こうしたことが私たちの分析を根本において支えている。資本の「制限」を闡明にした『資本論』に基礎を置くことによって、こうした矛盾の動態を明らかにすることが私たちの「実証」の眼目のひとつである。私たちの試みに意義を見出し、検討を加えたうえで、ともに現前する複雑な世界事象の認識活動へ参加してもらいたい、と思う。

この本は『「資本論」を超える資本論』に続いて、鎌倉孝夫主宰の資本論研究会のメンバーによるものである。社会評論社から再び出版されることを喜びたい。

初出一覧

（執筆者）　（初出論文）　（掲載誌）　（年月）

第Ⅰ篇

（1）鎌倉孝夫「『資本論』第一巻刊行 150 年、ロシア革命 100 年のいま（上）」『社会主義』2017.10

（2）鎌倉孝夫「現代資本主義解明に生きる『資本論』」『進歩と改革』2017.11

（3）鎌倉孝夫「レーニン『帝国主義論』と現代資本主義の特徴」『科学的社会主義』2016.7

第Ⅱ篇

（1）鎌倉孝夫「人間「労働」破壊の現実」『長周新聞』2018.1.1 ～ 4.11

（2）鎌倉孝夫「人間「生活」破壊の現実」『長周新聞』2018.1.1 ～ 4.11

（3）中村健三「崩される八時間労働制」『進歩と改革』2016.5

（4）古川　建「中央銀行による金融政策は資本主義の延命装置たりうるか」『進歩と改革』2016.7

（5）谷田道治「教育の市場化と資本の論理」『進歩と改革』2016.11

谷田道治「教育の市場化と財政の腐蝕」『進歩と改革』2017.9

（6）中村健三「制度としての天皇制と人間天皇の裂け目」『進歩と改革』2018.7

第Ⅲ篇

（1）中村健三「実体を捉えられない柄谷行人」『進歩と改革』2017.3

（2）中村健三「『国体』は現実に存在するか」『進歩と改革』2018.11

第Ⅳ篇

（1）渡辺好庸「改憲攻撃への対抗軸の確立（上）」『進歩と改革』2018.1

渡辺好庸「改憲攻撃への対抗軸の確立（下）」『進歩と改革』2018.2

（2）鎌倉孝夫「平和は社会主義の本性的要求」『進歩と改革』2017.1

（3）鎌倉孝夫「世界の平和・非核化をめざして」『進歩と改革』2018.9

（4）鎌倉孝夫「『資本論』第一巻刊行 150 年、ロシア革命 100 年のいま（下）」『社会主義』2017.11

ヘーゲル　(Georg Wilhelm Friedrich Hegel)　179,276
＊『宗教哲学講義』(創文社)
ベイルズ(ケビン)　(Kevin Bales)　139
＊『グローバル経済と現代奴隷制』(凱風社)
ペンス　(Mike Pence)　108
ボルトン　(John Bolton)　128,267
ポンペオ　(Mike Pompeo)　128,255,259,260

［ま行］

マクマスター　(Herbert McMaster)　128
町田徹　47
マッカーサー　(Douglas MacArthur)　204,209
マティス(ジェームズ)　(James Mattis)　244
マルクス（カール）　(Karl Marx)　4,5,17,19-22,24-35,37,50,79,132,136,137,163,166,167,174,178,180,192,194,195,199,201,202,218,251,252,266,269,271,274,277
＊『資本論』(１～３巻)、『ドイツ・イデオロギー』(エンゲルスとの共著)、『経済学・哲学草稿』
水野和夫　24,26
＊『資本主義の終焉と歴史の危機』(集英社新書)
水林彪　188
＊『天皇制史論』(岩波書店)
宮本太郎　92
村上恭介　104
文在寅　14,108,242,258,262-263
森功　104

［や行］

山崎一三　24
山崎由紀子　91
ユベロス(ピーター)　(Peter Ueberroth)　106

［ら行］

李容浩　247
レーガン　(Ronald Reagan)　3
レーニン、レニン　(Vladimir Il'ich Lenin)　4,14,15,21,36,37,39,218,240,267-275
＊『帝国主義論』、『レーニン全集第 30 巻』、『レーニン全集第 33 巻』
ロードベルトウス　(Johann Karl Rodbertus)　31

竹内修　119
武川正吾　92
田中耕太郎　103
田中秀明　93
谷口源太郎　106,109
玉木正之　109
鶴見俊輔　186,205,206
＊『現代日本の思想』（久野収との共著・岩波新書）、『天皇百話』（中川六平との共編・筑摩文庫）
ティラーソン　(Rex Tillerson)　128
鄧小平　265
豊下楢彦　208
＊『昭和天皇の戦後日本』（岩波書店）
トルーマン　(Harry S. Truman)　212

［な行］

中川六平　186,206
＊『天皇百話』（鶴見俊輔との共編・筑摩文庫）
中島岳志　255
中曽根（康弘）　3
中山悟朗　102
永瀬和彦　50
ニザン（ポール）　(Paul Nizan)　165
＊『アデン・アラビア』（晶文社）
野田隆三郎　115

［は行］

朴槿恵　242,263
ヒットラー　(Adolf Hitler)　213
ヒルファーディング　(Rudolf Hilferding)　21
＊『金融資本論』（岩波文庫）
ビスマルク　(Otto von Bismarck)　93
藤田実　75
フセイン（サダム）　Saddam Hussein　247
ブッシュ　(George W. Bush)　247,248,257,267
プラトン　(Plátōn)　166
＊『国家論』

金与正　108
金英哲　108,259
金永南　108
久野（収）　205
クリントン（ヒラリー）（Hillary Clinton）242
クリントン（ビル）（Bill Clinton）242,247
グリーンスパン（Alan Greenspan）144
グレーバー（David Graever）171,177
　＊『負債論』（以文社）
黒田（東彦）　147,150,153
ケインズ（John Maynard Keynes）16,25,222
河野（太郎）　260
ゴルバチョフ（Mikhail Gorbachev）275
ゴーン（Carlos Ghosn）48

［さ行］

佐々木昭三　49
サッチャー（Margaret Thatcher）3
佐藤優　35
　＊『21世紀に『資本論』をどう生かすか』（鎌倉孝夫との共著・金曜日）
塩見卓也　57
下村博文　104
習近平　264,265
シュンペーター（Joseph Schumpeter）158
　＊『経済発展の理論』（岩波文庫上・下）
白井聡　203
　＊『国体論』（集英社新書）、『永続敗戦論』（太田出版）
杉田敦　120
スターリン（ヨーシフ）（Iósif Stálin）27,39,273-275
スピノザ（Baruch De Spinoza）181,183
　＊『神学・政治論』（岩波文庫、光文社文庫）
スミス（アダム）（Adam Smith）163,167,175,195
　＊『国富論（諸国民の富）』

［た行］

ダグラス（フレデリック）（Frederick Douglass）133,135136,137
　＊『数奇なる奴隷の半生』（法政大学出版会）

人名索引・参考文献

［あ行］

安倍晋三　32,104,216,238
池内了　115,121
池本美香　91
伊藤之雄　185
　＊『昭和天皇と立憲君主制の崩壊』（名古屋大学出版会）
宇沢弘文　19
　＊『社会的共通資本』（岩波新書）
宇野弘蔵　159,166,241
　＊『経済原論』（岩波全書、岩波文庫）、『経済学方法論』（東京大学出版会、岩波書店・宇野弘蔵著作集第9巻）
エンゲルス　(Friedrich Engels)　22,194
　＊『ドイツ・イデオロギー』（マルクスとの共著）、『資本論第3巻』（編集）
大沢真理　92
大西隆　114,120
大場陽次　47
小熊英二　92
長田洋　102
小野寺五典　118
オバマ　(Barack Obama)　242-244,246,248,255-257

［か行］

貝塚茂樹　103
加計孝太郎　104
籠池（泰典）　103
加藤栄一　24,27
柄谷行人　192,193
　＊『トランスクリティーク』（批評空間社、岩波書店）、『世界史の構造』（岩波書店）、『帝国の構造』（青土社）
川口暁弘　185
　＊『ふたつの憲法と日本人』（吉川弘文館）
康京和　260
金日成　261
金正日　261
金正恩　107,108,127,254,255,257,261-265
金哲　264

＜執筆者一覧＞

鎌倉孝夫（かまくら・たかお）
1934年生まれ
埼玉大学・東日本国際大学名誉教授　経済学博士
［主な著作］『資本論体系の方法』日本評論社（1970年）、『経済学方法論序説』弘文堂（1974年）、『スタグフレーション』河出書房新社（1980年）、『国家論のプロブレマティク』社会評論社（1991年）、『資本主義の経済理論』有斐閣（1996年）、『株価至上主義経済』御茶の水書房（2005年）、『国家論の科学』時潮社（2008年）『資本論で読む金融・経済危機』時潮社（2009年）、『資本主義の国家破綻』長周新聞社（2011年）、『帝国主義支配を平和だという倒錯』社会評論社（2015年）
［共著］『はじめてのマルクス』（佐藤優との共著）金曜日（2013年）、『21世紀に『資本論』をどう生かすか』（佐藤優との共著）金曜日（2017年）

中村健三（なかむら・けんぞう）
1951年生まれ
［著作］『「廣松哲学」の解剖』（鎌倉孝夫との共著）社会評論社（1999年）、『『資本論』を超える資本論』（鎌倉孝夫との共著）社会評論社（2014年）

古川建（ふるかわ・たつる）
1962年生まれ

谷田道治（たにだ・みちはる）
1952年生まれ
［著作］『解体する社会科とその行方』（1992年）、『未完の再生産表式』デザインエッグ社（2018年）
［共著］『『資本論』を超える資本論』（同上）

渡辺好庸（わたなべ・よしのぶ）
1951年生まれ
［著作］『やめられない日本の原発』社会科学研究所（1989年）、『検証・南兵庫大震災』論創社（1995年）
［編著］『天皇学事始め』論創社（1990年）、『現代と朝鮮・上』緑風出版（1993年）
［共著］『『資本論』を超える資本論』（同上）

新自由主義の展開と破綻
— 『資本論』による分析と実践課題 —
2018年12月10日　初版第1刷発行

編　著＊鎌倉孝夫
発行人＊松田健二
装　幀＊右澤康之
発行所＊株式会社社会評論社
東京都文京区本郷2-3-10　☎03-3814-3861
fax. 03-3818-2808
http://www.shyahyo.com
印刷・製本＊株式会社ミツワ

ドイツ帝国時代を読む

—権威主義的国民国家の岩盤とその揺らぎ

五十嵐一郎／著

248頁　定価＝本体2400円＋税

ビスマルクの「上からの革命」によって確立したドイツ帝国時代。本書は同時代人の発言を手引きとして、都市住民の意識や生活実態、教養知識人の思考様式を読み取り、その時代の社会構造、政治体制の実相に迫る歴史読本。

［主要目次］

大地に生きる百姓

農業つぶしの国策に抗って

坂本進一郎／著

取られてたまるか!　緊迫する成田の新たな土地収奪

戦乱の満洲から生還、北東開発公庫を中途退職し大潟村入植。日本を切り売りする自民党・亡国農政と格闘してきた著者による政策批判。世紀を越えて闘う三里塚農民への連帯の書。

第Ⅰ部 世紀を越えた成田の農民闘争
第Ⅱ部　亡国農政を批判する
第Ⅲ部　戦争と植民地をめぐって

四六判並製　定価 = 本体 1800 円＋税